公共経営入門

公共領域の
マネジメントとガバナンス

PUBLIC MANAGEMENT
AND GOVERNANCE

編著………トニー・ボベール、エルク・ラフラー
　　　　　Tony Bovaird and Elke Löffler(ed.)
翻訳………みえガバナンス研究会
監修………稲澤克祐、紀平美智子

公人の友社

この訳書を、故・古川俊一先生にささげる

三重県が改革を進めるうえで、先生には大変お世話になった。
このガバナンス研究会の例会にお越しをいただき、指導を受けたこともある。
また、会員のなかには、何度も親しくご指導を受けた職員もいる。
本書の邦訳を世に出すことができたことを、
草葉の陰で喜んでいただいているのではないだろうか。

PUBLIC MANAGEMENT AND GOVERNANCE
authored/edited
by
Tony Bovaird and Elke Löffler

Original English Language edition published
by Routledge, London
©2003 Tony Bovaird and Elke Löffler selection and editorial matter;
individual chapter, the contributors

All Rights Reserved
Authorised translation from the English language edition published
by Routledge, a member of Taylor & Francis Group

訳者まえがき

　本書は、大きく3部で構成されている。まず第1部では、NPMといわれる第一世代の行革から、多様な主体のネットワークによるガバナンスまで、行政改革の国際的な潮流について概観している。第2部では、行政分野のマネジメントについて考察している。一部では、企業と同様に経営すればよいかのように喧伝されるが、「経営の神様」のドラッカーも、「アメリカ版NPMの元祖」であるオズボーンとゲブラーも、行政を企業のように経営することについては否定的である。本書では、行政と企業との違いを踏まえた上で、民間企業で発展した戦略経営やマーケティングをどう行政経営に応用したらよいのかを述べている。第3部では、最近盛んになった公共領域についてのガバナンス論についてくわしく解説した上で、ガバナンスを重視する立場からは地域社会や市民とどう関わっていったらよいのかなどについて述べている。

　つまり、英国で書かれたものでありながら、わが国の自治体改革で取り組むうえで考慮しなければならないさまざまな側面について、総合的に議論しているのだ。学生の教科書として書かれたもののようで、特定の立場を強調せずに、さまざまな議論を幅広く紹介している点でも大変参考になる。

　わが国では分権改革が進められており、自治体環境が大きく変化しつつある。自治体改革は避けられない情勢であるが、本書のいうように、「変わらない」という選択肢がないと同時に、「すべてを変えること」も選択肢ではあり得ない。そんななかで試行錯誤しながら改革に取り組む自治体職員の参考になればという思いから、邦訳を出版することにした。

　この本に出会ったのは、2003年の11月だった。今は亡き古川俊一先生が、「良い本ですよ」と紹介してくださった。早速入手して最初の方を読んでみたとき、これは是非完読したいと思った。

　その年の4月に就任した野呂昭彦知事による三重県政のキーワードが、「ガバナンス」であった。野呂知事の提唱する「新しい時代の公」を理解するためにも「ガバナンス」の研究が必要だったが、公共領域のガバナンスについて分かりやすく書か

れた書物が見あたらなかったのだ。マネジメントとガバナンスを対立する概念とはせずに、「善き社会」を作っていくためにはその両者が必要との立場に立って公共領域でのマネジメントについても書かれているので、北川県政下におけるマネジメントの改革を、野呂県政のめざすガバナンスの改革に生かしていくためのヒントを得るためにも好適の書と思われた。

　しかしながら、この本を読み解くためには、一つ大きな障害があった。私の拙い英語力では、半分も理解できないばかりか、全体を読み終わるまでにどれだけかかるか覚束ない。そこで一計を案じた。英語力があり、自治体改革にも熱心な三重県職員を10人ほど集めて研究会をつくれば、私は労せずしてこの本が読める。そのうち、野望はだんだんふくらんで、折角訳すのであれば、これは是非三重県職員に配布したい。いやいや、混迷を極める行革論議に振り回されている自治体職員に読んでほしい。われわれ自治体行政のあるべき改革の方向を理解するためには好適の書である、などと無謀ともいえる考えに到達していった。

　この無謀ともいえる企てに対して快く協力してくれたのは、以前からお世話になっていた稲澤克祐、紀平美智子の両先生であり、私の職場の友人たちであった。専門の先生のご指導がいただけることになり、研究会は順調に立ち上がった。会員たちは、忙しい公務の中で月1回の例会に出席することは、時間外といえど相当困難であった。さらに、それぞれが手分けして担当した一つの章を訳すことも予想外に難しく、理解困難な部分がいくつか出てくる、ようやく理解しても適切な日本語が出てこない、そのような困難を極めながらも、両先生の適切なご指導もあって、ようやく全編にわたっての翻訳が完成した。

　まだまだ拙い翻訳であり、研究を深めさらに訳文を吟味する必要は感じるが、なにせ日本には類書のない状態が続いていている。何の羅針盤ももたずに荒海に乗り出し、試行錯誤を繰り返しながら「行革」に取り組んでいる各自治体の職員を思い描くと、一刻も早く本書を届けたいという思いにかられる。

　原著から思い切って5つの章を割愛し、訳文の未熟な部分は他日を期すこととして、今回出版に漕ぎ着けたものである。

　訳文は、研究会で検討したものだけでも、三つのバージョンが手元に残っている。

　第1回は、英語に堪能な職員が紀平先生の指導を得て訳したのだから、英語としては理解したうえでの訳だ。しかしながら、わが国ではほとんど論じられていない内容で、何を言っているのかが十分に理解できない。ためにほとんど直訳調のもの

が、勉強会に提出されたが、発表を聞いている方もわけが分からない。稲澤先生に解説してもらって、おぼろげながら、背景やテーマについて理解していった。

　第2回目は、そのテーマに関係のありそうな文献を集め、どんなことが議論されているのかを正確に理解しようとした。担当者は、ホームページから雑誌などまで、各方面から資料、情報を集めてきたが、それでも、日本では十分な資料が調わない部分があり、やはり手探りの議論であったが、本書の内容についての理解は相当に深まった。

　3回目は、出版を決意して、訳文の吟味に入っていった。文法や構文などの英語的な問題は紀平先生の指導を受けながら、細部にわたり、何が議論されているのかを議論しながら訳文を選んでいった。この作業は、昔教科書で読んだ「解体新書」の翻訳を思い出させるものだった。終日ああでもないこうでもないと議論してたどり着いたのは、"顔の中央に高くなった部分は鼻だ"という意味だったというが、それに近いものがあった。

　最後に、出版原稿としての最終チェックにはいっていったのだが、内容の理解が日々深まって、読み返すたびにより分かりやすい訳がないかと考えるという際限がない状態に陥り、この最終段階で思わぬ時間をとることになった。

　苦労話を長々したのは、自治体職員にとって、それほど新しい知見が、しかも自治体改革のためには必要な知見が詰まった本だということを理解してもらいたいからである。三重県の職員が、私的な時間を使い、出版費用の一部を負担して、ようやく上梓に漕ぎ着けた、それだけの価値ある一書である。

　そのような思いで、この「行革解体新書」を世に送り出す。

　自治体職員に幅広く読まれ、わが国の行政改革の水準向上の一助となれば幸いである。

　最後になったが、出版を快く引き受けていただいた公人の友社の武内英晴社長に感謝申し上げる。

　　　平成20年3月15日

　　　　　　　　　　　　　　　　　　　　　　　　みえガバナンス研究会
　　　　　　　　　　　　　　　　　　　　　　　　　代表　　村林　守

〔注記〕
　われわれが一読して理解が難しかったことについては、できるだけ訳注を付して、読者の理解の参考とした。
　長いものは脚注形式とし、短いものは本文中に〔　〕でくくった。
　なお、〔　〕内は、原文になかったものを訳文で補ったものである。

　訳出にあたっては、原著は学生向けの教科書であろうが、この邦訳では自治体の実務家を読者に想定した。したがって、訳語は、それぞれの学問分野でどのような訳語が一般的なのかは参照したうえで、平均的な自治体職員が理解できるものを選んだ。また、昨今カタカナ語が氾濫していることに鑑みて、余りに多くのカタカナ語の使用が理解を阻むことをおそれ、自治体職員にとって一般的になってきていると思われるものはともかく、可能な限り漢語に訳すことを試みた。

　翻訳にあたっては、研究会の会員それぞれが手分けして訳し、稲澤、紀平両先生のご指導をいただき、一応正確な訳文に至ったのであるが、最後に私が、邦文として読んだ時に理解しにくい部分などについて手を入れて出版原稿とした。したがって、誤訳等があれば村林の責任である。

　原著の第2部、第8章から第12章にあたる次の5つの章は、この訳書では割愛した。いずれも自治体改革を考える上で重要な内容であるので、今回は間に合わなかったが、いずれ読者にお届けしたいと考えている。この訳書の第8章は、原著では第13章であり、第3部の各章の章番号は5つずつ繰り上っている。
　第8章　公的財務管理の役割の変化
　第9章　公共セクターにおける情報通信技術の役割
　第10章　公共セクターの組織における業績測定とマネジメント
　第11章　公共セクターの組織における品質マネジメント
　第12章　検査と監査による精査

　原著には、各章末に演習問題などが掲載されているが、割愛した。

監修　稲澤　克祐（関西学院大学教授）
　　　紀平　美智子（鈴鹿国際大学講師）

翻訳　みえガバナンス研究会（各章の翻訳を担当した会員は以下のとおり）
　　　小倉　康彦　　葛山　美香　　河野　太郎
　　　北川　雅敏　　坂野　達夫　　西城　昭二
　　　杉崎　誠　　　竹内　望　　　中尾　治光
　　　中西　秀行　　野呂　親宏　　服部　幸司
　　　濱口　麻裕子　濱谷　幸子　　村林　守
　　　横山　賢

読者のためのみちしるべ

本書の狙い

本書は、公共領域のマネジメントとガバナンスについて、現在行われている実情、および、最近生じている重要な論点について、明確なイメージを読者に提供することを狙いとしている。公共問題を学ぶ学生には知識を得るために、(それが公共セクターであろうと非営利セクターまたは民間セクターであろうと) 公共領域で働くマネジャーにはより成果をあげるために、役立つものとしたい。

本書はまた、より良い市民になるとは何を意味するのか読者の理解を助け、現在実施されている公共領域のマネジメントとガバナンスの変革に資するために書かれている。本書の考え方が、読者が自らの生きる近隣社会に、地方自治に、広域行政に、そして国に対して大きな貢献をするうえで、そしてたぶん世界のどこかの市民の生活の質に対しても大きな貢献するであろううえで、役に立つことを期待する。

本書の構成

本書は、次の3部で構成されている。

第1部：導入部分であって、公共セクターの役割、公共経営と公共的ガバナンスについて述べた上で、それらがさまざまな文脈のもとでどのように発展しているか述べる。

第2部：公共セクターの組織におけるマネジメントを扱っており、公共セクターを運営するうえで貢献している主なマネジメントの機能について探求する。

第3部：公共領域に出現しつつあるテーマとして、ガバナンスについて考察する

各章の学習目標

各章の学習目標は、次のとおりである。

第1章
- 「公共」のもついろいろな意味に気づくこと。
- 公共経営と公共的ガバナンスの主な違いを理解すること。
- 公共経営と公共的ガバナンスについて学ぶ意義を理解すること。

第2章
- ○ 公共政策の背景における最近の変化に気づくこと。
- ○ 過去数十年の公共政策の形成における主要な理論的枠組の変化を理解すること。
- ○ 公共政策における政治の役割の変化を理解すること。

第3章
- ○ 政府の役割と範囲を理解すること。
- ○ 社会関係経費のトレンドを知り、それらを形作る要因を理解すること。
- ○ 公共支出の変わり行く構成を知ること。
- ○ 公共セクターのマネジメントに対して、このような公共支出の変化のトレンドが何を意味しているかを理解すること。

第4章
- ○ 行政改革の第一世代の目的を知ること。
- ○ 行政改革の第一世代の結果を知ること。
- ○ 行政改革の第一世代が解決できなかった問題を知ること。
- ○ ＯＥＣＤ諸国の行政改革の軌跡の違いを理解すること。
- ○ 行政改革のより体系的な分析を可能にすること。

第5章
- ○ 戦略や戦略経営が、公共セクターの文脈においては、何を意味するかを理解すること。
- ○ サービスまたは組織全体の戦略や事業計画を立案できるようになること。
- ○ 戦略経営と戦略計画の違いを理解すること。
- ○ 私企業の戦略策定に対し、政治的に運営される組織の戦略策定がいかに違うかを理解すること。
- ○ 戦略経営や革新がいかに相互に強化しあうかを理解すること。

第6章
- ○ 公共セクターにおけるマーケティングの役割を理解すること。
- ○ サービスあるいは組織単位でのマーケティング戦略、マーケティング計画を立案できること。
- ○ 民間企業のマーケティングと対比させて、広範な公共分野を取り扱う政治主導の組織におけるマーケティングの違いを理解すること。

- ○ 公共セクターにおけるマーケティングの限界を理解すること。

第7章
- ○ 契約的手法の意義について理解すること。
- ○ 過去25年間にわたって契約的手法によるサービス供給が増加してきた理由を理解すること。
- ○ 特定のサービスを外部委託することの利点と欠点を明らかにすること。
- ○ 契約的手法、競争、パートナーシップの連関について理解すること。
- ○ より広い社会経済的な政府の目的追求のために契約的手法がどう利用し得るか理解すること。

第8章
- ○ 公共的ガバナンスのキーコンセプトを理解すること。
- ○ 政府の役割がどのようにして政策の形成から調整へと変わってきたのかを知ること。
- ○ ガバナンスにおける重要な関係主体を明らかにできるようになること。
- ○ ネットワークを、ガバナンスのある特定の形態として理解すること。

第9章
- ○ 公共的ガバナンスにおけるリーダーシップについて、何が現在重要視されているかを知ること。
- ○ リーダーシップ研究の変遷を知ること。
- ○ リーダーシップとマネジメントの違いを理解すること。
- ○ リーダーシップ、権力および政治の相互関係を理解すること。
- ○ リーダーシップにおける社会的性差の側面を知ること。
- ○ 地域社会のリーダーシップにおいて鍵となる問題を理解すること。
- ○ 効果的なリーダーシップを発揮するために、リーダーたちが何を学ぶ必要があるか理解すること。

第10章
- ○ サービスの利用者や市民の参画を支持する論拠を知ること。
- ○ 住民参画の主な形態を知ること。
- ○ 住民参画の実践的な手法を知ること。
- ○ 効果的な参画の障害となるものとそれの克服方法を理解すること。

第 11 章

- ○ 政治的平等と、そこから生まれる公正に関するさまざまな考えを理解すること。
- ○ 平等性の政策と多様性の政策が、どれほど単純に「優良ビジネス事例」の問題と結びつけられているかを理解すること。
- ○ 政策を実行に移す場合に必ずともなう難しさを認識できるようになること。
- ○ 新しいガバナンスの下で平等性と多様性をどう見直すかを理解すること。

第 12 章

- ○ 公共セクターにおける倫理や服務規律が現在強調されている理由を理解すること。
- ○ 公共セクターにおいて汚職が行われるメカニズムについて理解すること。
- ○ 英国や他の諸国で強化された服務規程への最近の動きの背景にある原理に気づくこと。
- ○ 倫理的行動を確かにする管理型の仕組みと予防型の仕組みの長所と短所について理解すること。
- ○ 非倫理的行動と戦うための仕組みとして透明性の役割を理解すること。

第 13 章

- ○ 何をどんな目的で事実とみなすのか理解すること。
- ○ 公共サービスの改善のためにどのように事実を利用できるか理解すること。
- ○ 事実のより一層の利用にとっての障害となるものに気づくこと。
- ○ どうしたら事実に基づく学習は促進されるのか理解すること。

本書の構成

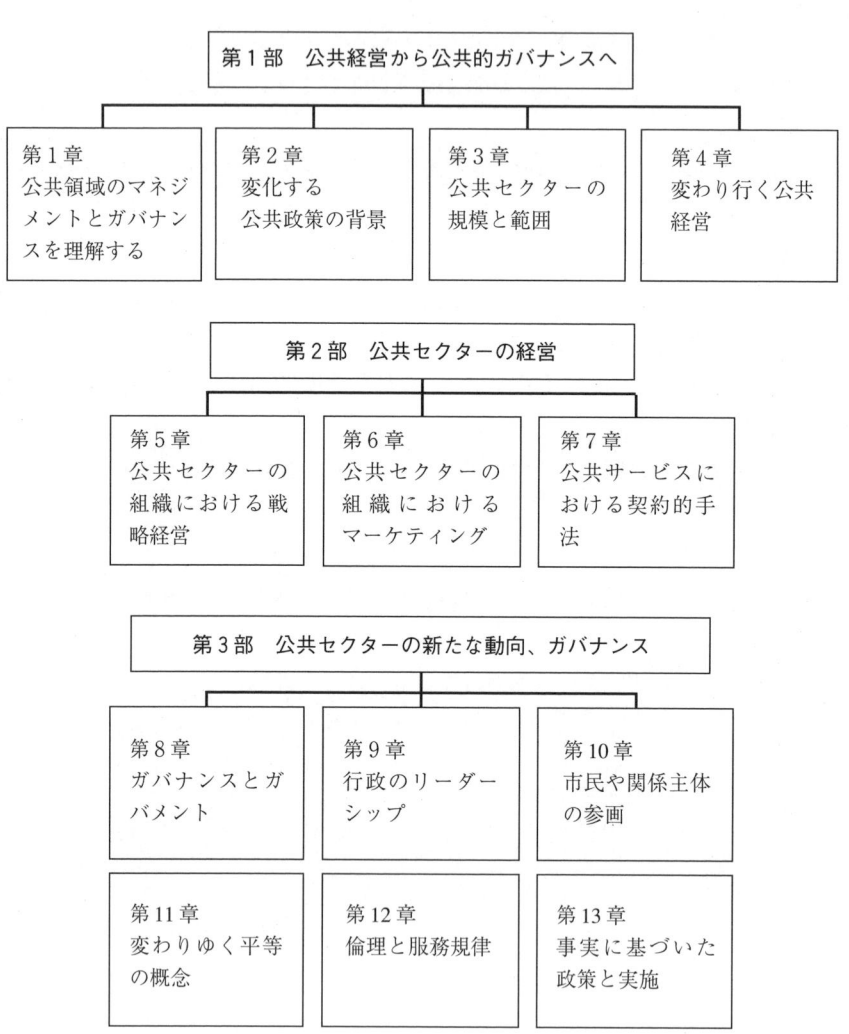

目　次

訳者まえがき ……………………………………………………………… iii
読者のためのみちしるべ ………………………………………………… viii

第1部　公共経営から公共的ガバナンスへ　1

第1章　公共領域のマネジメントとガバナンスを理解する　2
　　　　　　　　　　　　　　　トニー・ボベール／エルク・ラフラー
　はじめに ………………………………………………………………… 2
　第1節　「公共」の意味するもの ……………………………………… 4
　第2節　公共領域のマネジメントとガバナンス：いくつかの重要な問題　6

第2章　変化する公共政策の背景　17
　　　　　　　　　　　　　　　トニー・ボベール／エルク・ラフラー
　はじめに ………………………………………………………………… 17
　第1節　公共政策を背景とした最近の変化 …………………………… 18
　第2節　変化する公共政策の理論的枠組 ……………………………… 23
　第3節　公共政策の政治的側面 ………………………………………… 28
　まとめ …………………………………………………………………… 32

第3章　公共セクターの規模と範囲　～国際比較～　34
　　　　　　　　　　　　　　　　　　　　　ピーター・M・ジャクソン
　はじめに ………………………………………………………………… 34
　第1節　政府の役割と範囲 ……………………………………………… 35

xiii

　　　　第2節　変化する国家の役割の範囲 ……………………………… 38
　　　　第3節　公共支出の構成 …………………………………………… 41
　　　　第4節　結論 ………………………………………………………… 49
　　　　まとめ ………………………………………………………………… 50

　第4章　変わり行く公共経営
　　　　　～OECD諸国におけるトレンドと国による違い～　52
　　　　　　　　　　　　アレックス・メイズソン／ヘイ・サン・クァン
　　　　はじめに ……………………………………………………………… 52
　　　　第1節　第一世代の行政改革：効率的だが不十分 ……………… 53
　　　　第2節　第一世代の行政改革の結果 ……………………………… 54
　　　　第3節　第一世代の行政改革で解決できなかった問題 ………… 55
　　　　第4節　各国はなぜ公共政策の変化に対して異なった対応を示すのか … 59
　　　　第5節　新しい行政改革の課題：行政改革の体系的な理解に向けて …… 62
　　　　まとめ ………………………………………………………………… 65

第2部　公共セクターの経営　67

　第5章　公共セクターの組織における戦略経営　68
　　　　　　　　　　　　　　　　　　　　　　トニー・ボベール
　　　　はじめに ……………………………………………………………… 68
　　　　第1節　基礎：公共セクターにおける「戦略」、「戦略計画」、「戦略経営」 69
　　　　第2節　全体戦略と事業計画を立案する ………………………… 71
　　　　第3節　戦略と「シームレスサービス」を連携する …………… 84
　　　　第4節　戦略経営、戦略計画、戦略思考 ………………………… 86
　　　　第5節　政治的環境における戦略経営 …………………………… 88
　　　　第6節　戦略経営と革新 …………………………………………… 89
　　　　まとめ ………………………………………………………………… 90

　第6章　公共セクターの組織におけるマーケティング　93
　　　　　　　　　　　　　　　　　　　　　　トニー・ボベール
　　　　はじめに ……………………………………………………………… 93
　　　　第1節　公共セクターにおけるマーケティングの役割 ………… 94

第2節　マーケティング戦略とマーケティング計画の立案 ………… 98
第3節　政治主導の組織におけるマーケティング ……………… 107
第4節　マーケティングの限界 ……………………………… 108
まとめ ……………………………………………………… 109

第7章　公共サービスにおける契約的手法　～競争とパートナーシップ～　111
アンドリュー・エリッジ

はじめに ……………………………………………………… 111
第1節　契約的手法によるサービス供給の台頭
　　　　：競争からパートナーシップか？ ……………… 111
第2節　公共あるいは非営利セクターと民間セクターのどれを選ぶか　117
第3節　協働と競争の選択 …………………………………… 120
第4節　政府のより大きな社会経済的目標達成に向けた契約的手法 … 122
まとめ ……………………………………………………… 123

第3部　公共セクターの新たな動向、ガバナンス　127

第8章　ガバナンスとガバメント　～関係主体とのネットワーキング～　128
エルク・ラフラー

はじめに ……………………………………………………… 128
第1節　ガバナンスのキーコンセプトの整理 ……………… 129
第2節　政府の役割の変容：政策形成から政策調整へ ……… 133
第3節　ガバナンスの一形態としてのネットワーク ……… 138
まとめ ……………………………………………………… 142

第9章　行政のリーダーシップ　145
マイク・ブルージン

はじめに ……………………………………………………… 145
第1節　公共的ガバナンスにおけるリーダーシップについて
　　　　現在重視されていること … 147
第2節　リーダーシップ研究の変遷 ………………………… 151
第3節　リーダーシップとマネジメントの違い …………… 153

xv

第4節	リーダーシップ、権力および政治 ………………………	154
第5節	リーダーシップにおける社会的性差の側面 ……………	156
第6節	地域社会のリーダーシップ ………………………………	157
第7節	行政のリーダーにとってどんな学習が重要か …………	159
まとめ		160

第10章　市民や関係主体の参画　164

スティーブ・マーチン

はじめに	……………………………………………………………	164
第1節	なぜ住民の参画を求めるのか？ …………………………	165
第2節	住民参画の形態 ……………………………………………	168
第3節	誰による参加か？ …………………………………………	171
第4節	住民参画への実践的アプローチ …………………………	172
第5節	効果的な参画の障害となるもの …………………………	175
まとめ		179

第11章　変わりゆく平等の概念　～政治、政策そして実施～　183

ジャネット・ニューマン

はじめに	……………………………………………………………	183
第1節	変わりゆく政治：行政執行上の公正か、社会的公正か ………	184
第2節	変わりゆく政策：多様性は経営資源たりうるか？ ……	186
第3節	実務を変える：変化に対する障壁 ………………………	189
第4節	変わりゆくガバナンスの形 ………………………………	192
まとめ		194

第12章　倫理と服務規律　197

ハワード・デービス

はじめに	……………………………………………………………	197
第1節	公共セクターにおけるガバナンスの重要事項としての倫理 …	198
第2節	汚職その他の非倫理的行動 ………………………………	201
第3節	公共セクターにおける服務規程の役割 …………………	203
第4節	管理型の仕組みと予防型の仕組み ………………………	208
第5節	透明性 ………………………………………………………	209

| まとめ ………………………………………………………………… 210

第13章　事実に基づいた政策と実施　213
　　　　　　　　　　　　アネット・ボウズ／サンドラ・ナットレー
　　はじめに …………………………………………………………… 213
　　第1節　何をどんな目的で事実とみなすのか？ ……………… 214
　　第2節　公共政策と実施の改善のために
　　　　　　どのような事実を利用できるのか？ ……………… 215
　　第3節　事実を改善に利用するうえで障害となるものは何か？ …… 220
　　第4節　どのようにすれば事実に基づく学習は促進されるのか？ …… 223
　　まとめ ……………………………………………………………… 226

第1部

公共経営から
公共的ガバナンスへ

　第1部は、本書の主要なテーマへの導入になっているもので、政治的、社会的、経済的な背景のなかでの公共セクターの位置づけを考える。

　第1章では、公共セクターや公共サービスにおける「公共」とは何かを吟味する。また、公共経営と、より広い意味をもった公共的ガバナンスとを区別してみる。

　第2章では、公共政策の文脈の中での最近の変化をたどり、ここ数十年における公共政策の理論的枠組の変化の正体を明らかにする。そして、公共的ガバナンスにおける政治の役割の変化を考察する。

　第3章では、公共セクターの規模と範囲を考察する。OECD諸国における公共支出の規模と構成の傾向を比較し、それらの傾向を形づくっているいくつかの力を見てみる。そして、公共セクターの経営にとってそれらの傾向が何を意味するのか考えてみる。

　第4章では、1980年代から1990年代初頭にかけての行政改革の目的と結果、ならびにこれら初期の改革では未解決の問題、およびOECD諸国における「公共的ガバナンス」改革への新しい圧力の源泉について考察する。

第1章

公共領域のマネジメントとガバナンスを理解する

トニー・ボベール　英国ブリストル経営大学院
エルク・ラフラー　英国国際ガバナンス研究所

はじめに

本書は、公共領域におけるマネジメントとガバナンスについて書かれている。これらの概念は、すべての市民にとって基本的に重要なものだと信じている。事実、人びとの生活に重要な日々の活動の多くから、公共領域のマネジメントとガバナンスの問題が発生している。

およそこの百年の間、これらの主題は一般に、価値はあるが退屈なものだと感じられてきた。このようなレッテルを貼ることは、もはや正確ではないと示したい。

実際には、公共領域のマネジメントとガバナンスという問題は、しばしば驚嘆すべきものであり、エキサイティングでもある（ボックス1.1参照）。

ボックス1.1
公共分野のマネジメントとガバナンスはエキサイテイングだ

ロンドンっ子たちは、信じられないと首を振った。ケン・リビングストンは約束どおり混雑税を導入した。事前の懐疑論と嘲笑の大洪水にもかかわらず、ロンドンは突然走りやすくなり、移動可能性を取り戻した。風土病的な渋滞に対して打つ手はないと主張されていたものが、政治的な意思と大胆さをもつことによって可能になった。政治的な決断は、われわれの社会を良くすることができるのだ。最近これと比較できるような、これほどわれわれ個人および全体の生活にとって明白で即効性がありかつ有効な影響を与えた活動を見出すのは難しい、少なくともわれわれロンドンに住み、ロンドンに働くものにとっては。

> これは、現代という時代がわれわれにとって大変お粗末なものだということを、雄弁に語っている。
>
> 出典：ウイル・ハットン、2003年3月2日付け「オブザーバー」紙

　われわれはまた、この本の読者に、もはや公共領域におけるマネジメントとガバナンスの活動が当然価値あるものとして理解されるとは限らないことを警告しようと思う。ときにそれらの活動は、「背広組」ではなくて「サメのような狡猾漢」によって行われる（ボックス1.2参照）。実態としては、公共サービスが「背広組」によってマネジメントされている時でさえ、それらのスーツを着た人びとは、「公僕」ではなくて、私利をむさぼる「肥満猫」のライフスタイルを求める（そして部分的には達成される）。

> **ボックス1.2　…しかし「価値ある」とは限らない**
> **代議士が国会事務所の机を盗んだ**
>
> 　不正蓄財と汚職の10の罪によって最近獄につながれた前代議士が、今度は議員会館の机を盗んだ疑いで、取調べを受けている。
> 　丁度下院では、ジム・トラフィキャント抜きでの運営がはじまったところだった。彼は、円錐形のヘアピースとポリエステルのフレアのスーツ、マフィ

（訳注）ロンドンの混雑税：2000年5月の大ロンドン市長選挙で、ケン・リビングストンは次のような公約（マニフェスト）を発表して当選した。「ロンドン中心部のうち、地域を限定して、不要な車の乗り入れをさせないために通行料を課して混雑を緩和するという方法について、幅広く意見を求めたうえ、私の任期中頃には、その通行料制度を導入し、その収入はすべて公共交通機関の改善に充てます」（四日市大学地域政策研究所2003）。
　これを受けて、ロンドン市当局は2003年2月17日、「慢性的な交通渋滞を緩和するため車の都心乗り入れの有料化を始めた。1日5ポンドの混雑税を徴収する。…有料化されたのは金融街シティや繁華街ソーホーを含む約20平方キロの区域」（2003年2月18日付け中日新聞）である。
　なお、山口（2005、p180）によれば、引用文の筆者、ウィル・ハットンは、「ブレア政権の経済政策に大きな影響力をもつエコノミスト」とのこと。
　肥満猫：舟場（1998）は、イギリスのアンクリアな部分として、「民営化した福祉事業者の経営者や宝くじの理事者に首相よりも高給をとる『肥満猫（Fat Cat）』がいる事が問題になった」と紹介している。

アとのつながりや、スタートレックのキャッチフレーズ「ビーム・ミー・アップ」で演説を締めくくることで有名であった。現在当局は、「下院議会備品」と刻印の入った大理石とウォールナット製の会議用テーブルをどうやって売りのけたのか調べている。

前共和党員のトラフィキャントは、賄賂の要求、違法な贈答品の受領、公金の不正流用、脱税や、自分の農場への馬糞の施肥を公務員に命じたなど、20年の犯罪歴があり、それによって8年の刑で監獄にはいっている。

出典：デビッド・レニー、2002年11月28日付け「デイリー・テレグラフ」紙からの抜粋

その結果、行政の幹部職員はもはや、住民の尊敬と信頼を当然のこととして期待することはできず、信頼を勝ち取るために努力しなければならないのだ。公共政策に従事する者は、サービス対象者の信頼を得るよう努めねばならない。選挙で選ばれたとか、地位の高い職業なのだからといって尊敬されて当然だと思ってはならないのだ。

この章の学習目標
○ 「公共」のもついろいろな意味に気づくこと。
○ 公共経営と公共的ガバナンスの主な違いを理解すること。
○ 公共経営と公共的ガバナンスについて学ぶ意義を理解すること。

第1節 「公共」の意味するもの

先に進む前に、「公共（public）」という言葉が何を意味するのか探索しておくべきだ。ランソンとスチュワート（1989, p10）の何が「公共領域（public domain）」を構成するかについての明確な記述（次頁のボックス参照）から始めよう（地方自治について書いたものだが、彼らの分析は一般的に当てはまる）。

この短い一節は、どうして公共領域が、集合的な目的を達成するための公共選択（public choice）が実行される場となるのかについて説明している。この公共領域が、

> **公共領域とは何か**
>
> 　公共領域の本質的な任務は、現在では、集合的な活動及び目的について正当になされた公共選択を実現すること、と説明できる。端的にそれは、公共目的を、明らかにし、構成し、そして達成することである。（地方政府の）究極の責任は、公的な選択をする機能をもった政治的な共同体としての社会を構成することにある。対話を可能にし、共同体のニーズについて決定できるような「公共」を作り出すことが、公共領域が直面している課題である。
>
> 　　　　出典：ランソンとスチュワート
> 　　　　　　　　　（1989年、10頁）

本書の探究する場である。

　ランソンとスチュワートはまた、「公共」に、公共領域にいる人びとの（単数または複数の）グループというもう一つの意味を付け加えた。「公共、それは対話を可能にし、共同体のニーズを決定することのできるもの」という政治的な概念を明確に定義した。この「公共（public）」という概念は、マーケティングでの概念である「公衆（publics）」とは対照的であり、「公衆」は公共サービスにおいて、「公共」は公共の経営管理者によって、それぞれ扱われる別な意味をもったものであろう。

　「公共」のもう一つの一般的な使い方は、「公共セクター」と「民間セクター」を区別するためのものである。その本質的な違いとして、所有形態の違い（全市民の名による集合的な所有か個人的所有か）と動機付けの違い（社会的目的か利潤追求か）を巡って議論されている。行政の幹部職員が、公共セクターは民間セクターとは異なる、従って民間セクターの経営管理の方法は彼らの役所には役に立たないと主張する時に使われる場合には、「公共」という言葉は特別の意味合いをもってくる（アリソン（1997）参照、公共と民間の経営管理には共通点が多いが、重要ではない点においてであるとする）。

　しかしながら、「公共」には、ほかにもっと広い意味がある。例えば、「公共サービス」は、公共機関以外の民間の供給機関や契約業者によって供給されることがある。ここでは、「公共」の概念は、供給者は何らかの形で「公共サービスとしての責任」を遵守し、満足させねばならないという一般的な意味で使われている。繰り返すが、「公共の問題」は、私的な主体の決定に単純に委ねることのできないものである。それらは、典型的には公共セクターと非営利セクターの資源を動員したり、私的な企業や個人や市民社会グループの行動を規制しなければならないものである。

本書では、「公共」のこれらの局面のそれぞれを調べてみる。だから、「公共」という言葉は問題をはらむものとして扱わなければならない。すなわち、最初からあいまいさのない定義をするのでなく、本書で探求すべき一連の課題としたい。

第2節　公共領域のマネジメントとガバナンス：いくつかの重要な問題

　では、公共領域のマネジメントとは何か？　また、公共領域のガバナンスとは何か？　多くの人は、自分は公共経営（public management）の概念を概括的につかんでいると性急に決めてかかる一方で、公共的ガバナンス（public governance）の意味するものを感じ取れる人はほとんどいないだろう。加えて、双方の概念とも、実に複雑な一連の考えを含んでいる。

　われわれは、「公共経営」を、公共サービスの価値（value for money）を高めるための経営技術（しばしば民間部門に起源をもつ）を活用する手法と解釈するだろう。それは、次のような二つの異なった文脈のなかでとられる、経営管理者の一連の行動をカバーすることになる。

1)　公共セクターの組織の中で。
2)　公共セクター、非営利セクターまたは民間セクターを問わず、公共サービスを提供する組織の中で。

　これは、後に考察しようとしているたくさんの問題を提起している。
　〇　「公共経営」は、「行政管理」と、何がちがうのか。
　〇　公共サービスの「公共性」とは何か。

（訳注）本書では、公共分野に参加する主体を、大きく三つのセクターに分けている。一つは「公共セクター（public sector）」であるが、これは日本にあてはめれば広い意味での「行政」と理解してよいと思われる。二つ目は、「民間セクター（private sector）」であるが、これは日本でいう「民間」よりも狭く、概ね「企業」である。三つ目は、「非営利セクター（voluntary sector）」であるが、ＮＰＯや地域の共同体などが含まれるだろう。
　なお、松井（2002, p305）によれば、英国では、「市民活動は社会を構成する１つのセクターとして認識されるようになり、『ボランタリー・セクター』と総称されるようになった」とのこと。また、「『第三セクター（the third sector）』、『非営利セクター（nonprofit sector）』、『市民社会（civil society）』などと呼ばれる場合もある」とのこと。

6　第1章　公共領域のマネジメントとガバナンスを理解する

○ 「公共サービス」は常に「公共セクター」だけが行うものか。
○ 公共経営は、公共サービスについてだけのものなのか。

われわれは、公共的ガバナンスを、「関係する主体が公共政策のアウトカムに影響を与えるために互に連携するときのやり方」という意味に解釈する（「ガバナンス」の定義についての別のアプローチは第8章を参照）。

この公共的ガバナンスの概念から、次のような一連の別な疑問を生じる。
○ 公共世界（public realm）における決定をしたりその決定に影響を与えたりする権利を、誰がもっているのか？
○ 公共世界の意思決定には、どのような原理が働いているのか？
○ どのようにして、公共世界における集合的な活動によって、最も高い優先度とする利害関係者の福祉の改善を、確実にするのか？

この章では、以上の問題をとり上げ、後の章でそれを発展させていく。

「公共経営」は、行政管理と異なるのか？

20世紀中頃には、公務員やその他の公共の役人の仕事（彼らと政治家との接点を含む）についての研究は、普通「行政管理論（public administration）」と名付けられていた。疑いもなく、「行政」とか「管理」という言葉からは、官僚機構、終身雇用による保護、「うまく切り抜けること」、積極性の欠如、ダークスーツに灰色の顔、そして退屈な日々の仕事、といったイメージを想起させる。

しかし1980年代以降、新しいフレイズが聞かれるようになり、いくつかの学会では主流になった。それが「公共経営論（public management）」である。この言葉は人によって違う意味に使われていたが、行政管理に結びつけられるイメージとは異なった一連のものを象徴する言葉であった（クラークとニューマン1997）。「公共経営」は、予算の確保ではなく予算管理、民間のサービス提供者との契約を含む契約文化（第7章参照）、任期を限り再任用を見込まない職員との雇用契約、起業家精神とリスク負担、そして業績に対する説明責任のことと考えられた。

これらの違いは誇張される可能性があり、事実しばしば誇張された。しかし、公共領域の関係主体の多くが期待するものは、確かに変わってきた。行政管理官のイメージに合った態度をあまり期待しなくなり、公共経営者のイメージに沿った態度

の方を、より強く期待するようになった。

公共サービスの「公共性」とは何か

　日々の議論の中で、私たちはしばしば「公共サービス」について、あたかも「公共セクターの行うこと」であるかのように、口にしている。多くの国で今日、この整然としたアプローチはもはや意味をなさなくなっている（第7章参照）。
　なにしろ、ずっと前から、民間会社が道路の穴ぼこを補修したり、公営住宅を修繕したりするのを見るのが常になっているのだ。さらに最近では、民間会社がゴミを収集したり、余暇センターを運営するのは、多くの地域でありふれた光景になっている。加えるならば、英国では、民間セクターがやっていないサービスは、ほとんどない。病院、学校、児童保護、高齢者や障害者の在宅介護や、住宅手当の支給が民間によって提供され、自治体の財政課長が民間から派遣されること（事実英国では、ＢＢＣ〔British Broadcasting Corporation;英国放送協会〕の総務部長は民間会社から来ていた）はいくつかのところで見られる。
　その上、公共セクターが行っているもので、それを「公共サービス」と表現すれば目を丸くするようなものがある。例えば、通信会社の運営（ハル市では比較的最近までやっていた）とか、市の中心街のレストランの経営（コベントリー市では1980年代までやっていた）などがある。
　では、公共サービスの公共性とは何か。この懸賞付きクイズの答は一つではないし、当選を狙う回答者にも事欠かない。どんな答に達するかは、受けてきた訓練や思想的な立場に極めて関連する。
　厚生経済学派にとって、答は、極めて微妙であっても、極めて明確である。つまり、公共サービスとは、市場の失敗のため公共が介入するに値するものである（第3章参照）。言葉を換えれば、財やサービスが自由な市場で供給されたときに最

　（訳注）　**レストランの経営**：日本でも、過疎の自治体で、喫茶店や書店を経営する例がある。平成6年10月31日付け『官庁速報』（時事通信社）によれば、北海道礼文町、岩手県三陸町、大分県耶馬渓町、滋賀県朽木村で公営の書店が経営されているとのこと。公益性があると認識されているからだと思われる。
　原田（2005, p57）は、地方公共団体が営利事業を営むことについては、「なんらかのかたちで住民の福祉と便宜に役立つのであれば、商工業的公役務として実施できるとする見方が一般化してきた」という。

8　第1章　公共領域のマネジメントとガバナンスを理解する

適な社会の厚生が実現しないような場合には、何らかの方法で市場の自由を規制すべきで、このような場合に「公共サービス」としての資格が与えられる。

この「公共サービス」の定義は、魅力的なほど厳密ではあるが、不幸にして広範囲になる。この定義のもとでは、なにがしかの「公共性」の程度を示すことができないサービスはほとんど無い。というのは、現実世界での多くの財やサービスの供給は、つまり、恒常的な市場の不均衡、競争の不完全性、供給側又は消費側での情報の非対称性、外部性、ユーザーの要求を満たすためのコストや技術的な可能性以外の基準に基づく選別、不確実性、消費の非競合性、供給の非排除性、何が自身の利害にとってベストかについての消費者の無知、といった、一つまたはそれ以上の一般的な理由によって、市場の失敗の影響を受ける。それ故にこれは、「公共サービス」の定義を、たまさかにしか役立たないものにしてしまう。例えば、この定義では、すべての劇場や映画館は、公共の介入に値することになる（少なくともある程度は消費の非競合性があるから）が、ブロードウエイかウエストエンドのミュージカルを見たことがあれば誰でも分かるように、現実には多くの劇場での催しに対する適正な補助金の額を決めることには限界がある。

政治学には、「公共サービス」の領域を決める別なアプローチがある。それは、「公共サービス」は、政治家、それ以上に政党にとって、再選される上で重要なものである、と提起する。サービスは、政治的な決定をする上で重要な場合に、その「公共性」が尊重されるべきであり、政治の影響を受けるのは当然であるとされる。しかしながら、この立場の魅力的と思えるまでの簡明さは、「公共的決定」の領域の広さに麻痺させられるという代償を、再び払うことになる。選挙で重要にならない財やサービスは極めて少ない。車には、カムシャフトの中のスプロケットの中の名前も知らないような部品があり、自動車整備の技術的な側面には知識も関心もない顧客によって買われている。その何とかいう部品は、それが見ることさえできない物であるにもかかわらず、ひとたびある地方の部品工場が閉じられて、どこか他所で（特に海外で）生産されることにすると申出があったときには、この定義の下では、その部

（訳注）　厚生経済学：A・C・ピグーの主著『厚生経済学：The Economics of Welfare（1920）』から始まった経済学の一分野。中心的役割を演じているのは「パレート最適（Pareto optimum）」概念で、他の個人の満足を減ずることなしには、いかなる人の満足も増すことができない状態をいい、完全競争市場における一般均衡によって達成されるという。

> **公共サービスにおける
> 市民と顧客の概念の違い**
>
> 　市民は、立憲国家において法の支配の下でかつ法律と規則の体系内において個々人に存する権利と義務の集結したものと定義できる。
>
> 　顧客は、市場における財・サービスの需要・供給の状況内において、また支払いの意思の問題としてのニーズの階層内において、個々人のニーズとニーズに対する満足の集結したものである。
>
> 　市民は社会契約の当事者の一方であるが、顧客は市場契約の当事者の一方である。
>
> 出典：ポリットとブッケールト（1995、p6）

品は「公共財」になってしまう。

　三つ目のアプローチは、同じように常識的に聞こえるが、サービス提供の権利を与えられたサービス供給者が「公的サービスの義務」を負わされることになるような場合、これらすべての財に公共性の焦点を当てる。このアプローチは、国会が規制の必要があると決定したすべてのサービスを公共サービスと定義する。しかしながら、このアプローチは、たぶん公共サービスの定義を狭くすることになる。例えば、電気、ガス、水道や放送には公共サービスとして法律上の義務が課されているが、余暇センターの提供には課されていない。後者のサービスは、とりわけ若者や幼子を抱えた家族など、あるグループの生活の質（quality of life）の重要な部分を形成しているだろうにもかかわらずである。そして政治家からは、地方行政機関が提供する重要なサービスとして広く支持されているにもかかわらずである。

公共的ガバナンスとは何か

　公共的ガバナンスを定義しようとすることは、パンドラの箱を開けようとするようなものだ。公共領域におけるガバナンスとマネジメントとは異なるものだという一般的な認識はあるものの、年々増え続ける学術的著作は、ガバナンスについて無数の定義を提供している。本書においても章が違えば、「公共的ガバナンスとは何か」について、それぞれの著者の違った考えが提供されるであろう。

　ガバナンスの定義は、それ自身に重要性はない。とりわけ多くの実務家は、実務を通してガバナンスをよく知っているからである。しかし彼らは、学界で議論されるような形でそれを認識するのは難しいと考えている（第8章参照）。のみならず、われわれは、前述のような一つの定義をしたところである。議論の焦点を絞るうえ

で、それが有用だと思うからである。

　ニュー・パブリック・マネジメントでは、個々の職員と組織の双方のアウトプットによる成果の測定により多くの注意を向けたが、公共的ガバナンスは、より高いレベルの成果（つまり市民や関係主体によって達成されるアウトカム）を達成するために、異なった組織間で、どのように相互に作用しあうのかに多くの注意を払う。さらに公共的ガバナンスにおいては、どのようなアウトプットまたはアウトカムが達成されるにせよ、結論に達する方法、つまり異なった関係主体の相互作用によるプロセスそれ自体に主な重要性があるとみられる。言い換えれば、最近の公共的ガバナンスの議論は、「われわれが何をするかは問題ではなく、われわれがすることに人々がどのように感じるかが問題だ」や、「プロセスが重要である」、または、別の言い方で「結果は手段を正当化しない」という古い真理に新しい重点が置かれている。この「成果重視」と「プロセス重視」という二つの相対する考え方は、「善き公共的ガバナンス」の議論を非常に難しくしている。しかし、この二つの点は、現代の国民の、これだけは是非ともかなえて欲しいという要求をよく表しているのではなかろうか。

　マネジメント的なアプローチととガバナンス的なアプローチの違いは、街の美化の事例で説明ができる（事例1.1）。

事例1.1
マネジメント的なアプローチとガバナンス的なアプローチの違い

　経営志向の行政改革を進めている行政機関が、街路清掃とごみ収集のサービスの効率化に努力の焦点をあてようとしている一方で、地域のガバナンスのアプローチでは、第一に道路にごみを捨ててはいけないし、物は簡単に捨てずにリサイクルすべきだという地域の要請にこたえるのが市民の役割だということに重点をおいている。このアプローチでは、教育（公共の場所を汚す者は、どんな身体の大きさでも年齢でもあるから、学校教育だけには限らない）、啓発活動、汚す行為が行われた時に嫌悪感を表すことを奨励すること、まず第一にゴミや犬の糞の問題が発生しないように犬の排出物を含むゴミを適切に始末するための設備を提供すること、などに取り組むことになる。

　公共セクターにおけるガバナンスの議論は比較的最近のものであるが（第4章参

> キャドベリー報告書は、コーポレート・ガバナンスを次のように定義している。コーポレート・ガバナンスは、それによって会社が指揮され統御されるためのシステムである。
>
> 出典：コーポレート・ガバナンスの財政的側面に関する委員会（1992、2.5項）

照）、「ガバナンス」という用語は民間セクターではより一般的であり、コーポレート・ガバナンスについての議論がよく行われてきた。「コーポレート・ガバナンス（企業統治）」は、組織（民間企業だけでなく）の内部における統御と意思決定の権限の問題として言及されている。「コーポレート・ガバナンス」の議論は、今日39,000を超える世界企業においてその重要性が増大したことが引き金になって起こっている。それらの企業が、説明責任の範囲が不明確で困ったという経験をしたからである。

OECDのような国際機関は、どのようにしてコーポレート・ガバナンスを改善すればよいのかについてのガイドラインを出している。最近多くのOECD諸国において改革が行われているにもかかわらず、米国でエンロンの崩壊が周囲に撒き散らした死の灰によって、コーポレート・ガバナンスは、法的枠組みを厳しくするという問題に止まらず、社会的な価値に対する尊重の問題でもあることが示された。

もう一つの長くつづいているガバナンスの議論は、国際関係の分野から来ている。そこでは、「グローバル・ガバナンス」がとても現代的な課題になっている。きわめて簡潔にいえば、グローバル・ガバナンスは、世界政府がないなかで、国境を越えて輸出される問題（例えば、大気汚染、買春ツアー産業、児童の搾取労働）にいかに対処するかということである。悲観主義者は、グローバリゼーションとは至る所で政府を無力化することを意味するものであり、グローバリゼーションをマネジメ

（訳注）　**エンロンの崩壊**：エネルギー大手のエンロン社は、1985年にパイプライン会社として創業、わずか15年で全米第7位の大企業に成長したが、2001年10月、不明朗な取引による巨額損失と、不正な会計処理が判明するとともに、市場の信用を失い、同年12月に負債総額168億ドルをかかえて倒産した。同社は経営業績の悪化を経営者（COE）が意図的に操作・隠蔽し、粉飾決算によって業績が順調であるような情報開示を行ってきたが、その不正な会計処理に監査法人のアンダーセンが加担していたことが明らかになった。また、エンロン社は上下両院の多数の議員に政治献金を贈っており、それによってエンロンがエネルギー政策上有利な扱いを受けていたことは確かとされる。その後、ワールド・コムの粉飾決算やイムクローンのインサイダー取引なども相次いで発覚し、アメリカ型株主資本主義の信用を失墜させることになった。

ントするということはある種の撞着語法である、なぜならばグローバリゼーションは政府ではなくて市場によって形成されているのだから、と提起する。ある者は、政府の弱体化はインターネット時代の到来によるもので、「電子機器を使う群集」に対抗できるガバナンスはないと示唆する（フリードマン 2000）。

しかしながらこの悲観論者のグローバル・ガバナンスについての論法は、国際連合の事務総長がミレニアム・レポートで発表した、全く違った一連の主張によって反論されている。彼は、グローバリゼーションは、「マネジメントされる」べきだと主張している。それは「グローバリゼーションの形成（Shaping Globalization）」と題した 2000 年のＯＥＣＤ閣僚理事会のコミュニケで使われた言いまわしに似ている。しかし他の者は、グローバリゼーションを「統治」して「貧しい者のために機能させよう」と提唱（ＩＭＦの副局長、マスード・アーメッド）したり、単純に「全てのためのグローバリゼーション」（国連開発計画事務局長、マーク・マーロック・ブラウン）を唱える。その時になすべきことは、「グローバル化をコントロールし、人間のニーズに応えるようにすること」（アンソニー・ギデンス、ＬＳＥ）だった。ニューヨーク9.11の後に起こった出来事は、地球規模の活動（例えばテロ）に対しては国際間の協力によって「闘う」ことができると考えることがもはや難しくなってきたことを示している。

ガバナンスが、「何であるか」を分析する実証的な概念であるのに対して、「善きガバナンス」は、明らかに「何であるべきか」を分析する規範的な概念である。たとえ、国連やＯＥＣＤのような国際機関が、「善きガバナンス」の特徴の幾分抽象的な定義を提供することに抜きんでてきたとしても、われわれは、この概念は状況によって大きく変化するものと信じている。つまり、何が「善きガバナンス」かということは、単に活動の計画書を作成したり、その活動を定義づけたりするのでなく、その地理的なエリアや政治的ネットワーク内の多様な関係主体によって協議され、合意されるべきものである。

「善きガバナンス」は次のような課題を提起する。

- ○ 関係主体の参画
- ○ 透明性
- ○ 対等平等の原則（社会的性差、民族グループ、年齢、信仰など）
- ○ 倫理的で誠実な行動
- ○ 説明責任

○ 持続可能性

　さらに重要なのは、関係主体間で合意されたすべてのガバナンスの原理の履行は、できればその同じ関係主体により、評価されるべきだということである。

公共的ガバナンスにおける公共経営の役割は何か

　公共経営と公共的ガバナンスの概念は、互いに両立しないわけではない。といっても、公共経営の実践のすべてが公共的ガバナンスの一部をなすわけでも、公共的ガバナンスのすべての側面が公共経営の一部である訳でもない（ボベール 2002）。

　例えば、公共経営の活動の中には、行政機関の事務所（例えば人事部門）で、コンピューターワークステーションのネットワークを構築するための最良の方法を巡って展開するものもある。この決定は、どのセクターでもほとんどの組織に共通してみられるもので、公共的ガバナンスの側面をほとんど有していない。一方で、公共サービスにおける家族とボランティアの協働（co-production）の問題を考えてみよう。彼らは協力して地域で自立して生活したいと願っているある高齢者をお世話しているが、人的な事故が起こらないと保障できるだけの十分なサポートが必要である。これは、公共的ガバナンスの問題であるが、行政のマネジャーの介入を必要とはしていない（し、通常介入しない）。

　そこでこの本では、公共経営と公共的ガバナンスの領域は、区別して考えるが相互に関連あるものとする。一方が他方に先行するものでも、優越するものでもない。両者はともに存在し、ともに存在すべきものであり、国家における人びとの生活の質（quality of life）を向上させるために、適切なメカニズムを通じてともに機能すべきものである。

　もちろん、すべての局面で、公共経営と公共的ガバナンスが共存するわけではない。極端な場合、または、対照的な立場から考えた場合、公共経営と公共的ガバナンスは相互に相対立するものだとの議論が、見出しうる。例えば、ロッド・ローズ（1997、p55）は、ガバナンスの視点から書くなかで、ＮＰＭまたは「ニュー・パブリック・マネジメント」（公共経営の一つ）を、四つの弱点（組織内部に焦点をおくこと、目的志向に取り憑かれていること、結果に焦点をおくこと、核心における競争と舵取りとの矛盾）を持つものとして性格づける。これらのＮＰＭの要素は、それぞれを広い枠組みで捉えれば、ガバナンス的見地と相容れることができるにもか

かわらず、極端なＮＰＭ支持者は、自分の見方だけが公共セクターの改革を理解する唯一の道だと力説して、ガバナンスの支持者と対立してしまう（そしてその逆も同様である）。

では、われわれはなぜ公共領域のマネジメントとガバナンスを学ぶのか
　最後に、この本をより熱意をもって読むよう、そして読み進むように、強くお願いする。公共領域のマネジメントとガバナンスの研究は、あなたを知識の豊富な学生や効果的なマネジメントのできる経営管理者（どんなセクターで働いても）にするにとどまらず、より良い市民にするのだと、われわれは主張したい。あなたは、あなたの生活しているご近所や地方自治体や地域や国のことについて、より大きな貢献ができるようになるだろう。世界各地の多くの市民の生活の質についても貢献できるようになるだろう。もしあなたがこれ以上公共分野のマネジメントやガバナンスについて知りたくないとするならば、あなたが貢献しないと他の人々がその代わりをせねばならず、その人々の仕事を更に困難にしてしまうのだということを思い起こしてほしい。
　読み方はさまざまだろうが、公共領域でなされる決定の改善に貢献するとはどのようなことなのか、この本によって読者が深い理解と関心を持っていただけるよう強く願っている。

《参考文献》

アリソン（1997）
　　Graham T. Allison（1997）, 'Public and private management: are they fundamentally alike in all unimportant respects?', in Jay M. Shafritz and Albert C. Hyde（eds）, *Classics of public administration*（4th edn）. Belmont, CA: Wadsworth, pp. 457-475.
クラークとニューマン（1997）
　　John Clarke and Janet Newman（1997）, *The managerial state: power, politics and ideology in the remaking of social welfare.* London: Sage.
フリードマン（2000）
　　Thomas Friedmann（2000）, *The lexus and the olive tree: understanding globalisation.* London: Herper Collins.

ボベール（2002）
> Tony Bovaird（2002）, 'Public adminisitration: emerging trends and potential future direction', in Eran Vigoda(ed.), *Public adminisitration: an interdisciplinary critical analysis.* New York: Mercel Dekker, pp.345-376.

ポリットとブッケールト（1995）
> Christopher Pollitt and Geert Bouckaert(eds),（1995）, *Quality improvement in European public service: concepts, cases and commentary.* London: Sage.

ランソンとスチュワート（1989）
> Stuart Ranson and John Stewart（1989）, *Management for the public domain: enabling the learning society. Basingstoke*: Macmillan.

ロッド・ローズ（1997）
> Rod Rhodes（1997）, *Understanding governance: policy networks, governance, reflexivity and accountability.* Buckingham: Open University Press.

《訳注参考文献》

原田尚彦、2005 年、『新版・地方自治の法としくみ（改訂版）』、学陽書房
舟場正富、1998 年、「トニー・ブレアの新産業主義」、『地方財政』1998 年 3 月号
松井真理子、2002 年、「中央政府／自治体と市民」、『イギリスの政治行政システム：サッチャー、メジャー、ブレア政権の行財政改革」、ぎょうせい
山口二郎、2005 年、『ブレア時代のイギリス』、岩波新書
四日市大学地域政策研究所、2003 年 3 月、『ローカル・マニフェスト』、イマジン出版

　なお、本書の訳出および訳注の作成にあたっては、
小学館：日本大百科全書（電子ブック版）
自由国民社　現代用語の基礎知識 2003 年版（CD-ROM 版）
など、多くの辞書、事典の類を参照させていただいたが、特に訳注で引用した場合以外は書名等を省略した（以下の章においても同様である）。

第2章

変化する公共政策の背景

トニー・ボベール　英国ブリストル経営大学院
エルク・ラフラー　英国国際ガバナンス研究所

はじめに

　1980年代の初めには、世界の多くのところで行政改革に取り組まれたが、それは主に財政赤字に起因していた。そして、それらの改革は公共政策の内容と、公共政策の形成過程の双方に関するものであった。しかしながら、それ以降、多くの国々、少なくともОECD諸国では、より良好な財政状況を達成することとなった（第3章参照）。それ以来、別の課題が公共政策の改革を推進することになった。政府に対するこれらの新たな圧力には、外部要因（高齢化社会、情報化社会、タブロイド社会〔スキャンダルやゴシップが幅をきかす社会〕）と内部要因（第4章で概要が説明されているように、「第一世代」の行政改革が引き起こした計画されたもの、されていないにもの双方の結果を含む）が混在している。これらの新しい圧力は、公共政策における生活の質（quality of life；ＱＯＬ）の重視と、公共セクターの組織のガバナンスの側面に力点を置いている。それらは、1980年代や1990年代初期に行われた経営主義的な改革とは違った方向へと公共セクターを導くものであった。とりわけ公共政策形成の場における政治家の役割に再び力点が置かれることになった。

（訳注）　生活の質（quality of life；ＱＯＬ）：英語のライフは、日々の生活だけでなくその積み重ねである人生や、生命そのものをも意味する言葉である。したがって、ＱＯＬとは、生きていることの価値そのものを高めるという意味合いを持っていると考えられる。そのような概念を表す適切な日本語は見あたらないが、「人生の価値」とか「生命の価値」といったニュアンスであろうか。本書では、よく使われている「生活の質」と訳すが、単に日々の暮らしの質を意味するのではない。

> この章の学習目標
> ○ 公共政策の背景における最近の変化に気づくこと。
> ○ 過去数十年の公共政策の形成における主要な理論的枠組の変化を理解すること。
> ○ 公共政策における政治の役割の変化を理解すること。

第1節　公共政策を背景とした最近の変化

　多くの政策は財政支出と密接な関連性を有している。もし、お金が乏しくなれば、政治家が策を弄する余地は狭まる。しかしながら、財政危機にも良い面がある。つまり、財政危機を契機に、公共機関はより効率的にならざるを得なくなった。特に、多くのＯＥＣＤ諸国における1980年代と1990年代の財政危機は、行政改革を進める重要な引き金であった（第4章参照）。このような財政危機は、多くのＯＥＣＤ諸国で1990年代中頃までには遠ざかり、公共サービスが経済的、効率的な方法で経営されなければならないことは依然として重要なことは明らかであるにもかかわらず、行政改革をしなければならないという財政面からの緊急性は弱まっていくこととなった。

　1990年代初期からは、外部的な要因と内部的な要因から成る政府に対する別の圧力がより重要になった。これら外部要因の多くは、過去数十年の間影響を与えてきたものであるが（ボックス2.1参照）、そのいくつかはここ数年のうちに著しく重要性を増してきた。

　1990年代初期以降、改革へと駆り立てた外部要因のうち特に強力なグループは、生活の質（ＱＯＬ）の問題に関連するものである。その中でも初めに重要な影響を与えてきたものは、環境にかかる要因であり、とりわけ1992年のリオ・サミット以降顕著である。それ以後、（単に医療だけではなく）健康そのものの質、また、特に子供の貧困の拡大にともない、（単に子供に対する公共サービスの質だけではなく）子供の生活の質や、（単に、介護の質だけではなく）高齢者の生活の質に対する関心が高まってきた。

ボックス2.1
公共政策の改革を進めた外部要因

政治的なもの
○ 多くの国々における、あるいは国際的な場面における、政治的、社会的な新しい動き。それらは、特に、世界貿易、地球環境、市民的自由への見解などに関係して、新自由主義的な世界観を競い合っている。
○ 他の国々で現在可能であるならば、自国の政府も質の高いサービスを提供することができるであろうという期待が、グローバリゼーション（特に旅行や報道を通じて）によって加速され、変化してきている。
○ 公共サービスが、個々の市民のニーズにどの程度まで適合するべきなのかという期待の程度が変化してきている。
○ 意思決定の透明性と情報システムの公開度に関連して、新しいレベルの公的な説明責任が必要であるという主要な関係主体（とりわけメディア）による主張が増大している。
○ 政策形成や政策の実施段階において、関連するすべての関係主体が、もっと広範でかつ集中的に参画できるのではないかというように期待が変化している。
○ 長い間公共サービスのリーダー役の立場にあったエリートの中には、世間一般に支持されるような正統性を失い始めた者もいる。
○ しかし、より市場原理的なリーダーシップを構築するという代替案は、なおも、それ自身が正しいことを自ら証明しなければならない。

経済的あるいは財政的なもの
○ 従来からの定義で「生産年齢」の範疇に入っている人口割合が減少し、家計収入のレベルや政府の税財源に、ドミノ効果的に影響を及ぼしている。
○ 1990年代には、ほとんどのＯＥＣＤ諸国やＯＥＣＤ以外の多くの国々において、景気上昇があり、広く政府の税財源の増大をもたらした。
○ 公共サービスの財源のために、高い税率の税を払うことに対して市民の抵抗が強くなっている（または続いている）。

○　労働市場がより弾力的になることに伴い、労働組合の役割が弱体化している。

社会的なもの
○　家族や社会階級といった従来からの制度が、その形や意義といった点で、顕著に変わってきた。そのことにより、政策形成の中で、家族行動や階級の態度についての古くからの前提が、もはや、当然と考えることができなくなってきている。
○　従来、社会的な権威や支配の源泉になってきた警察、聖職者、教師などが、もはや、以前のように尊敬され、影響力をもつことがなくなってきた。
○　社会の中心的な価値についての期待が変化している。1980年代に、公的な責任や個人の責任というような伝統的な価値が、個人の自己実現や権利といった価値に取って代わられたように、1990年代では、思いやりや憐れみの心が「善き社会（good society）」の重要な特徴である、あるいは、「社会関係資本（social capital）」というものが公共セクターの成功には必須である、という理解へゆっくりと回帰していった。
○　高齢化社会。それは、保健や福祉の介護が必要となる人たち（高齢者）が、人口のより大きな部分を占めることを意味する。
○　秩序ある社会（well-ordered society）では受けいれることのできる、特定の弱者グループに対する最低限の生活の質に関する見方が変化している。それは、特に、子供の貧困、最低賃金制や高齢者（特に独居老人）の生活の質に関連したものである。
○　性であれ、人種、身体的・精神的障害であれ、社会的につくられたというよりは「天与のもの」であるとする「違い」についての概念に対する反発がある。その結果、不利な条件におかれた人々がもっと高い期待を持てるような、新たな政治的な解決策が探求されている。
○　特に、子供の貧困、児童虐待、家庭内暴力や反社会的行動等に関して、秩序ある社会においては、不利な条件におかれた人々に対する行動として、どのような行動が社会的に許容できるものなのかということに関する考え方が変化している。
○　公共サービスが、そのサービス利用者やその他の人々が享受する物質的な条件を変えるというだけではなく、さらに統合力のある社会の中で、サービ

ス利用者、市民、職員の精神的な生活にも作用し、充実感のある社会的関係を形づくることができるように影響力を持つということについての理解がますます深まっている。
○ 勤務労働、家庭での仕事と余暇時間のバランスを再編したいという市民の願い、特に、現在のこれらの活動のバランス（アンバランス）の中で植え付けられたいくつかの男女の不平等と戦いたいという願いが増大している。
○ 「タブロイド社会」の中で、政治家や行政の幹部職員が行う意思決定、または彼らの私生活に関する詮索の程度が変化し、政策議論の筋道よりも、これらの意思決定の「人間的な面〔政治家の人間性やゴシップなど〕」に焦点が当てられるようになってきた。

情報・科学技術に関するもの
○ 情報技術の変化。特にＩＣＴ（情報・コミュニケーション技術）における技術の変化。それらは、公共政策がサービス提供の方法において主要なイノベーションを活用できるというだけではなく、政策形成過程そのものが以前に比べてより双方向になり得ることを意味する。
○ 情報化社会。そこでは、さらに高齢者が新しいＩＣＴ技術を利用することができる。
○ ハイテク技術を利用した問題解決法についての信頼がゆらいでいる。（例えば、「別な医療方法」や「別な技術」への新たな関心）

環境に関するもの
○ 地球温暖化への関心が高まっている。
○ 再生することのできないエネルギー資源の使用のレベルを減少させることや、他の物質をリサイクルするいくつかの真摯な取組を厭わずに行っている。
○ すべての新しい立法、政策、主要なプロジェクトの環境影響を明らかに示すよう政府に対して圧力が高まっている。

法的な、あるいは立法に関するもの
○ 国家レベルの立法や政策変更における、国家を超えた組織（例えば、国際連合、世界銀行、国際通貨基金、世界貿易機構、ヨーロッパ連合）の影響力

> が高まっている。
> ○ 政府、市民、産業界や他の政府レベル等によってなされる意思決定に対して、法廷で争われるようになっている。

　これらの多くの外部要因によって、ほとんどの政府は概ね同じ方向に向かうことになった。例えば、子供の貧困に関心を持つことにより、多くの政府が「就業促進的な社会福祉施策（workfare programmes）」へと向かうことになったり、高齢化社会ということで、ほとんどのＯＥＣＤ諸国の年金政策が現在脅威にさらされたり、また、情報化社会ということで電子政府がどこでも主要なテーマになってきたり、タブロイド社会ということで多くの国々の政府が、以前にもましてより熱心に広報広聴活動（現在では一般的に「スピン」として知られている）を行うようになってきたという具合である。

　しかし、公共政策における変革を推進している内部要因では、それぞれの状況に応じた特徴を示す傾向がある。例えば、多くの国々では、政府はかなり高い割合で公共サービスを民間へ外部委託しているし、多くの政策関連問題についても助言や指導を民間セクターに期待している。これは、あるときは民間セクターからの資本的投資を優先的に受け入れるためにであったり、あるときは民間セクターの方がある機能の点ではより優れた専門性を持っているという見方によるものであったりする。このことは多くの重要な政策的な意味合いを含んでいる。例えば、公共セクターの新しい世代の職員は、自分の仕事をもはや一生涯の仕事だと思ってはいないことである。それにより、政策形成の柔軟性を増大させることになる（また、反面では、多分、より高額なサラリーにもつながるのだろうが）。さらに、政府が公共サービスを民間セクターへ外部委託することがはるかに進んでしまった国々では（第7章参照）、民間で運営されている公共サービスにおける不正や汚職について新しい深刻な不安が生じている（第12章参照）。公共サービスが組織内に残っているかどうかにかかわらず、要因の組合せが変わることによって、社会政策に関連したより全体論的な取組や、より包括的な価値体系が求められ、それによってサービスの受け手と

（訳注）　スピン：「自分たちの政党や政策の見栄えをよくしたりするなど、一般的に情報操作をすることを英国では、『スピン』と言っている。そしてそれを担当する広報戦略担当者は『スピンドクター』と呼ばれる」（菊川 2004、p70）。

供給者の双方の役割を概念化し直すことへと向かわせる。とりわけ今では、より大きな関心は、単に顧客のサービス・ニーズや供給者のプロとしてのニーズだけでなく、それらを超えたより広範な最重要課題の観点、つまり社会政策、公共政策に、サービス利用者、サービス供給者、市民、政治家、その他諸々のものを含む全ての関係主体の感動や、物理的、身体的な反応や時間の活用などを受け入れる余地をつくっていくべきという観点から、サービス提供がいかに設計され、いかに形作られるべきか（それらは当然もっと適切に形作られるべきであるが）を探索することに向けられている（ルイス2000a参照）。

　さらにまた、分散化されて連携がとれていない公共政策や政府組織（それらはしばしば「エージェンシー化」や「内部市場化」の結果生じたものであるが）に関する不安があることから、政府は協働や統合に向けてのより優れた仕組みを見出すように求められている。しかし、それらの方法は国によって異なる。今日の「やっかいな」問題（wicked problem）は、もはや、単一の政策や単一の主体で解決できるものでないことは広く意見の一致をみているなかで、英国の中央政府が「連携された政府（joined-up government）」へ重点を置いていることは、アメリカ合衆国の「継ぎ目のないサービス方針（the seamless services agenda）」やスペインやドイツにおける市民や投資家に対する「ワン・ストップ・ショップ」の取組と際立った対照を見せている。

第2節　変化する公共政策の理論的枠組

　1980年代には、変革の牽引役、とりわけ財政的な圧力は、多くの西洋諸国が、公共セクターを「贅肉のないより競争力のあるものにすると同時に、行政執行を、値打ちのある（value for money）公共サービスの提供や選択の多様性、情報公開等により、市民のニーズにより良く対応できるようにすること」（ＯＥＣＤ1993, p9）に重点を置く方向へと向かわせた。この運動は後に学界でニュー・パブリック・マネジメント（ＮＰＭ）と呼ばれた（フッド1991）（ボックス2.2参照）。

（訳注）　やっかいな問題（wicked problem）：多数の関係主体があって、その考え方や利害関係が複雑に入り組んでいるために解決が困難な問題。

> **ボックス2.2**
> **ＮＰＭの要素**
>
> ○ 業績マネジメントの重視
> ○ より弾力的で分権的な財政運営
> ○ 業績給や個人契約などによる権限委譲型の人事管理
> ○ 公共サービスの利用者や他の顧客により良く対応すること
> ○ 政府の中枢部門から下位の部門への権限や責任のより大幅な分権
> ○ 市場メカニズムの活用に頼ること；内部市場化、利用料、利用券、フランチャイズ、外部委託など
> ○ 市場原理志向による公的企業の民営化
>
> 出典：OECD（1993、p13）

　この改革運動をグローバルな枠組みの変革と考える学者がいる一方で（例えば、オズボーンとゲブラー1992、p325,328）、ウェストミンスター型の企業経営的行政を西欧諸国や他の国々に広げていくことに懐疑的な学者もいる（例えば、フリンとシュトレール1996）。確かに、ドイツのように過去20年間程を見回しても、公共セクターの実務者がＮＰＭの枠組みに信任を与える度合いが、かなり低いところもある。

　政策形成においてＮＰＭは、本来の政治家やサービス提供に係る専門家に代わって、以前と比べはるかに大きな役割をマネジャーに与えた。このことは、マネジメントが公共セクターでむしろ重視されていなかったような多くの国々では、伝統的なバランスを再調整することに大きく役立ったのであるが、一方では、時事評論家たちに、このバランスの再調整はあまりにも行き過ぎになってしまったのではないかという疑問を、直ちに起こさせることになった。特にこのことが、しばしば政治的な価値や政治的な議論を特有の空虚なものとするような公共セクターの見方につながった。

　第４章に示されているように、この問題に対して各国では、要因全体の多様性に応じてそれぞれ違ったやりかたで対応した。だが、これらの対応のほとんどすべてに一貫している一つの要因は、公共政策におけるガバナンスの次元及び公共セクターのガバナンスへの関心であった（第8章参照）。このガバナンス重視の対応は傾

向として次のようなことに重点を置いている。

- ○ サービス提供の整然としたラインを横断するような「やっかいな問題」があって、「生活の質（ＱＯＬ）」の改善が「サービスの質」の改善よりも重要であること。
- ○ これらの「やっかいな問題」は一行政機関だけで解決し得るものではなく、多様な関係主体のネットワークが必要となるために、協働して取り組む必要があること。
- ○ 関係主体が他の関係主体と相互に影響しあう活動を行うときに遵守する、合意された「ゲームのルール」の必要性。そのことにより、関係主体が取り組もうとしている問題の解決のために新たに共同して取り組むときにも、互いに信頼し合うことができる。そして、そのことが、「企業統治（corporate governance）」の原理を「公共的ガバナンス（public governance）」という領域に拡げることにつながる。
- ○ 関係主体の全ての相互作用に組み込まれるべきであり、互いに共有すべきである透明性、尊厳、正直さ、公正さ、多様性の尊重などの特性のこのうえない重要性。

　もちろん、上記のような一連の対応は一夜にしてというよりはもっとゆっくりと発展してきた。実際、今日の「やっかいな問題」は過去に発生して、未解決のまま持ち越されてきた問題のことである。加えて多くの場合、財政的な圧力が依然として残っており、それらは政府への新たな要求と絡み合ってきている。また、どの圧力が優勢であるか、どれがより関連性が薄いのかということは、ひとえにその国の状況にかかっている（第4章参照）。公共政策の意味するものが、将来的にさらに詳細に区分されていくにつれて、ガバナンスの改革のあり様にいろいろあることが、ＮＰＭの時代よりももっと重要になるのかもしれない。

　行政機関は、これらの問題にうまく適合するよう圧力を受けることになる。行政機関の中には、新たな環境に直ちに、あるいは、むしろ事前対策の観点で対応するところもある一方で、もっと対応が遅く、むしろ、全然対応しない行政機関もあるだろう。結果として、組織や経営手法には新しいものや古いものが並存するだろう。この入り乱れた状態は、現在進行しているいろいろな種類の改革によって乗数的に増えていく。いくつかの例はこの本の第2部、第3部に記述されている。図2.1は、

図2.1　行政機関の類型

	法令主導	サービス主導	市民主導
目標	法的安定性	競争性	地域社会のQOL
考え方の背景	国家	公共セクター	市民社会
統制の仕組み	階層制	市場	ネットワーク
論理	法的なもの	経済的なもの	政治的なもの

　主たる改革の方向が、法令主導（「法規国家」）からサービス主導へ、さらには市民主導の動きになっていることを示している。しかし、現実の行政機関の中には、これらが互いに混在する形で存在している。
　もちろん、公共政策の仕組みの中で何が起っているかを診断するだけでは十分ではなく、次に何を行うべきかを判断することもまた必要である。ポリットとブッケール（2000、p176～177）は、公共セクターの改革に、次の四つの戦略的な選択肢（「四つのM」）を提唱している。
1）　政治・行政および法律のシステムと市場経済の間の既存の関係の維持

（Maintenance）

　　通常は、従来型の統制を強化することに関わる（例えば、支出の緊縮化、職員の削減、効率化の啓発、汚職の追放など）。
2）　システムの刷新（Modernization of the system）

　　行政システムのあらゆる観点から、より迅速で、より柔軟な手法を導入する（例えば、予算、経理、人事、サービス提供など）。また、そのことは、政治システムにもある種のドミノ効果を与える。この選択肢には二つの変異体がある。一つは、規制緩和と下位のマネジャーへのエンパワメントの必要性の重視であり、二つ目は、市民参画と関係主体の関与の必要性の重視である。
3）　システムの市場化（Marketization of the system）

　　既存の行政システムや法律などの一般的な形態を依然として保持しながら、できる限り市場型のメカニズムを導入していく（例えば、競争を通じて）。
4）　行政システムの最小化（Minimization of the administrative system）

民営化や外部委託などを通じて、できるだけ多くの仕事を市場部門に移管していく。

　この最後の選択肢は、ある学者たちから「国家の空洞化（hollowing out the state）」と呼ばれてきた。そして、それらの学者たちは、一国の政府から権力が失われて、WTOやEUのような国際機関に移行するメカニズムを付け加えるのが常である。1980年代全般と1990年代初期に、この選択肢が「公共セクターの滅亡の脅威となる妖怪」として公共政策の議論の場に出没したのは、周知のとおりである。ダンリービー（1994、p58）は次のようにいう。
　　最近のＮＰＭの思考は、政府の最適の役割というものを明らかにしている。その重要で中心的な役割は、市民を代表した「賢い顧客」という役割であり、私的に供給されるサービスを公共の福祉を最大にするよう購入することである。しかし、生産なしに消費することはリベラルで民主的な政府の新たな領域であるし、また、コア・コンピタンスを浪費することや「空洞化された国家」の構造を創りだすことを防ぐことのできる確立された指針はない。

　しかしながら、そのようなおそれは現在では除去されてしまっている。論点はむしろ、国家はどのような（複数の）役割を果すべきなのか、また、どのような状況の中でどのような（複数の）改革の方法をとればいいのか、というところにある。ポリットとブッケールト（2000、p178）は、次のように述べている。「それぞれの時代によって異なった体制が、これらの戦略のうちのどれか一つ以上の戦略に傾注してきたようにみえる。『四つのM』は、特定の順序で使われる必要はない。それらすべての戦略が、同時進行で、納得のいく形で実行される必要もない」。そして続けて、多くの改革の取組は、組合せを変えながら、四つの戦略の中から二つを選択する傾向が多いと述べる。
　それゆえわれわれは、「国家の空洞化」という議論が描くディレンマが、議論されるべき問題を誤らせることを主張しようと思う。最も重要な問題は、国家が他の主体よりも依然パワフルであり続けるかどうかということではなく、国家、民間および非営利セクター、市民や、他の重要な関係主体が、他の主体による意思決定に力を及ぼすことができるようにし、関係するすべての集団がウィンウィンであるような状態を創り出すためには、公式（法的）・非公式のルール、構造やプロセスのどの

ような組合せが必要なのかということだ。そして、もしこのような組合せが不可能ならば、最小限であっても受け入れることができるような成果（生活の質やガバナンスのプロセスの質といった観点での）、とりわけ社会の中で最も脆弱なグループに対する成果を確保するために、これら一連の政治のルール、構造やプロセスにとってどんな変革が必要なのかということが重要な問題であるのだ。

第3節　公共政策の政治的側面

　公共セクターにおいて、理論的には政治が中心的な役割をもつように思えるかもしれないが、その役割は、主要な二つのグループの人たちからの圧力に長くさらされてきた。一つは、どの政策が最も機能し得るのかをよく知っているのは自分たちだけであると信じてしまいがちな専門家グループである。二つ目は、さまざまな専門家グループを効果的に協働させて動かすことについては誰よりも抜きん出ていると信じてしまいがちな、経営主義の中核グループである。ごく最近になって、第三の一組の役者たちが、すでに混み合っているステージに上ろうとしている。それは、市民のグループやその他の関係主体だ。彼（彼女）らは、自分たちの生活の質（QOL）の向上に直接影響を与えるサービスという点では、自分たちがどのようなものを望んでいるのかを一番よく知っているといわれている人たちだ。このような舞台で、それでも、なお政治家が役割を果す余地があるだろうか。

　第一に、政治家は、いくつもの役割を果しているということを認識することが重要である。例えば、さまざまなレベルの政治においてリーダーシップを発揮すること、社会のために政策形成を行うこと、組織のために戦略立案を行うこと、他の組織や他の関係主体（他の国々やよそのコミュニティなどの）とのパートナーシップの構築、自らの属する政治単位で行われた意思決定の監視役、他の政治単位で行われた意思決定と連携して議員活動を行うこと、そして、大事なことを言い残したが、彼らの選挙民を代表すること。そして、これらの役割のすべてが公共セクターの官僚組織に等しく支援されるわけではない。特に、選挙区代表としての役割は、もっぱら政治的なことであり、政治的な党派が支援すべきものであるとみなされることから、官庁幹部職員の支援はむしろ薄い。

　これらの役割は、背景が異なるとどのような違いが生じるのだろうか。舞台がグ

ローバルからローカルに移るにつれ、政治家の基本的な役割が変わるだけではなく、政治家が互いに関わり合わなければならない主要な関係主体との関係によって、政治家の役割の優先順位も変わる。さらに政治的な役割は、政治形態（polity）が、代表民主主義（representational democracy）と参加民主主義（participative democracy）との間でどのようにバランスをとっているかによっても異なる。

　まず、グローバルなレベルから始めよう。「グローバルな政治」は、主に安全保障、貿易、環境についてであり、国家の元首や大臣によってその役割は演じられている。しかしながら、ここでの意思決定の多くは、国家、広域、地方、近隣自治区の各レベルに影響を与える。例えば、「平和の配当」は、国の社会福祉関連の戦略にとってはボーナスであり得る（国の予算からもっと多くの財源がひねりだせることになるので）。しかし、陸軍や海軍の基地が閉鎖される地域では、雇用戦略面ではとても大変なことになる。また、グローバルな環境問題の戦略は国家の利害の対立に関与する（化石燃料を大量消費する側と反対の側）が、一方で、環境問題の改善には、しばしば、「グローバルに考え、ローカルに実践する」という手法が取り入れられている。そのため、国や地方の政治家は、自らの権益を擁護するための議会活動が本来の役割にしばしばなっているだろうにもかかわらず、グローバルなレベルを無視して政策立案するわけにはいかないということになる。

　「国の政治（national politics）」というのは、選挙結果によって決まった政策やそれに付随する立法を議論する場であり、最も政治思想によって進められる。ここでは、政治思想的な見方の間で、また、国レベルの圧力団体（そして、彼らは階級、資本家の一部、支配的な関係主体の連合体、共通利益団体などのレンズを通して、さまざまに見られているが）間で、そして、政党に属する政治家の「政治的な」感性と「技術主義」の信奉者に好まれる「技術的な」調理法との間で、しばしば衝突が起きる。このレベルの政策決定は、専門的にデザインされた戦略への政治的な味付けをすることに大きな重点がおかれる。

　「広域の政治（reagional politics）」は、多くの国でそれぞれ違った考え方で進められる。スペインでは、「自治州（autonomias）」の枠組みの中で、地域の優先度の多様性だけでなく、民族としてのアイデンティティに対する感情の表明も許すべきだというはっきりした要求がある。このことは、英国の中の、スコットランド、ウェールズ、北アイルランドでも全く同様である。他の例では、地方政府は中央政府に対峙するものとして、意図的に制定されている（例えば、1776年以来のアメリカ合衆

国の州の役割、そして、それからほぼ200年後、第二次大戦後のドイツ憲法における「ラント〔州〕」の役割も合衆国の鋳型に基づいて形づくられている）。また、いくつかの例では、複合的な動機が存在する。英国では、ある種の地域政府（reagional government）の形に向けたゆっくりとした動きがあるが、これらは、中央政府が国のある部分について地域の強い独自性を認めているからではあろうが、あわせて、不人気な運輸と計画決定を中央省庁から地域に移譲したいという中央政府の願いがあるだろう。このような地域のレベルにおいては、政治家は国家と地方の政治の中間地点にいる。地域が強いところでは、地域の政治家であっても、国家的な、さらにまた国際的な重要性を認識することができる（例えば、アメリカ合衆国の州、バスクやカタルーニアなどのスペインの強力な「自治州」、バーバリアやバーデン・ビュルテンブルグなどのドイツの「ラント」など）。また逆に、地域が弱いところ（例えば、スペインの「自治州」であるムルシアやリオハ、フランスのレジョン、中央及び東部のヨーロッパ諸国の最近つくられた地域など）では、地域の政治は単に中央で策定された政策と地域性との「隙間を埋める」だけの役割しか果さないことになる。

　「地方政治（local politics）」は、通常、政治思想的な趣をまだ持ってはいるが、その政治思想にはしばしば特異性がある（言い換えれば、地方の政党はその見解において、ときに、中央の政党と非常にかけ離れている）。政治思想は、地域的な問題に関するスタンスの重要性と比べれば、ほとんど重要でないことが多い。地方という領域における戦略的政治家の役割の一部は、その地方の地域社会を新しい目標に向けて引っ張っていくことである。それは、一つには、地方のある地区が他の地区（特に同じ広域圏内の）と競争することを促進することである。また一つには、政策が（政府のあらゆるレベルで）失敗したと信じられている地域社会を代表することである。明らかに、多くの地方政治家は戦略もなく、一部地域の政策についてのみ気を揉んでいるし、選挙民が役所や関係機関からうけている成果を改善するために選挙民を代表して働いている。このことは、多くの役所の幹部が、地方政治家というのは、政策形成過程に貢献してくれるというよりも、政策実施過程でのいらいらさせられるものであることを経験によって知っている。また、このことは、多くの人が地方政治というものになぜ否定的な見解を持つのかということを物語っている。

　「近隣自治区の政治（neighbourhood politics）」は、通常、政治思想レベルからはほど遠いところにあり、地元の問題が優位を占めている。その政治では、それぞれの

政治は自らの属する同じ党の同僚議員やリーダーと対立することになる。実は近隣自治区の政治は、近隣自治区内、近隣自治区間の利害のバランスをとることに巻き込まれ、ある種の問題について利害関係グループを連携させるが、それは高いレベルの政治の方向とはほとんど無関係である。ニンビー（「自分の裏庭ではやめてくれ」症候群）は、これを示す最も端的な例である。結果として、情報を熟知した専門家によって策定され、地方議会の政治家のトップたちによって支援され、国のレベルでも支援された、高度に理性的な戦略であっても、それらの戦略が「現場にうまく下りていかない」ことによって、失敗する例が多いのかもしれない。

　高度に専門化された「ニュー・パブリック・マネジメント」や高度にネットワークされた「ガバナンス」のパートナーシップのこの時代にあっても、政策形成に対して政治が依然として重要な役割を果たすべきことは明らかである。しかしながら、政治的な意思決定の自立性は誇張されるべきではない。政治家は沢山の異なった圧力がかかっていて、個人的にはあまり好みではない道に引っ張っていかれることがある（第5章参照）。例えば、政策ネットワークというのは、しばしば主要な関係主体のすべてからの強い要望を抱えており、政治家はそれに巻き込まれて、それらの要望を誇大視したりする（ボーガソン 2000）。

　その結果、政治的な公約は、広範な関係主体の連合の利害を受け入れるためにつくられる。これは最悪の場合、政治家たちが「誰もかれも、いつどんなときにも喜ばす」ことを求めてしまうことを意味する。このような環境では、戦略的な政策形成はほとんど不可能になってしまう。政治家は、反対の意見を乗り切って自らの信じる戦略的な政策を進める覚悟があってはじめて、政治的なリーダーシップを発揮し、自らの組織やパートナーシップが戦略的にマネジメントすることに貢献できると主張できる。

（訳注）　ニンビー（NIMBY）：Not in my back yard の頭文字。その施設は必要だろうが私の裏庭にはお断りの意味（『現代用語の基礎知識』1997年版）。英国の一戸建ての家では、通りに面して小さな前庭があり、通りから見えないところに前庭より大きな裏庭があるとのこと（『「ハリーポッター」Vol.5　が英語で楽しく読める本』）で、日本人のイメージする裏庭とは違うようだ。

まとめ

　1990年代以後、財政的な圧力は公共政策の改革の牽引役としてはそれほど重要ではなくなった。政治、経済、社会、技術、環境、立法の分野における多数の重大な変革が公共政策の形成に大きな影響を与えたことは確かであるが、その意味合いについてはまだ十分に明らかにされていない。

　公共政策形成の枠組みは過去20年間に、めざましく変化した。「古い行政執行管理」は部分的には「ニュー・パブリック・マネジメント」に置き換わった。そしてそれは次に、「公共的ガバナンス」の運動によって、部分的に置き換えられた。しかしながら、最近の多くの国々における公共政策形成は、依然としてすべて三つの枠組みの強力な要素を有している。そして、より「一元化された」取組への移行が、どれだけ早く起こるのか、また、どれだけ早く進むのかは不確かである。

　政治は政策形成に必要欠くべからざるものであるが、政治家の役割は、民主的な意思決定の従来モデルが提唱しようとしたほど明確になったことはなかった。専門家グループやマネジャーや関係の市民やその他の主体が公的な意思決定に役割を果たしていることを考えると、今日ではさらに複雑になっている。

《参考文献》

OECD（1993）
　　OECD（1993），*Public management developments: survey.* Paris: OECD.
オズボーンとゲブラー（1992）
　　David Osborne and Ted Gaebler（1992），*Reinventing government. How the entrepreneurial spirit is transforming the public sector.* Reading, MA: Addison-Wesley.
　　（高地高司ほか訳、1995年、『行政革命』、日本能率協会マネジメントセンター）
ダンリービー（1994）
　　Patrick Dunleavy（1994），'The globalization of public services production: can government be "best in world"?', *Public Policy and Administration*, Vol. 9, No. 2, pp. 36-64.
フッド（1991）
　　Christopher Hood（1991），'A public management for all seasons?', *Public Administration*, Vol.

69, No. 1, pp. 3-19.

フリンとシュトレール（1996）

Norman Flynn and Franz Strehl（1996）, *Public sector management in Europe*. London: Prentice Hall Harvester Wheatsheaf.

ボーガソン（2000）

Peter Bogason（2000）, *Public policy and local governance: institutions in postmodern society*.Cheltenham: Edward Elgar.

ポリットとブッケールト（2000）

Christopher Pollitt and Geert Bouckaert（2000）, *Public management reform: a comparative analysis*. Oxford: Oxford University Press.

ルイス（2000a）

Gail Lewis（2000a）, 'Introduction: expanding the social policy imaginary' in Gail Lewis, Sharon Gerwirtz and John Clarke（eds）, *Rethinking social policy*. London: Open University in association with Sage Publications.

《訳注参考文献》

菊川智文、2004年、『イギリス政治はおもしろい』、ＰＨＰ新書

第3章

公共セクターの規模と範囲　～国際比較～

ピーター・M・ジャクソン　英国レスター大学 マネジメントセンター

はじめに

　公共セクターの適度な範囲と規模とはどのようなものだろうか？　端的に言えば、答はケースバイケースである。それは、どのような国家のビジョンをもっているかにもよるし、市場と公共セクターという非常に不完全な二つの社会制度について、その費用と便益をどのように比較するかということにもよる。

　公共セクターは、どこにでもある社会制度であり、過去50年以上にわたり規模と複雑さを増してきた。とはいえ、順調に発展してきたとは言えない。ほとんどのOECD諸国では1960年代後半から70年代に福祉国家の発展という形で、公共セクターはかつてない成長を遂げたが、1980年代と90年代には、公共セクターの規模を小さくしようと、あるいは少なくともより効率的なものにしようということに関心が注がれ、試みられてきた（第4章参照）。それは、民営化であったり、より市民に近いレベルの政府への権限委譲であったり、単純に公共セクターにおける市場原理の導入であったり、ということである（第7章参照）。

　現在、全ての先進諸国において、財政支出は、国内総生産（GDP）の3分の1から2分の1に達している。多くのOECD諸国は、引き続き財政赤字と高い債務に苦しんでおり、財政支出管理は依然重要な政治的課題として位置づけられる。結局のところ、経済的効率性は、無駄にされた資源の機会の損失のためということだけでなく、税制や公的借入の民間セクターへの影響力という理由からも、公共セクターの資源がいかにうまく管理されるかということにかかっている。

> この章の学習目標
> ○ 政府の役割と範囲を理解すること。
> ○ 社会関係経費のトレンドを知り、それらを形作る要因を理解すること。
> ○ 公共支出の変わり行く構成を知ること。
> ○ 公共セクターのマネジメントに対して、このような公共支出の変化のトレンドが何を意味しているかを理解すること。

第1節 政府の役割と範囲

　公共支出が時と所によって違うのは、政府の役割と範囲についての見方の違いを反映している（第2章参照）。それでは、政府の適切な役割、範囲、規模とは何であろうか？

　この問に対して、専門的視点に基づいた、簡潔かつ明瞭な答はない。かわりに、政府の適度な範囲に対する相反する認識がある。この問は、新しいものではない。数世紀にわたり、政治哲学者や経済学者によって進められる熱のこもった論争が注目を集めてきた。この論争の中心は、基本的、規範的なもので、「政府は何をすべきか、国内経済における公共支出の割合はどの程度であるべきか、政府は直接生産活動に従事できるか」といった疑問である。

　最近、小さな政府を目指す人々が、政府の縮小化、民営化、リエンジニアリング、行政革命を唱え、より激しい論争になっている。他方には活発に政府が介入すべきと考える人々がいて、公共政策や公共投資プログラムの効用と、それに伴って個人の自由がより大きくなることに力点をおいている。それぞれの個人がどのような考え方であるかということには、専門的な、哲学的な、あるいは社会経済学的な議論としての「善き社会」とは何であるかという問に対する個人の選好が反映されている。

　この論争は、何年にも及んでいるが、未だに解決していない。このことは、最近のブキャナンとマスグレイブのやり取りにはっきりと示されている（ボックス3.1参照）。彼らは、「国家の適切な役割とは？」という基本的な問に対して、正反対の答を主張している。

> **ボックス 3.1**
> **国家の役割に関するマスグレイブとブキャナンの考え方**
>
> 　マスグレイブは、公共セクターはそれ自身正統性（legitimacy）を有し、公共セクターと民間セクターは競争するものではなく、社会的厚生（social welfare）の最大化を実現するために相互に補完すべきものであるという考え方に立つ学派の代表的存在である。
> 　マスグレイブが、国家とは、「共同事業に従事し、社会的共存の問題を解決するために、また民主的かつ公正な仕方でそうするために形成された個人の連合」（ブキャナンとマスグレイブ 1999、p31；邦訳 p38）である、という考え方に立つ一方、ブキャナンの世界観は、多数決政治（majority politics）は特定の利益集団間の連立形成に帰結し、それは自身の利益追求に対して最善の政策を生み出すことになるというものである。ブキャナンにとって問題なのは、財政の制度やルールの適用が、この傾向を生じさせることである。「わたくしの関心および規範的意味でのここでのわたくしの主要な動機は、政治過程をとおしての男女を問わず人間による人間の搾取を防ぐことです。それが、わたくしのアプローチ全体を引っ張っているものです」。
>
> 　　　　　　　　　　出典：ブキャナンとマスグレイブ（1999、p52；邦訳 p182）

　何年も前に、マスグレイブ（1959）は、活動的な国家における三つの特徴的な役割を示した。これは役に立つ分類法を提供するとともに、新たな論争を引き起こした。マスグレイブにとって近代国家は、「夜警」としての基本的、最小限の役割を超えるものであり、資源配分、所得再分配、経済安定化の機能を果たすものである。

　はっきりしない財産権、外部性、不完全な情報、高い取引費用、規模の不経済などから、さまざまな市場の失敗が生じる可能性があり、資源配分機能は、それを克服するという意味での公共財の提供として見られている。

　これら市場の失敗の原因は、アダム・スミスやジョン・スチュアート・ミルらにより、古くから知られていた。取引費用が非常に高いために市場そのものが存在し得ないか、または非効率的なアウトカムしか生み出さないという場合に、市場が「失敗」するという。市場の失敗を修正することは、最近マスグレイブ（1998、p35）

が、「サービス国家」と言及している点に関心を集めている。それは、「財の供給者としての市場の効率的な機能に、なんらかの故障があれば直すという重要な役割を果たす」ということである。

政府の第二の役割は、所得再分配に関するものであり、「福祉国家」の基礎となるものである。財産権を含む諸々の権利がどのように初期配分されても、自由市場システムは、それが社会的に公平公正であるとみなせようと、みなせまいと、ある社会厚生の配分をひねり出すだろう。国家の所得再分配の役割の目的は、「社会的に」公平公正であると思われているものに近づけるという基準によって、市場決定による福祉の分配を調整することである。このことは、規制、権利調整、市場へのアクセス確保、累進課税や補助金により達成されることになる。

> **国家の役割とは、…**
> ○資源配分機能
> ― 規制、税制、補助金、公共財の提供によって市場の失敗を修正すること
> ○所得再分配機能
> ― 規制、権利調整、（弱者が差別を受けないよう）市場へのアクセス確保、累進課税や補助金により公平公正な社会を実現すること
> ○経済安定化機能
> ― 財政金融政策により、経済成長、失業率、インフレを調整すること
>
> 出典：マスグレイブ（1959）

政府の第三の役割は、経済の安定化機能である。統制のない市場では、容認できないほど高い失業率を伴うような経済の一般均衡に達する可能性がある。20世紀初頭の古典派経済学者は、市場は放っておいても調整機能が働き、失業は最終的に解消されると考えてきた。しかし、ケインズは、経済調整機能が極めて緩慢なために、長期間高い失業率にとどまることもあり得ると指摘していた。「長期にはみんな死んでいる」のだ。調整過程をスピードアップさせるために、ケインズは、経済が景気循環のどの部分にあるかに応じて、「有効需要」を管理するために、公共支出や税制を通じた修正のための介入の必要性を唱えた。1950年代から80年代までは、ケインズ学派の考え方が支配的であった。経済における需要は、失業率の低下と物価の安定性というトレードオフの関係にある二つの目的達成のために「管理」されてきた。1980年代初頭からは、古典学派のマネタリスト経済学者が優勢となって、貨幣供給をコントロールすることが経済安定化政策の実際的な唯一の方法であると主張した。1990年代までは、これら両学派がＯＥＣＤ諸国の政府の考え方を代表している。

マスグレイブやアロウが市場の失敗に関して以前から強調する一方、「政府の失敗（government failure）」、政策の失敗〔または政治の失敗〕というものが、今日では認知されている。最近では、マスグレイブ（1998）が「ひびの入った国家」について記している。市場と官僚機構の双方とも、ひびの入った組織機構である。公共セクターにおける失敗は、高い取引費用、不完全な情報などの市場の失敗と同様の理由に加えて、不適切なインセンティブ付きの機構、本人・代理人関係の問題、投票制度のような不適切な需要を生み出すメカニズムから非効率が発生している。これらの失敗は、公共セクターにおける資源配分と行政経営の非効率性に帰着し、無駄の多い官僚機構から生じる不適当な政策に反映している。

第2節　変化する国家の役割の範囲

　世界中の国家で、政府の規模と範囲はかなり多様である。これらの多様性は、部分的には「善き社会」というものに対する選好の違いを反映しているが、同時に一人当たりの実際の収入の違いおよびそこから生じる財政力の違い、人口や人口構成の違いなど社会的要素に起因するものであり、また比例代表選挙かどうか、大統領制か議院内閣制かといった政治制度の違いによっても生じるものである。
　世界における公共セクターの絶対的、相対的規模は、この130年間で大きく変化してきた。IMFのデータが示すように、1870年の世界における公共セクターの規模は、政府支出の対GDP比で10.7％であった。1920年には、19.6％、1960年には28％、1980年には41.9％、1996年には45％に達している（タンジとシュクネヒト2000）。1950年まで、大きな世界戦争によって混乱する時にのみ、公共支出と国家の役割の範囲が少し変化するに過ぎないという、長い「自由放任主義(laissez-faire)」の時代が続いた。1950年代から60年代の間は、公共支出の増加を奨励するケインズ学派の経済学者が多数いた。ガルブレイス（1958）は、私的部門が裕福な中にあって、公共部門が貧弱である点を劇的に言及した。ベイター（1960、xivページ）は、社会が、防衛、国際援助、教育、都市再開発、医療サービスにおいて、危険なほど短期的に変わっていくことを論じた。インフラ整備や人的資源（教育、健康）に公共支出を増加させることは、経済成長を促進する。増税によってそれらの費用が賄われることにはなるが、しかしながら、一人当たりの実質収入増は、税収増を可能にする。

公共支出の増加は、避けられないことではない。公共支出が実質所得の増加に関係しているという「ワグナーの法則」のように、あるいは公共セクターと民間セクター間の交換に関係しているという「ボーモルの費用不健全モデル」のように、公共支出の増加に関する理論の中には、極めて決定論的なものがある。これらの理論は歴史的トレンドを解明する方策を提示しているが、公共選択を無視している。公共支出に対する要求は、収入増、人口増、人口構成の変化、都市化、社会の複雑化から生じる。支出の決定は公共選択の結果であり、それは、政府の役割や正統性についての認識、およびそれによって国家の役割の範囲がどこに引かれるかといった認識の変化によって形成される。

　公共支出のトレンドを研究し、国際比較をしようとするとき、ＩＭＦ（タンジとシュクネヒト（2000）に代表される）とＯＥＣＤという２つの基本的なデータソースを使うこととなる。それぞれの定義と範囲は異なるが、どちらも公共支出の同様の質的状況のトレンドを示している。

　表3.1に示したとおり、1960年から80年の間に、世界中における公共セクターの絶対的、相対的な規模は急速に広がった。この期間は世界大戦がなかった期間であり、人口統計学上のトレンドが公共予算に大きな影響を及ぼさなかった期間である。しかしながら、福祉国家の出現を反映して政府の介入的な役割への期待が大きくなった時期であり、またケインズ学派が経済管理政策を要求した時期でもある。従来からの施策の規模や対象を広げる新しい政策（とりわけ福祉分野）の導入により、公共支出が増加した。

　ある時事評論家が言ったように、「公共セクターの介入的役割の黄金期」であっ

（訳注）　ワグナーの法則：「政府の活動が多様化していくことをワーグナーは『公共活動、特に国家活動膨張の法則』として定式化している。…ワーグナーは社会摩擦を抑制し、社会秩序を維持する『法および権力目的』費という政府の『共通的経費』が拡大するだけでなく、政府の事業部門の『個別費』が相対的に増大していくことを主張した」（神野2002、p258-9）。
　「19世紀のドイツの財政学者アドルフ・ワグナーは、公共部門の財政支出は経済の成長率を上回る速度で膨張すると述べた」（西尾2001、p231）。
　政府の正統性：「『権力』もしくは『政治体制』の『正統性』とは、『現存する政治諸制度が当該社会にとってもっとも妥当なものであるとする信念を生み出し、かつ維持しうる政治体制の能力』であるとするS. M. リプセットの定義から出発することにするが、この意味での政治体制の『正統性』があるか、ないか、あるいはどの程度確保されているか、という問題は、その『権力』もしくは『政治体制』の安定、作動能力、さらには存続そのものに大きく関わる重要問題である」（山口1989、p270-271）。

た。また、政府がどのように機能し、何を達成したかということを、多くの人々が単純に好意的な視点から論じた時期でもあった。これらの視点は市場の失敗については強調したが、税制や公的借入の悪影響、官僚機構の非効率性、圧力団体の利己的な政策、大規模な腐敗の可能性といった政府の介入から生じるコスト、すなわち公共セクターの失敗の可能性には盲目であった。例えば個人的利益の追求といった「レントシーキング（rent-seeking）」行動（タロック 1967）という現実があることやそこから生じる結果を無視する一方で、政治家や官僚が社会福祉の最大化を図ろうと行動するであろうと、人々は理想的な政府の姿を思い描いていた。さらに、政策決定権者たちは十分な知識を有していて、例えば、どの政策レバーを引けば、どのような効果が得られるかということを知っているということが暗黙の了解になっていた。

　公共選択論者や自由主義者は、戦後一般的に同意されていた、公共セクターの介入的役割が常に利益をもたらすものであるという考え方に対して一連の挑戦を開始した。彼らは高い限界税率が市場を歪めることによって本来の効率性がそがれること、公共セクターの財政赤字が大きいことによる利益率への影響（財政赤字はまた民間投資を締め出す）や、頻繁な政策的失敗について指摘した。その1970年代の反政府理論（anti-goverment rhetoric）にそれを支える経験的な確固たる証拠があったのか、なかったのか（実際ほとんどなかったが）はあまり大したことではない。重要なのは、これらの議論が一時代を築き、「国家の草創期への回帰(rolling back the frontiers of the state)」を目指すサッチャー、レーガン政権の到来と、その政策への途を開いたことである。1980年代、90年代は、民営化、外部委託化、公共セクターの負債整理、均衡予算ルール、財政構造改革、ＰＦＩ、ＰＰＰ（官民連携）など一連の政策が行われ、公共と民間セクターのバランスが変化した時代であった。

　では、実際に草創期へ回帰したのだろうか？　表3.1はそれを否定的に示している。公共セクターの相対的な規模は、ほとんどの場合、1980年と比較して2000年は大きくなっている。公共セクターの相対的な規模が小さくなったイギリスのような国でも、公的支出の絶対的な規模の縮小よりも国内総生産の増加との関係がより深い。

（訳注）　レントシーキング：「レントシーキングとは政治過程を通じた差別的利益あるいは利権の追求をさすものであり、公共選択論の視座からは政治の失敗の代表的なものとされる」（森脇 2003、p26）。

にもかかわらず、公共セクターの膨張する割合は、1980年以後沈静化している。例外は日本である。

第3節　公共支出の構成

財とサービスの実質政府支出は、伸びが非常に緩やかである。ここ40年間の公共支出の伸びの主要な要素は、福祉国家の広がりによる所得保障と補助のための所得移転的経費である。社会関係経費の増大は、多くの時事評論家が誤って引用してい

表3.1　国別政府総支出　　　　　　　　　　　　　（GDP比　単位：％）

	1965	1970	1975	1980	1985	1990	1995	2000(注)
オーストラリア	24.6	25.2	31.3	32.3	37.8	33.0	35.4	31.4
オーストリア	36.6	38.0	44.4	47.2	50.1	48.5	52.4	48.8
ベルギー	35.0	39.7	47.6	53.4	57.3	50.8	50.3	46.7
カナダ	27.8	33.8	38.9	39.1	45.4	46.0	45.3	37.8
デンマーク	31.8	40.1	47.1	55.0	58.0	53.6	56.6	51.3
フィンランド	30.3	29.7	37.0	37.1	42.3	44.4	54.3	44.8
フランス	37.6	37.6	42.3	45.4	51.9	49.6	53.6	51.2
ドイツ	35.3	37.2	47.1	46.5	45.6	43.8	46.3	43.0
ギリシャ	22.0	23.3	27.1	29.6	42.3	47.8	46.6	43.7
アイルランド	36.0	37.7	40.7	47.6	50.5	39.5	37.6	27.7
イタリア	32.8	32.7	41.0	41.8	50.6	53.1	52.3	46.7
日本	19.0	19.0	26.8	32.0	31.6	31.3	35.6	38.2
韓国	14.5	14.8	16.9	19.2	17.6	18.3	19.3	23.4
メキシコ	－	－	－	－	－	－	21.4	－
オランダ	34.7	37.0	45.7	50.9	51.9	49.4	47.7	41.5
ノルウェー	29.1	34.9	39.8	43.9	41.5	49.7	47.6	40.6
ポルトガル	18.1	18.0	25.2	28.1	42.9	44.2	41.2	42.1
スペイン	19.5	21.7	24.1	31.3	39.4	41.4	44.0	38.5
スウェーデン	33.5	41.7	47.3	56.9	59.9	55.8	62.1	53.9
イギリス	33.5	36.7	44.4	43.0	44.0	41.9	44.4	38.4
アメリカ	25.6	29.6	32.3	31.3	33.8	33.6	32.9	29.3
ユーロ地域	33.1	33.9	40.9	43.0	47.2	46.3	49.1	45.1
OECD	26.9	29.2	34.4	35.5	38.1	38.0	39.4	36.5

（注）推計値
出典：OECD、2000年12月、「エコノミックアウトルック」No.68（第2版）

るような、人口の高齢化といった人口統計学上の要因が主たる理由ではない。確かに人口統計上の要因はいくらかはあるが、真の要因と比較すれば重要ではない。それは、社会関係施策の範囲が広がり、給付対象の拡大によって、より多くの個人を抱き込んだからである。しかも、社会関係の施策がさらに多くの場合に適用されるようになり、さらに多くの人々に給付をもたらすようになっている。高齢化社会の本当の影響は、まだ受けていないのである。

　IMFのデータ（タンジとシュクネヒト2000）によると、実質支出の合計は、平均して世界中で、1960年の対GDP比12.6%から1995年には17.3%に増加している。これは緩やかな伸びであるが、なおも大きすぎる数字だ。というのは「相対的

表3.2　政府支出（消費的経費）　　　　　　　　　（GDP比　単位：%）

	1965	1970	1975	1980	1985	1990	1995	2000
オーストラリア	13.5	14.4	18.9	18.6	20.0	18.5	18.6	18.5
オーストリア	14.6	16.1	18.2	18.4	19.5	18.8	20.4	19.4
ベルギー	16.7	17.6	21.4	23.0	23.0	20.3	21.5	21.0
カナダ	15.6	20.5	21.8	21.3	21.9	22.4	21.4	18.4
デンマーク	16.7	20.4	25.1	27.2	25.8	25.6	25.8	25.3
フィンランド	14.2	15.1	17.8	18.7	20.6	21.6	22.8	20.8
フランス	16.9	17.4	19.5	21.5	23.7	22.3	23.9	23.4
ドイツ	15.0	15.5	20.1	19.9	19.7	18.0	19.8	18.8
ギリシャ	8.2	8.8	10.6	11.4	14.2	15.1	15.3	15.0
アイルランド	13.3	14.3	18.2	19.4	18.1	15.1	14.9	11.8
イタリア	16.2	14.9	16.1	16.8	18.6	20.2	17.9	17.9
日本	8.2	7.4	10.0	9.8	9.6	9.0	9.8	10.1
韓国	9.5	9.7	11.3	11.9	10.4	10.5	9.7	9.7
メキシコ	-	-	-	-	-	-	10.5	-
オランダ	23.6	24.9	28.2	29.1	26.4	24.3	24.0	22.6
ノルウェー	14.6	16.4	18.7	18.7	18.1	20.8	20.9	18.8
ポルトガル	11.5	13.3	14.4	14.0	15.0	16.4	18.6	21.0
スペイン	9.1	10.2	11.3	14.3	15.9	16.9	18.1	16.9
スウェーデン	17.9	22.5	25.2	29.6	28.2	27.7	26.3	26.5
イギリス	17.2	18.0	22.4	21.6	20.9	19.9	19.8	18.3
アメリカ	16.4	18.5	18.1	16.6	17.1	16.6	15.3	14.1
ユーロ地域	15.4	15.8	18.5	19.5	20.3	19.7	20.4	19.7
OECD	14.6	15.7	17.3	17.0	17.3	16.8	16.6	15.7

出典：OECD、2000年12月、「エコノミックアウトルック」No.68（第2版）に基づくデータベース分析、数値

42　第3章　公共セクターの規模と範囲　〜国際比較〜

物価効果」、つまり公共セクターのコストは民間セクターのコストよりも速く上がることとの調整がされていないからである。

表3.2では、公共セクターの消費支出（公共セクターの費用によって産み出された最終消費者向けの財およびサービス）を示している。非常に緩やかな増加であり、その理由は、前述のとおりＧＤＰの伸びが減退したことによるものである。全ての国において、公共支出の大きな伸びは、補助金と所得移転の絶対的、相対的伸びによるものである（表3.3及び3.4参照）。政府の福祉的役割における広がりの理由の一つは、上述のとおりこれらの施策の範囲と給付が広がったことによるものである。もう一つの理由は、特にヨーロッパ経済が1980年代、90年代に直面した、高い失

表3.3　政府支出（所得移転的経費）　　　　　　（ＧＤＰ比　　単位：％）

	1965	1970	1975	1980	1985	1990	1995	2000
オーストラリア	4.2	3.9	5.9	6.8	7.4	6.9	8.5	8.3
オーストリア	12.9	14.1	14.9	16.2	17.9	17.7	19.5	18.3
ベルギー	11.9	11.0	14.5	16.1	17.2	15.1	15.5	14.4
カナダ	5.2	6.5	8.6	8.3	10.5	11.2	12.6	10.9
デンマーク	6.8	10.5	13.5	16.2	16.1	17.8	20.4	17.8
フィンランド	7.6	5.9	8.7	9.5	11.8	12.6	16.1	12.6
フランス	11.5	12.0	14.1	15.5	17.7	16.9	18.5	18.1
ドイツ	13.0	13.0	17.2	16.6	16.0	15.2	18.1	18.6
ギリシャ	6.8	7.6	7.1	8.9	14.4	14.4	15.1	16.1
アイルランド	10.0	10.0	10.0	10.7	12.9	11.9	12.6	9.7
イタリア	11.9	11.8	14.4	14.2	17.1	18.1	16.7	17.3
日本	4.7	4.6	7.7	10.1	10.9	11.4	13.4	15.7
韓国	0.9	0.6	0.7	1.3	1.5	2.0	2.1	3.3
メキシコ	-	-	-	-	-	-	2.6	-
オランダ	10.0	10.8	14.3	16.4	15.5	15.5	15.3	11.8
ノルウェー	6.6	9.0	10.0	11.3	11.8	16.0	15.8	13.7
ポルトガル	2.3	2.1	5.2	7.0	7.8	8.5	11.8	12.5
スペイン	4.5	5.9	7.4	10.9	12.7	12.7	13.9	12.4
スウェーデン	7.7	10.1	13.8	17.1	17.7	19.3	21.3	18.3
イギリス	6.9	8.0	10.2	11.6	13.7	11.9	15.4	13.1
アメリカ	5.0	7.1	10.2	9.8	9.8	10.0	11.8	10.5
ユーロ地域	10.9	11.2	14.0	14.7	15.8	15.5	17.0	16.7
ＯＥＣＤ	6.5	7.5	10.2	10.7	11.4	11.5	13.2	12.8

出典：ＯＥＣＤ、2000年12月、「エコノミックアウトルック」No.68（第2版）に基づくデータベース分析、数値

業率である。

　公共支出のもう一つの要素は、資本支出である。民間セクターにおける直接的な雇用創出だけではなく、経済成長における公共セクターのインフラ整備のインパクトという点から、経済的に大きな影響を与える。表3.5は、公共セクターの純資本支出〔減価償却費を除く〕正味の価値低減）を示している。データは、さまざまな点を示している。すなわち、公共セクターの投資的経費は、消費支出よりもたやすく調整できるので、公共支出が削減を必要とする場合にまず最初に手をつけようとする。このことは表3.5において、一定の傾向を示していないことによって確認することができる。

表3.4　政府支出（補助的経費）　　　　　　　　　　（GDP比　単位：%）

	1965	1970	1975	1980	1985	1990	1995	2000
オーストラリア	0.7	0.9	1.1	1.5	1.7	1.3	1.3	1.2
オーストリア	2.3	1.8	3.0	3.1	3.2	3.1	2.9	2.5
ベルギー	2.3	2.3	2.6	2.8	2.4	1.7	1.5	1.5
カナダ	0.9	0.9	2.5	2.7	2.5	1.5	1.1	1.1
デンマーク	1.8	2.6	2.7	3.1	2.9	2.2	2.5	2.3
フィンランド	3.2	2.8	3.8	3.3	3.1	2.9	2.8	1.5
フランス	2.5	2.2	2.2	2.1	2.6	1.8	1.5	1.3
ドイツ	1.2	1.7	1.9	2.0	2.0	2.0	2.1	1.7
ギリシャ	1.4	1.0	3.2	3.0	3.7	1.2	0.4	0.2
アイルランド	2.7	3.4	2.5	2.6	2.3	1.1	1.0	0.7
イタリア	1.7	1.9	2.8	2.9	2.6	2.0	1.5	1.2
日本	0.7	1.1	1.5	1.5	1.1	1.1	0.8	0.6
韓国	0.3	0.3	1.4	0.9	0.6	0.6	0.7	0.3
メキシコ	-	-	-	-	-	-	0.7	-
オランダ	0.9	1.0	1.2	1.7	2.0	1.7	1.1	1.6
ノルウェー	3.4	3.8	4.6	5.2	4.5	6.0	3.7	2.5
ポルトガル	1.0	1.3	1.7	6.0	4.2	1.8	1.4	1.2
スペイン	0.5	0.5	0.7	1.1	1.3	1.1	1.1	1.0
スウェーデン	1.1	1.3	2.5	3.3	3.9	3.6	3.8	1.8
イギリス	1.6	1.7	3.6	2.5	2.0	0.9	0.7	0.5
アメリカ	0.2	0.5	0.5	0.5	0.5	0.4	0.3	0.2
ユーロ地域	1.6	1.7	2.0	2.1	2.2	1.8	1.7	1.4
OECD	0.8	1.0	1.4	1.4	1.4	1.1	0.9	0.8

出典：OECD、2000年12月、「エコノミックアウトルック」No.68（第2版）に基づくデータベース分析、数値

福祉国家としての役割の一部として、政府は、個人の市場へのアクセスの自由を確保し、個人の機会拡大につながる「積極的自由財（positive freedom goods）」を提供している。例示すると、教育、医療サービス、年金、失業給付である。表3.6はさまざまな国の異なった自由財のバリエーションを示している。人口、構成、一人当たりの収入といった地域的実情や、政策上の選好、政治機構に応じてバラエティーに富んでいるのは予想通りである。

　ＩＭＦのデータは、公共セクターの教育関連支出が、1960年の対ＧＤＰ比（平均で）3.5％から、1980年には5.8％、1995年には6.2％と堅実に伸びていることを示し

表3.5　政府支出（純資本支出(注)）　　　　　　　　　（ＧＤＰ比 単位：％）

	1965	1970	1975	1980	1985	1990	1995	2000
オーストラリア	3.8	3.6	3.1	2.3	3.8	2.4	2.8	1.4
オーストリア	6.0	4.8	7.0	7.0	6.1	4.9	5.3	5.1
ベルギー	1.3	5.3	4.9	4.9	3.5	1.8	2.5	3.1
カナダ	3.1	2.3	2.2	1.4	2.1	1.4	0.6	0.0
デンマーク	5.4	5.4	4.7	4.6	3.6	0.7	1.5	2.0
フィンランド	4.3	4.9	6.1	4.7	5.0	5.8	8.6	6.7
フランス	6.7	5.0	5.3	4.9	5.1	5.7	6.0	5.1
ドイツ	5.4	6.0	6.4	6.1	4.9	6.1	2.6	0.4
ギリシャ	5.1	5.1	5.1	4.3	5.5	8.3	4.6	5.2
アイルランド	5.0	5.0	5.0	8.5	7.2	3.6	3.7	3.2
イタリア	2.0	2.5	4.4	2.9	4.5	3.5	4.7	3.7
日本	5.0	5.2	6.3	7.5	5.6	6.0	7.9	7.8
韓国	3.8	3.8	2.9	4.6	4.4	4.8	6.4	8.6
メキシコ	-	-	-	-	-	-	2.7	-
オランダ	-2.5	-2.7	-1.0	-0.1	1.8	1.9	1.4	1.5
ノルウェー	3.2	4.1	4.9	5.6	4.2	4.9	4.4	4.1
ポルトガル	2.7	0.8	3.4	-1.2	9.3	10.9	4.3	4.2
スペイン	5.0	4.7	4.6	4.6	7.6	6.9	5.7	4.6
スウェーデン	4.9	5.9	3.6	2.7	1.6	0.2	3.6	3.2
イギリス	4.1	5.1	4.4	2.6	2.4	5.9	4.9	3.8
アメリカ	2.0	1.3	1.1	1.0	1.4	1.4	0.7	0.9
ユーロ地域	4.3	3.9	4.6	4.1	4.3	4.4	4.2	3.0
ＯＥＣＤ	3.5	3.2	3.4	3.3	3.3	3.8	3.8	3.4

（注）純固定的投資プラス純資本移動
出典：ＯＥＣＤ、2000年12月、「エコノミックアウトルック」No.68（第2版）に基づくデータベース分析、数値

表3.6 総社会支出 1995 GDP比 (%)

	豪	ベルギー	加	デンマーク	フィンランド	独	アイルランド	伊	オランダ	ノルウェー	スウェーデン	英	米
公的総社会支出（注1）	17.8	28.8	18.2	32.2	31.9	27.1	19.4	23.7	26.8	27.6	33.0	22.4	15.8
年金支出（高齢者及び遺族）	4.7	10.3	4.8	7.7	9.1	10.9	4.6	13.6	7.8	6.2	9.0	7.3	6.3
■失業給付	1.3	2.8	1.3	4.6	4.0	1.4	2.7	0.9	3.1	1.1	2.3	0.9	0.3
■障害関連支出（労災含む）	2.0	2.2	1.0	2.3	4.0	1.4	0.9	1.9	4.1	2.7	2.4	2.8	0.2
■医療給付	0.1	0.5	0.1	0.7	0.5	0.5	0.9	0.1	1.0	1.2	1.2	0.2	0.2
健康関連公的支出	5.7	6.9	6.6	5.3	5.7	8.1	5.2	5.4	6.7	6.6	5.9	5.7	6.3
その他（注2）	4.0	6.1	4.5	11.7	8.6	4.7	5.2	1.8	4.1	9.8	12.3	5.5	1.5
公的現金給付	10.7	19.7	11.4	21.4	22.9	17.3	13.2	18.0	19.7	15.6	21.4	15.4	8.7
義務的民間総社会支出(注1)	0.3	0.0	-	0.5	0.2	1.6	-	-	0.8	0.9	0.4	0.4	0.5
任意的民間総社会支出	2.8	0.6	4.5	0.9	1.1	0.9	1.8	1.7	4.4	-	2.1	4.2	7.9
■任意的民間社会現金給付（注3）	1.9	0.2	3.5	0.7	1.0	0.7	1.2	1.4	3.1	-	2.0	3.9	2.8
■任意的民間社会健康関連給付（注4）	0.9	0.5	0.9	0.1	0.1	0.1	0.6	0.2	1.2	-	0.1	0.3	5.0
社会支出総計（注5）	20.9	29.4	22.7	33.6	33.2	29.6	21.1	25.4	31.9	28.5	35.5	27.0	24.1

■現金給付計	12.9	19.9	14.9	22.6	24.0	19.6	14.4	19.5	22.4	16.5	23.8	19.7	12.0
■サービス計	8.0	9.5	7.8	10.9	9.2	9.9	6.8	5.9	9.5	12.0	11.7	7.3	12.1
社会支出に占める公的資金の割合	85.0	97.9	80.4	95.9	96.2	91.6	91.7	93.3	84.0	96.9	93.1	83.2	65.3
社会支出に占める民間資金の割合	15.0	2.1	19.6	4.1	3.8	8.4	8.3	6.7	16.0	3.1	6.9	16.8	34.7
サービス／現金の割合（注6）													
■公的社会支出	66.7	46.0	59.8	50.7	39.6	56.6	47.1	31.6	44.9	76.5	54.2	45.3	81.9
社会支出計	62.3	47.9	51.9	48.4	38.1	50.6	47.3	30.5	42.6	72.4	49.2	37.1	101.0

(注1) 出典：社会支出データベース（(1999年 OECD パリ) 概して公的社会給付のデータと比較し、民間による社会給付のデータの質は低い。このことは、特に民間社会給付の記録集約的文化が明確化されていないことによる。例えば、労働者が病気休暇の際にどの程度の賃金を継続的に支払われているかということについて、使用者側は報告の義務はなく、このような給付の総量を労働経費調査や病気休暇制度調査の情報から推計することしかできないことがある。

(注2) 以下のような社会政策上の公共支出を含む：高齢者及び障害者向けサービス、家族サービス、家族現金給付、活動的労働市場政策（ALMP）、その他付随事項（低所得者向け現金給付など）

(注3) 各国関係機関提供データ

(注4) 任意的民間社会健康給付は、主に使用者が提供する計画（使用者及び労働者双方の費用負担による）に基づく給付である。民間健康機関関連の情報に基づき推計できる。

(注5) ノルウェーでは、任意的民間社会年金制度は公的給付の下に位置付けられている。他の北欧諸国同様、ノルウェーでは、民間社会年金制度は小規模である。

(注6) 社会サービス関連支出は、下記のような社会政策の下に位置付けられた項目を含む。高齢者及び障害者向けサービス、家族サービス、公的雇用サービス施策、健康社会サービス

原典：アトキンソンとヴァンデンノード (2001、P66)

ている。このことは、(卒業年齢の上昇というような) 教育プログラムの拡充によるものであるが、主要な増加の要因は1945年後のベビーブームによる人口統計上の理由である。高校卒業資格取得の増加にあわせ、公的資金が投入された大学教育の拡大が、この増加に貢献している。人口増加の伸びが鈍化し、公的教育予算に対する圧力の弱まりもあろうが、(高等教育、生涯教育といった) 新たな圧力に取って代わられようとしている。このような需要を満たすには、民間セクターの参入も必要になるであろう。

　医療サービスにおける公共支出は、大きな伸びを示している。ＩＭＦのデータによれば、医療の公共支出は、1960年のＧＤＰ比2.4%から、1980年の5.8%、1995年の6.5%に増加している。消費支出の点からは、無料の医療へのアクセスは、基本的な積極的自由権 (positive freedom right) とみられている。1950年以降、医療を受ける権利は多くの国において拡充されてきた。同時に、新しい医療機器、新しい外科的手法、新しい医薬品といった技術革新が医療の質や範囲を拡大し、医療関連予算の大幅増をもたらした。また、人口の高齢化が医療関連支出を増加させている。医療サービスの利用にはライフサイクルがある。個々人がとても若い、あるいはとても年老いている際には医療サービスが利用される。さらに、80歳以上の人に対する医療には、60歳の人と比較して平均3倍のコストがかかる。寿命が伸びることは医療の進歩でもあるが予算への影響も大きい。

　表3.6が示すように、社会的側面を持つサービスの提供に民間セクターの果たしている役割は、〔国によって〕さまざまである。公共セクターが大幅に関与している国が公共支出に対する圧力が耐えられないほど強くなって民間セクターに移行するかどうかは、まだわからない。

　あらゆる国において秒を刻んでいる最大の時限爆弾は、高齢化であり、それに伴う年金支出である。年金における公的支出は、1920年の対ＧＤＰ比平均1.2%から、1960年に4.5%、1980年に8.4%、1995年に9.8%へと上昇している。受給資格者の増大ということだけではなく、支給率も増加している。多くの国で年金はインフレにスライドしており、ドイツでは正味賃金 (つまり税金) にスライドしている。60歳以上が人口に占める割合は、2020年までにほとんどの国で25%に達し、依存人口割合が高まると推計されている。こういった状況にどう取り組むかということが、公共政策の議論における目下の話題である。定年は延長されるかも知れない。65歳定年制が導入されたのは、平均余命がもっと短かったときである。例えば、イギリ

スでは、女性の定年は2010年から20年の間のいつか、60から65歳に引き上げられるであろう。イタリアでは、2001年に男性の定年が60から65歳に引き上げられた。問題に対処するもう一つの方法が、受給金額を減らすことである。いくつかの国（日本、ドイツ、フランス、イタリア）では、受給金額は高額である。しかし受給金額の削減は、世代間の社会契約を破棄することになり、現在の世代が生涯の貯蓄を調整するために十分な警告を必要とするような結果をもたらすことになる。2002年の世界の株式市場における「異常な活性化」といえるバブルが崩壊し、ポートフォリオの価値が失われたのをみると、個人年金の役割は今のところ未知数である。公的年金制度は多くの国において無防備である。すなわち、将来の人口統計学上の時限爆弾に対処するためには、増税が必要となるか、徹底的な年金制度の枠組みの改革が必要となるであろう。

第4節　結論

　先進諸国の公共セクターは、20世紀半ばと比較して、現在はその規模や構成において大きく異なっている。今から30年から40年後は、さらに大きく変革するであろう。公共セクターの将来像は、高齢化という人口統計上の時限爆弾と、民間セクターによる補完的な役割分担に影響を受けるであろう。これは、価値ある行政サービス（value for money）を提供するためにマネジメントする人たちにとって大きな圧力となるであろう。同時に、公共・民間間のパートナーシップの混合経済モデルにおいて民間セクターによる解決策を見出していく機会を提供することになる。このようなパートナーシップはマクロ的には解決するかも知れないが、ミクロレベルの組織的問題を生じることは疑いない。公共セクターのマネジャーにとっては、大きな課題として公共セクターと民間セクターの新しい境目や関係を調整することが求められるだろう。

まとめ

　公共経営と財政は、公共政策の大きなゴールを達成するために、財政手段をうまく活用して、マネジメントの実践や技術の多様性を模索している。

　どの時代においても、公共セクターと民間セクターの間の境界は、「善き社会」についての優勢な考え方によってさまざまであることは明らかである。この境界がどこにあろうと、公共セクターと民間セクターの間には連携関係があり、それを確立し効果的にマネジメントすることが必要である。この難しい課題は、どのようにしたらうまく協力関係をマネジメントできるのかということである（第7章参照）。

　この関係のマネジメントが、公共的ガバナンスの中心的課題である（ジャクソンとステンズビー 2000）。この関係のマネジメント、境目をどこに引くべきかというテーマの考え方が、「ブローカー」（価値を加えるために関係を斡旋するような役割）と名づけられる政府の新しい役割を生んだ（ジャクソン 2001）。

　公共セクターは、選挙民が許容できると考える税額で、効率的、効果的な公共サービスをデザインし、提供する能力を有しているのであろうか？　これが公共経営の領域であり、政府の失敗が多く見受けられる場でもある。「価値ある行政サービス（value for money）」の達成の中心は知識であるが、公共セクターには大きな知識不足が存在している（第13章参照）。公共政策の多くの分野で、公共セクターの知は、決定的に不十分である。

《参考文献》

アトキンソンとヴァンデンノード（2001）
　　Paul Atkinson and Paul van den Noord（2001）, 'Managing public expenditure', *OECD Economics Working Paper No 285*. Paris: OECD.
ガルブレイス（1958）
　　John Kenneth Galbraith（1958）, *The affluent society*. Boston, MA: Houghton Mifflin.
ジャクソン（2001）
　　Peter M. Jackson（2001）, 'Public sector added value: can bureaucracy deliver?', *Public Administration*,

Vol. 79, No. 1, pp 5-28.

ジャクソンとステンズビー（2000）

Peter M. Jackson and L. Stainsby （2000）, 'Managing public sector networked organisations', *Public Money and Management*, Vol. 20, No.l, pp. ll-16.

タロック（1967）

Gordon Tullock （1967）, 'The welfare costs of tariffs, monopolies and theft', *Western Economic Journal* (June), pp. 224-232.

タンジとシュクネヒト（2000）

Vito Tanzi and Ludger Schuknecht (2000), *Public spending in the 20th century*. Cambridge: Cambridge University Press.

ブキャナンとマスグレイブ（1999）

James M. Buchanan and Richard A. Musgrave （1999）, *Public finance and public choice: two contrasting visions of the state*. Cambridge: The MIT Press.

（関谷登・横山彰監訳、2003 年 10 月、『財政学と公共選択：国家の役割をめぐる大激論』、勁草書房）

ベイター（1960）

Francis M. Bator （1960）, *The question of government spending: public needs and private wants*. New York: Harper.

マスグレイブ（1959）

Richard A. Musgrave （1959）, *The theory of public finance*. New York: McGraw-Hill.

マスグレイブ（1998）

Richard A. Musgrave （1998）, 'The role of the state in fiscal theory', in Peter Birch Sorensen (ed.), *Public finance in a changing world*. London: Macmillan Press, pp. 35-50.

《訳注参考文献》

神野直彦、2002 年、『財政学』、有斐閣
西尾　勝、2001 年、『行政学（新版）』、有斐閣
森脇俊雅、2003 年、「公共選択の公共政策論」、足立幸男・森脇俊雅編、『公共政策学』、ミネルヴァ書房
山口　定、1989 年、『政治体制』、東京大学出版会

第4章

変わり行く公共経営
～OECD諸国におけるトレンドと国による違い～

アレックス・メイズソン　OECDパブリックマネジメントサービス
ヘイ・サン・クァン　韓国予算計画省

はじめに

　OECD諸国の各国政府の状況は、根本から変わりつつある（第2章参照）。公共セクターの役割と機能に対する新たな課題に伴い、公共サービスの本質に対する政府のスタンスが、OECD諸国にとってますます主要な政策上の課題になっている（バーゼレー2001）。10年前には、真剣に行政改革に取り組んでいたのは、ほんのわずかな国々だけであった。しかし、それが今ではかつてないほどの注目を集め、今後10年の間に改革圧力が緩和されると期待できるような理由は何もない。全ての国で、公共セクターはそのかたちを変えることを余儀なくされている。

　この章では、主に統治システムの力学に全体として大きな影響を与えた行政改革の諸要素について取り扱う。これらの結果を「体系的かつガバナンス的効果」と呼ぶ。特に、各国が行政改革に取り組んだ、さまざまな動機、推進力、手法について、ここで考える。

　また、これからの時代の公共経営にとっての新しい課題を提起する。今の行政機関にとって、汎用の行政改革セットで取り組めるような共通する欠陥がある訳ではないという命題にたどり着く。確かに、公共セクターはほとんどいたるところで、明らかに適応し、進化しているのを目にするが、その方法はさまざまである。公共領域のガバナンスとマネジメントは変わりつつある状態にあり、政府は、適応していくプロセスを理解して、それを先導していく新しい能力が必要になっている。

> この章の学習目標
> ○ 行政改革の第一世代の目的を知ること。
> ○ 行政改革の第一世代の結果を知ること。
> ○ 行政改革の第一世代が解決できなかった問題を知ること。
> ○ ＯＥＣＤ諸国の行政改革の軌跡の違いを理解すること。
> ○ 行政改革のより体系的な分析を可能にすること。

第1節　第一世代の行政改革：効率的だが不十分

1980年代から90年代には、英語を母国語とするいくつかの国々や北欧諸国で行政改革が全盛期を迎え、その改革によって、公共サービスがより効率的に、顧客に対してより敏感に対応するような新しい考え方、プロセスが持ち込まれた。

行政改革の際にどこに力点をおくかは国々によってさまざまであり、行政改革に取り組んだこれらの国で「小さな政府」思想が一般的に受け入れられたというにはほど遠かったのは確かであった。しかしながら、それらの国々を統一する要素は、中央集権化した官僚制という課題を共有しているという認識であり、たとえさまざまな行政改革のアプローチに通じるような共通の合理的な解決策が見られなくても、この共通の問題に取り組んでいるという事実によって、結びついていた。このように、アメリカの行政革命プロセス、カナダの「ラ・ルレーブ」、

> **第一世代の行政改革の目的**
>
> 　これらの改善の多くは、技術的なあるいは執行上の効率性—より少ないインプットでより多くのアウトプットを産み出すという点である。…確かに重要ではあるが、アウトプットを産み出すための効率性が公共経営の全体像を示しているのではない。政府が、より大きな政治的、戦略的目的を達成する能力を有しているということも大切な点である。…
>
> 　政府は、マネジメントの問題から、政策上の目的へ、アウトカムの促進へと必ず進んでいくことになるであろう。
>
> 　　　　　出典：シック（1996、p87）

英国のネクストステップ、ニュージーランドとオーストラリア版の契約主義、アイルランドの戦略的マネジメントイニシアティブ、ドイツの「ぜい肉を落とした政府」プログラム、北欧の行政改革など、大きな違いがあるにもかかわらず、ニュー・パブリック・マネジメントという同一の現象の一部として見られる。

　これら行政改革の特徴は、公共セクターの「経営化（managerializing）」を目指していることであった。表現方法についての熱いやりとりがあって、それまで定着していた「行政管理（public administration）」という用語が適切な言葉でなくなった。管理という用語が法令と密接に関連しており、法令の特異性を弱めようとすることが経営主義者の改革の一部をなしていたために、「公共経営」という用語を使うことが流行となった（第1章参照）。統治の姿や法的な事項は、より良いマネジメントを促進するという観点のみでしか論議されず、そういう意味では、行政改革しようとする人々は、ほとんどの場合において、公共的ガバナンスを変革しようと試みたわけではないが、一部では、それを試みた場合もあった。

第2節　第一世代の行政改革の結果

　過去15年間以上のOECD諸国の行政改革は、望ましい結果を生んだのであろうか？　この問に対するはっきりとした答を示すことは難しい。ポリットとブッケールト（2000）が指摘したように、国際的な比較調査がもつ方法論的問題により、ほとんどの学者が、答を出すことから逃げ出そうとした。同じように、ほとんどのOECD諸国の政府も、行政改革の調査に対して積極的ではない。はっきりとした例外は、ニュージーランドの行政改革に関する包括的評価である（シック1996）。このことは、現時点において第一世代の行政改革がどういった種類の結果をもたらしたかということに対して、確固とした証拠がほとんどないということを示している。

> **主要な結果であるマネジメントの効率性**
>
> 　印象主義的な根拠以上に、公共経営の改革（restructuring）が、かなりの効率性を確保し、職員数の減少や実際の執行にかかる経費節減に寄与したことを信じさせるような強力な理由が存在する。
>
> 出典：シック（1997、p10）

にもかかわらず、第一世代の行政改革の結果得られた変革について、いくつもの点を観察することが可能である。多くの国で、集権化された規制への依存を少なくし、説明責任をより良く果たすことと引き換えに、マネジャーに決定権を与えた。多数の国で、公共サービスのコストが劇的に下がりもした。行政プロセスが、コスト、インプット、プロセスの外的コントロールから、業績による内的コントロールとマネジメントに変わった（ＯＥＣＤ 2002 b）。多くの例で、このような変革により、マネジャーやスタッフが公共サービスのマネジメントをするうえで、より活発で柔軟な対応をすることになった。政府の特徴としてあげられることもある法令順守型の組織文化を打ち破った。多くの国では、政府機関が市民を顧客として扱う民間セクターの手法を導入した。

第3節　第一世代の行政改革で解決できなかった問題

　しかしながら、このような変革では、財政問題に直面する国々にとっては必要な取組ではあったが、結局より良い政府に向けた十分な条件整備にはなり得なかった。
　第一世代の行政改革が、ミクロレベルでは良い結果を産み出していても、全体の体系としては悪影響をもたらした部分もある。
　例えば、ニュージーランドの行政改革を検証したアラン・シック（1996）の検証でも他の検証（ペトリーとウェバー 1999）でも、事例4.1に示すように、弱点は、「有効性（effectiveness）」に対する関心〔の薄さ〕であった。例えば、これらの検証では、「アウトプット」の産出に強いインセンティブを与えたことによって「アウトカム」に十分な注意が払われなくなり、また、個々の政府高官の説明責任が強く求められることによって、マネジメント層が集団として力を発揮することができなくなってきたことを指摘している。
　密接に関連した問題として、誰が決定を下すのか、その決定内容はどのように保障されるのかといったガバナンスの点からは、誤った社会的影響を与えた行政改革

（訳注）　インプット、アウトプット、アウトカム：行政活動によって産出された財やサービスをアウトプップといい、それによってどのような効果が表れたのかをアウトカムという。インプットとは、財やサービスを産出するために投入された人員や予算などの資源である。

もある。
　次のような例があげられる。
- ○　イギリスでは、独立事業庁(Next Sttep agency)の創設が、大臣と独立事業庁長官（chief exective）のそれぞれの責任の関連について、市民の強烈な関心を引き起こした。
- ○ニュージーランドでは、政策決定機関の下部に独立・非営利の機関を設置したことが、その説明責任について市民の懸念を引き起こした。
- ○カナダでは、ある独立性をもった機関の形態を活用したことによって、公的支出の一部が会計検査院（the Auditor-General's office）による調査から除外されたという、予想できない結果をもたらした。

事例4.1
ニュージーランドにおける公共経営改革の評価からの結論

　ニュージーランドは、国際的に行政改革の先駆者であった。行政改革によってある種の非効率が現われ、ニュージーランドは、システムをより力強く効果的にするため新たに取り組んでいるところである。

強みと認識されている点
- ○　より効率的なアウトプットの産出
- ○　より敏感で革新的な公共セクターによるより良いサービスの提供
- ○　財政的説明責任の改善
- ○　全般的な財政的統制の改善

弱みと認識されている点
- ○　アウトカムとアウトプットを同列視していること
- ○　政府戦略と予算支出の関連における弱さ
- ○　サービスの購入者と提供する側の利益の衝突の可能性
- ○　サービスの購入者の立場と所有者の立場での利益の衝突の可能性

〔訳注：和田（2007, p33-36）によると、ＮＰＭのニュージーランド・モデルでは「国」と「省庁」を明確に区別したうえで、「国が省庁の生産する財・サービスの『購

入者』であることからくる利益」と、「国が省庁の『所有者』であることからくる利益」を区分しているとのこと〕
- ○　アウトプット志向の契約の問題点
- ○　新体制から生じる予期しない結果
- ○　各省と事業庁とでの業績の不均衡

次のステップ

　政府全体のマネジメントの姿を検証する諮問グループ「中央政府の見直し委員会（The Review of the Centre）」は、ニュージーランドの行政経営システムが健全なプラットフォームを築きはしたが、より効果的に省庁と市民のニーズに適合させる必要があると結論づけた。次の三つの項目について改善を提案している。
1)　複数の機関によるサービス提供を統合する
2)　政府機関の分散化に対処し、機関同士の連携を促進する
3)　公務員の研修、能力アップにより、システムを改善する

出典：政府のサービスと財政担当大臣（2002）

　「第一世代の行政改革」は、「体系的（systemic）」かつ「ガバナンス的（governance）」な効果に対して十分に注目されなかった、という特徴があげられる。行政改革の、体系的かつガバナンス的効果とは、総合的なシステム（total system）としての公共経営に係わる結果である。例をあげると、タイプライターからワープロへとか、紙のシステムから電子システムへとか、よりよいソフトウェアの活用とか、新しいマーケティング手法の活用とか、行政の簡素化や合理化とか、多くの変化があり、これらは政府が行うサービス全体にわたって起きたが、公共セクターの権力、権威の配分および温存には変化をもたらさなかった。

　経験上、われわれが第一世代の行政改革と呼んでいるものが、体系的かつガバナンス的な効果に対して十分に注目していない原因としては、次の三つの別々な概念的問題が寄与している。

1)　マネジメントのアイディアを、その固有の限界があるということに十分な注意を払うことなく取り入れたことが、第一の問題であった。厳格な仕様と測定

に基づく正式な仕組みに重点が置かれ、全般的に「科学的管理法」の復活版に向かう傾向があった。その多くが公共セクターの存在意義の核心をなしている複雑な活動に対して、高度に形式化されたマネジメント手法では厳しい限界がある。それは、複雑さや変化、合理性の限界の問題点に対応できなかったことから、数十年前に民間セクターや計画経済下の公共セクターで失敗したマネジメント手法である。

2) 二つ目の問題は、その規模や複雑さに関係なく、**政府全体が一つの組織であり続けるという理解ができなかったことである**。政府というものは、統合された構造と行政法上一貫した実体のなかで動作している。その業績は、政府全体を動かすようないくつかの重要なレバーの組合せによって決定される。レバーとは、政策プロセス、予算プロセス、行政組織のマネジメントプロセス、説明責任プロセスなどであり、これら全てのプロセスが、取り巻く政治的、行政的文化の中で行われる（ＯＥＣＤ 2002 a）。それゆえに、一つのレバーに集中することでは、体系的な変革を目的とした行政改革を達成することは望めない。当初の行政改革の取組は、相互に関連があることを理解していなかった。つまり、他の部分のシステムへの影響を考えずに政府の主要なレバー（例えば市民サービスシステム）を変えることであったり（例えば、ニュージーランドのマネジメント権限委譲は未来のリーダーを育てるという中央官庁の能力をかなり弱体化させることとなった）、あるいは底辺で人を動かしているインセンティブに取り組むことなく態度

「体系的」という言葉は、単一のシステムとしての政府に与えるインパクトを意味している。例えば、業績に基づく予算配分への動きは、政府行動のゴールや結果と関連し、監査事務局が検証可能で、結果を検証しようとするときにのみ有効である。

「ガバナンス的」という言葉では、政府システムの中で誰が決定権を有するのか、その後その決定がどう守られていくのかを決定づけているようなより深い意味での仕組みに与える変革のインパクトを意味している。例えば、政府高官に対して契約的手法を適用することは、ある政府システムでは重要であると考えられる政治に関わらないというプロ意識を損なうようなインパクトを与える。

や姿勢を変えようとすること（例えば、ほとんど変えることのできない行政組織の仕組みを研修や説明のみで変えようとするドイツの事例）であったりした。

3) 公共経営は、公共サービスを供給することに関するだけではなく、より深いガバナンスの価値を「制度化」し、したがってその根底にあるガバナンスの姿とは、いくつかの点で切り離すことができない、ということを理解できなかったことが第三の問題である。例えば、それぞれの部局でより良い業績を求めるために幹部職員にインセンティブを与えるようにマネジメント上の協約を変革することは、組織的に仕事をすることが本来の姿である行政組織において、意図的ではないが支障をもたらす可能性があった。

　第一世代の改革者たち（ニュージーランドは例外として特筆すべきだが）は、公共経営のプロセスを政治的政策過程や立法過程から切り離して取り扱おうとする傾向があった。例えばアイルランドの戦略的マネジメントイニシアティブ（ＳＭＩ）は、戦略や資源の活用という点において大臣、内閣、議会の役割と説明責任を重要視することなく、公共セクターでの大きなマネジメントの変革をもたらすことを追求した。このことから、ＳＭＩは、ミクロレベルでの行政改革に成功したが、当初の戦略的ゴールを達成することはできなかった（アイルランド首相府（ティーショック）、2002）。

第４節　各国はなぜ公共政策の変化に対して異なった対応を示すのか

> われわれはみな同じ波に乗っている。しかし、乗っている船は大く異なっている。

　行政改革の第一世代の先駆者は、世界経済の変化に対応できずいくつかの似たような財政問題を抱えていたウェストミンスターシステムと北欧諸国であり、公共支出の削減、公共セクターの労働市場の自由化、政府における市場類似のメカニズムの広範な導入という解決策を求めた。
　この先駆者たちの問題と解決策は、初期の行政刷新の課題に対して極めて優勢となり、「ニュー・パブリック・マネジメント（ＮＰＭ）」というラベルでひとまとめにして、この範疇の変革をあらわすのにまず使われた（フッド1991）。それをあた

かも、汎用性のある公共経営における突破口のように提唱する人もいた。ある国が行政改革を実施しようということは、ＮＰＭを伴うだろうということについて一定の了解があった。発展途上国は、「ベストプラクティス」としてＮＰＭを採用するよう、（しばしば誤った形で）奨励された（シック 1998）。ある面では公共経営の世界を「三分類」の語でとらえようとする傾向があった。その三つとは、行政改革のヒーロー、穏健派、守旧派である。それを分けることになる要素Ｘとは、「政治的意志」というように呼ばれているもので、ヒーローはそれを持ち、その他は持っていないとされた。

しかしながら他の多くのＯＥＣＤ諸国もまた、従来のやり方を変える圧力を感じていたが、問題の本質と解決策の本質が、先駆者たちの知恵以外の、どこか別のところで見つけられなければならないのではないだろうかと考えた。

過去20年間のＯＥＣＤ諸国の行政改革に関するわれわれの調査に基づくと、変革の圧力への対応には、主に六つの可変的要素が影響を与えていることを発見した。

1　経済情勢

最も急進的な国のいくつかは、財政危機または税や公共支出のレベルが国際競争力を下げるというような国民の考え方によって拍車をかけられた。これらの事例では、公共支出を減少させようとする政治的圧力が、時として他の公共経営の変革への慎重論に対して触媒的役割を果たした。経済はさまざまに構成されており、高い税率や公共支出を現在受け入れている国の中にも、いつかは同じような圧力を受けることになる国があるだろう。成長と繁栄の時代には、政府は、公共経営の問題に関して政治的論争となるような衝突を避け、金で解決しようとする傾向がある。しかしながら、構造上の問題が生じたら、解決しなければ、単に問題の先送りとなるに過ぎない。

2　労使関係

公共セクターの労働組合を含め、労働組合の力と影響が、どのような対応をするかということを大きく左右した。国々は、大雑把にいって次の三つのグループに分けられる。

○　労働者と使用者の関係が概して対立関係にあり、政府が組合と対決し、組合の力を弱めようとしている国。このような場合、官公庁において、柔軟な人事

政策が導入されてきたが、それは社会全体を反映している。
○　変革を目指す政府と組合員の利益を守ろうとする組合が、何とか妥協点を探し、合意に漕ぎ着けた国。
○　最後に、組合の政治力が強くて変革の動きに対しては政治的反対が起こるために、大きな公共経営の変革をこれまで避けてきた国。この状態が持続するかどうかは国によって異なる。しかし、財政危機の結果、かつ（または）行き過ぎた公共サービスを選好した結果、衝突あるいは妥協というどちらかの選択肢には、なおも直面し続けることになる。

　上記のうち、どこに属するかというのは、現時点の政治的意志とそれほど関係がなく、歴史や文化の方がより関係している。これらの範疇にきっちり分類されるということがないことに注意することが重要である。現実はもっと複雑であり、これらは、政治に深く根差し、必ずしも長年にわたって一定の範疇にとどまるということもない。

3　政府の役割に対する市民の信頼

　ＯＥＣＤ諸国で大きな違いを見せているもう一つの可変的要素は、それぞれの国において、いかなるレベルであれ、それぞれの市民生活のうえで政府がどの程度大きな役割を果たすべきか、および、市民の利益のために政府が働いてくれるという市民の政府に対する信頼の度合の違いである（第3章参照）。政府はできるだけ小さくあるべきだということを信じる人から、社会の本質的価値として政府の中心的かつ行動的役割を期待する人まで、さまざまな意見の幅がある。たぶんそれと一致はしないだろうが、政府が信頼されている社会とそうでない社会の間にも幅がある。このことは、公共セクターを縮小し、変革しようという提案の受け入れ方に影響を及ぼすだけでなく、政府がどのように効率的に業務遂行できるかということにも影響を与える。

4　行政文化の違い

　行政文化や伝統が、より幅広い変革が適用できるかどうか決定するもうひとつの別の重要な可変的要素である。ＯＥＣＤ諸国には、公式の変革によって期待どおりに姿勢の変化をもたらす国々と、それがはっきりしない国々の間に大きな開きがあ

る。行政改革には規則の変化が必ず伴うので、ルールに従う文化的背景の違いが、新しい行政改革主導のルールがうまくいくかどうかという点において、重要になってくる。

5　国家的優先順位の違い

それぞれの国において、市民が政府にしてほしいと思っていることは、それぞれの社会の政治と、その他の機関の能力によってさまざまである。アメリカは、営利のセクターが十分あるというだけでなく、公共の利益を取り込めるような能力を持った幅広い非政府の調査機関や政策関連機関の存在も十分ある。しかしながら、多くの小国は、そのようなものがないため、政府自身が能力を身につけなければならない。政府の優先順位は、自国の位置がどこにあるかを反映しなければならないし、どのような優先順位が好まれるかということを反映しなければならない。

6　統治構造の違い

環境によって政府がいかに変革に対応できるかという点についての最後の決定要素は、統治構造の問題に帰結する。その中でも重要なのは、行政府と立法府がどのような力の配分になっているかであり、連邦制の場合であれば中央政府と州政府、単一政府であれば地方政府の力がどれほどかということである。いくつかの国では、国レベルでの政府より、それより下のレベルの政府の方が公共経営に対する新しいアプローチに取り組みやすい。憲法上の問題は、行政府が大きな変革を推し進められるかどうかにかかっており、まず立法府の同意を勝ち取る、または司法制度に対する挑戦に直面する必要がある。

第5節　新しい行政改革の課題：行政改革の体系的な理解に向けて

サービス遂行の効率性を改善しようという努力は、「方法論的および技術的な」マネジメントツールに焦点を当てた議論を生み出した。この「方法論への固執」は、変革がガバナンス的あるいは体系的な効果を正当に考慮することなく進められたことを意味してきた。目下の大切なことは、核となる価値と住民の信頼を保ち、課題に対応しながら体系的な観点からこれらのツールを活用して公共セクターの能力を

上げることである。伝統的に、公共セクターは、周囲の世界が変化しても、変わらず安定しているように形成されていた。しかしながら現代社会では、各国政府は国内外の環境の変化に即応して政策を実施するような適応能力が大変必要になっている。「業績重視」や市民を「顧客」ととらえる考え方が、変革に向けた主要な圧力として作用した。しかしながら、このような改革は、政府によるある特定のサービスには有効に機能する一方で、例えば「公平（fairness）」というような、政府全体として市民の信頼を確保するためのより深い価値にどのような影響を与えるかということにも、注意が払われなければならない。

　表4.1は、変化しつつある行政改革の課題と体系的な影響をもたらすマネジメントツールの増大しつつある重要性について、項目に表したものである。この章で触れているとおり、方法論的改革の多くが、公共経営システムにおいてより深いインセンティブに反することから、効果的ではなかったことを証明した。より重要なことに、公共経営がいかに総合的なシステムとして運用されるか、ある統治の価値がいかに組織化されるかということに、逆の影響を与えた行政改革もあったということである。さらに、改革の成功に向けた障害となっているものは、それぞれの社会においてまちまちであるということである。これらの障害は、学問上で指摘されたことを実証するような、文字どおりの具体的な障害であり、将来政府が十分な注意を払わなければならないと信じられているものである。

　第一世代の行政改革を進めた人たちは、公共経営における新しい可能性を開いた。この実り多き時期になされた大量の方法論的改革は、国際的な公共経営の実践において試練の場を見出すこととなった。これらの中で良い結果が得られなかったものは、公共セクターの特異性を思い起こさせてくれるという意味で重要であり、政府は、体系的な課題として熟考するような内在的な能力を必要とする。しかし、最初の段階で行政改革を推し進めた改革の精神は、改革に伴う問題に取り組む国々にとって役立っている。

行政改革の熱心な動きが始まって15年が経過し、次のような重要な教訓を得た。

- ○　共通する問題だと思い込んで、同じ種類のベストプラクティスを解決策にしようと考えつくことが、悪い結果をもたらすことになる。
- ○　純粋にマネジメント上の問題として考えられていた行政改革の中には、社会が意思決定をどのように行い、それを長年どのように維持していくかというような公共的ガバナンスに影響を与えることとなったものもある。

○ ある国の行政の組織の仕組みは、多くの重要な点で、相互補完的なシステムを形づくっており、一つの要素の改革が、システムの他の部分にも密接な関係を及ぼすという認識が強くなっている。
○ 行政改革の中には、主に言葉のうえだけに終わり、ほとんど行動を伴わなかったものもある。
○ 行政のさまざまな仕組みは、社会全体の変化につれてますますその影響を受けるようになり、公共セクターには意識的に行われる改革と関係なしに変化が起っている。公共セクターは、組織的学習（organizational learning）の能力が飛躍的に重要になっている。

表4.1　変わり行く行政改革の課題

	方法論的アプローチ	体系的アプローチ
環境	適度な不確実性とリスク 活動主体としての労働力の明確な区分け 公共支出削減の圧力 市場からの圧力（透明性、腐敗防止） 執行の仕組み マネジメント志向 効率性の追求	高い不確実性とリスク 政府、ビジネス、市民社会間のパートナーシップ グローバリゼーション 信頼性と将来見通しに対する圧力 ガバナンスのかたち 政策志向 効果の追求
重点	柔軟性、自律性 顧客志向 専門化 執行上の効率性と説明責任 アウトプット志向 短期的視点 単一目的の独立行政機関 細分化された課題と施策 効率性とサービスの改善	連携、政府全体での観点 市民志向 統合、調整（垂直・水平の） マクロ的効率性、社会的影響と説明責任 アウトカム志向 より長期的視点 多目的の省庁 横断的な課題設定と施策 リスクマネジメントと革新に対する支援
課題	マクロ的効率性の不足 調整不足 リスク管理の脆弱性	異なる価値と手法をどうバランスをとるか 新たな課題への適応力の構築 関係主体間の新しいパートナーシップ

行政改革の次の段階は、政府が、より深く公共セクターの性質を診断することができ、置かれた環境下での行政改革の政策的経済性を理解でき、リスクや優先順位を判断でき、変換点や施策の流れを決定付ける方法を広げることができ、特にガバナンスの価値の観点から公共サービスのリーダーシップや文化に対して注意を払うことができる、という政府の能力に支えられて変革を進めるということが、重要である。

　まとめ

　1980年代に始まった効率性追求型の行政改革は、広い範囲で、政府の適応力に圧力を与えた。第一世代の行政改革は、多くのサービスやプロセスで進展をもたらした。しかし、政府の経営システム全体に対する未知の影響、ガバナンスの価値、新しい問題への対処の緊急性ゆえに、野心的な取組の中には、失敗に終わったものがある。

《参考文献》

シック（1996）
　　Allen Schick（1996）, *The spirit of reform: managing the New Zealand state sector in a time of change*. Report prepared for the State Services Commission and the Treasury, Wellington.
シック（1997）
　　Allen Schick（1997）, *Modern budgeting*. Paris: OECD.
シック（1998）
　　Allen Schick（1998）, 'Why most developing countries should not try New Zealand's reforms', *The World Bank Research Observer*, Vol. 13, No. 1, pp. 123-131.
政府のサービスと財政担当大臣（2002）
　　Ministers of State Services and Finance（2002）, *Report of the advisory group on the review of the centre*（http://www.ssc.govt.nz/roc, as of 24 February 2003）.
バーゼレー（2001）
　　Michael Barzelay（2001）, *The new public management: improving research and policy dialogue*. Berkeley: University of California Press.
フッド（1991）
　　Christopher Hood（1991）, 'A public management for all seasons?', *Public Administration*, Vol.69,

No. 1, pp. 3-19.

ペトリーとウェバー（1999）

    Murray Petrie and David Webber（1999）, 'Review of evidence on broad outcome of public sector management regime', *New Zealand Treasury Working Paper* 01/06.

ポリットとブッケールト（2000）

    Christopher Pollitt and Geert Bouckaert（2000）, *Public management reform: a comparative analysis*. Oxford: Oxford University Press.

ＯＥＣＤ（2002a）

    OECD（2002a）, *Distributed public governance: agencies, authorities and other autonomous bodies*. Paris: OECD.

ＯＥＣＤ（2002b）

    OECD（2002b）, 'Overview of results-focused management and budgeting in OECD member countries',（http://www.olis.oecd.org/olis/2002doc.nsf/LinkTo/PUMA-SBO（2002）1, as of 24 February 2003）.

《訳注参考文献》

和田明子、2007年、『ニュージーランドの公的部門改革：New Public Managementの検証』、第一法規

第2部

公共セクターの経営

　本書の第2部では、公共サービスの運営や公共セクターの組織の経営に役立つ主な経営機能について探索してみよう。

　主な経営機能として考えられるのは、戦略経営（第5章）、マーケティング（第6章）、調達（第7章）、財務管理、情報・コミュニケーション技術、業績測定とマネジメント、品質マネジメント、検査・監査であるが、そのうちの前三者をここでは取り上げる。

　これらの経営機能それぞれがNPMの時代にわたってより大きな重要性を獲得し、勢いを増してきたことを示しているが、それと同時にまた、これらの機能の最近の進化を、各章で鳥瞰してみたい。それらの機能は、公共的ガバナンスの幾分異なる枠組みの中で適合するように、徐々に再公式化が行われてきているのだ。

第5章

公共セクターの組織における戦略経営

トニー・ボベール　英国ブリストル経営大学院

はじめに

　現在、誰もが戦略 (strategy) を持ちたがっている。戦略がないということは、方向性もなく能力がないことをあらわしている。それが、組織全体の戦略にしろ、法人本部の戦略にしろ、サービス提供部門の戦略にしろ、関係主体との協議の戦略にしろ、営業所の営業時間の変更の導入の戦略にしろ、職員の報酬の戦略にしろ、オフィスの紙のリサイクルの戦略にしろである。しかし悲しいことに、一つの言葉があまり多くの場面で使われると、最後には何も意味しなくなってしまう。では、われわれは、このあまりに使いすぎた「戦略」という言葉から何らかの意味を見出すことができるのであろうか。

　ジョンソンとスコールズ (2002) は、少なくとも戦略的でない決定から戦略的決定を区別する特徴を示し得るという (ボックス5.1)。そうして、戦略的決定は、組織が「しない」ことは何か (業務範囲)、市場の中でどのようにして顧客の要求に適合するのか、組織に利用できる技術をどれくらい採用するか、組織が特にうまくやれることにどれくらい集中しているか、関係主体 (stakeholders) にどれくらいうまくアピールするか、長期と短期の課題に対してどのようにバランスを保つか、組織の分断された「たこつぼ (silos)」でなされる狭量で利己的な決定の潜在的なドミノ効果をいかに管理するかなど、これらのことを決定するのに役立つ。このような解釈によれば、これらの基準の一つを満たすなら、その決定は戦略的であるという。もし、そうでないなら、その決定は、「戦略的」というよりはむしろ、「作戦上の (operational)」、または「戦術的な (tactical)」ものと特徴づけられる。しかしながら、「戦略的」であることは「重要である」ことと混同されるべきではない。戦略的

決定と作戦上の決定の両者ともに重要であり、相互に連携させることによってのみ、効果的となる。重要なことは、両者の区別ができることである。

ボックス5.1
戦略的決定と関連することは

○ 組織の活動の範囲
○ 組織活動を環境に適合させること
○ 組織にある主要な資源の配分や再配分
○ 戦略に影響を与える価値、期待、目標
○ 組織の長期の方向性
○ 組織全体にわたる運営上の変更

出典：ジョンソンとスコールズ（2002）から作成

この章の学習目標

○ 戦略や戦略経営が、公共セクターの文脈においては、何を意味するかを理解すること。
○ サービスまたは組織全体の戦略や事業計画を立案できるようになること。
○ 戦略経営と戦略計画の違いを理解すること。
○ 私企業の戦略策定に対し、政治的に運営される組織の戦略策定がいかに違うかを理解すること。
○ 戦略経営や革新がいかに相互に強化しあうかを理解すること。

第1節　基礎：公共セクターにおける「戦略」、「戦略計画」、「戦略経営」

それでは、「戦略」とは何か？たぶん驚くべきことだが、どれくらい頻繁にその言葉が使われていたとしても、広く受け入れられる定義はない。われわれは次のカール・ウェックの言葉に従って、多くの定義から毒気を取り除くことから始めるべき

であろう。彼によれば、「『戦略』とは、経営幹部が自分達の組織が最近やっていると（しばしば誤って）信じ込んでいるものを、後になって正当化することである」。これは、戦略についていわれていることを何でもかんでも信じてはいけないと警告してくれているのだが、にもかかわらず、われわれはもっと肯定的な意味で定義をしていく必要があるだろう。

　ここでは、ミンツバーグが役に立つ。彼は、経営の状況によって、「戦略」という言葉によく与えられる意味には、違った五つの意味があると示唆する（ボックス5.2）。これらの意味は異なった状況でそれぞれ適切に使われている。それぞれの意味は広く使われているので、その中で一つだけが正解だと言い張るのは愚かである。

ボックス 5.2
戦略とは何か

○　**計画**：意識的に意図されたある種の一連の行動、ある状況に対応するための指針。
○　**策略**：敵や競争相手を出しぬく特定の策略。
○　**行動様式**：行動の傾向におけるパターン。
○　**位置設定**：ある「環境」に対して組織の位置を決めるための手段、組織と環境の間を調和させる力または「マッチング」。
○　**見方のパラダイム**：深く根付いた旧来からの世界の捉え方（個性は個人一人ひとりに属する）。

出典：ヘンリー・ミンツバーグ（1987）

　しかしながら、たいていの人は「戦略」と考えると、まず思いつくのは戦略計画（strategic plan）のことであり、しばしば文書化されているものを思い浮かべる。もちろん、戦略計画というアイデアは大変古い。その出所はこの2世紀に及び、最初は、都市農村計画運動のことを含めていた。例えば、オーウェン、キャドベリー、ソルト、ギュエルなどの「労働者居住地（worker colony）」や、ハワードの「田園都市（garden city）」や、ル・コルビジュの「都市生活のための機構（machine for city living）」が挙げられる。次の出所には、1920年代の後半にソ連で始まり、1945年以降、コメコンをはじめ多くの国に広がった産業計画がある。この「公共セクター」

生まれの計画のルーツが、1950年代以降は、西欧諸国で民間セクター、特に予算計画や人材計画を生み出し、今度は多くの公共セクターの組織に広がったのは皮肉なことである。結局は、組織の全体計画や組織内の事業単位ごとの個々の事業計画(あるいは「サービスの計画」)を考えることは、民間セクターにおいても公共セクターにおいても定着した。

　しかし、「戦略経営(strategic management)」が、戦略計画を策定、実行することを越えているのは明らかである。戦略経営は少なくとも、ボックス5.2で示されたそのほかの活動、競争相手に対する「策略づくり(ploy making)」や、異なる組織や活動に目的意識や首尾一貫性を与える組織の「行動様式の形成(pattern making)」、行動と環境を「適合」させる組織の「位置設定(positioning)」、組織文化に積極的に影響を及ぼす「パラダイム転換(paradigm-changing)」の活動を包含している。この戦略を認知する代替的な方法のリストに、「引き出す」(又は「伸長」)という意味の戦略を加えてもよいだろう。すなわち、組織のコア・コンピタンスに改良を加えるなど、これまでやってきた以上にうまく行えるようにすることである。

　戦略に対するこれらの見方はそれぞれ、戦略経営の分野において文献があるが、いくつかはほかの分野でも研究されている。「策略づくり」は、明らかにゲーム理論に関連があり、数理経済学で詳細に研究されている。「パラダイム転換」は、組織研究では主要なテーマになった。戦略を「位置設定」とする定義は、明らかに、戦略経営とマーケティング戦略の密接な関係を示す。

第2節　全体戦略と事業計画を立案する

　この節では、組織の全体計画(corporate plan)と一般的にそこから生じるのを期待される個々の部署の事業計画(business plan)を含む、戦略計画策定への伝統的なアプローチを見てみよう。

　組織全体の戦略計画は、お互いに関連付ける必要があるいくつかの構成要素を含んでいるとみることができる。

　○　マーケティング戦略(環境が求めているものに対応するための戦略)
　○　サービス産出・供給戦略(内部の能力を最大限利用するための戦略)
　○　財政戦略(サービスの産出・供給の戦略のために必要な、適正なレベルの人

員配置を含むあらゆる経営資源のための財源を確保し、また、このような財政資源が可能な限りもっとも効率的かつ効果的な方法で配分されることを確実にするための戦略)

その上、組織を構成する単位はそれぞれ、その組織内での位置づけにそって「事業計画」を立案できる。この場合、事業計画は、組織全体の戦略（corpprate strategy）の中に組み入れられていて、全体戦略と連携しているべきである。

このことはすなわち、全体計画の内容は、大部分は事業計画を組織としてのポートフォリオとして複製することになるだろうことを意味している。しかし、これは、非常に煩雑な全体計画をつくることになってしまい、ほとんど価値を加えられないだろう。そこで結局、全体計画は、部や課の事業計画策定についての広範な指針を規定することに集中し、細部はそれぞれの事業計画に委ねることになる。

この節では、特に全体戦略と事業計画の準備と実行、そしてサービス産出・供給戦略実施との関係を考察してみよう。マーケティング戦略の詳細な内容は第6章に委ね、財政戦略は別に論じることとする。

この一連の計画を用意するためには、次の三つの分析が必要である。
1) 組織の外部環境の分析
2) 組織の内部環境の分析
3) 利用可能な戦略的選択肢とそれらの相対的な長所の分析

第6章で、マーケティング戦略の展開のために外部環境がどのように分析されるか議論する。この章では、まず内部環境の分析と戦略的選択の分析を見て、次には組織の全体戦略と事業戦略を系統立てて説明するのにこの三つの分析がどのように使われるかを議論してみよう。

内部環境を分析する

組織の内部環境の分析では、内部の関係者（internal stakeholder）に影響を与える要素や、その結果として生じる組織の強みや弱みを、同じニーズや市場で働いている他の組織と比較して理解しようとする。

この分析には四つの主要な要素がある。
1) 価値連鎖分析（value chain analysis）
2) コア・コンピタンス分析（core competence analysis）

3) 組織文化分析（organizational culture analysis）
4) 競争相手・協力者の分析（competitor and collaborator analysis）

（価値連鎖分析）

「価値連鎖分析」は、組織が関係主体のために価値を生み出し、それを分配する方法を探索する。ここで、「価値」の定義が必要となってくる。民間セクターではこれは通常、企業の利害関係者によって求められる一連の便益のことを指す（現在は、民間セクターでさえ「企業の社会的責任（ＣＳＲ）」を求める圧力があるけれども）。概して公共セクターでは、「付加価値（value added）」はもっと多くの局面をもっている。

○ 利用者にとっての価値
○ より広いグループ（例えば、サービス利用者の家族や友人）にとっての価値
○ 政治的な価値（例えば、利用者やその他の関係主体と共同でサービスの計画を立てることなどを通した民主的過程に対する支持）
○ 社会的な価値（社会的結合の創造または社会的相互作用の支援）
○ 環境にとっての価値（すべてのサービス供給の持続可能性を確実にする）

この価値に対する多層概念を念頭において、公共セクターの組織がどのようにすれば価値創造ができるのかを理解する必要がある。このために一般的に使われてきたモデルが価値連鎖であり、1970年代のマイケル・ポーターの研究がもとになっている。価値連鎖に対するポーターの説は、本質的には製造業で発展してきたので、

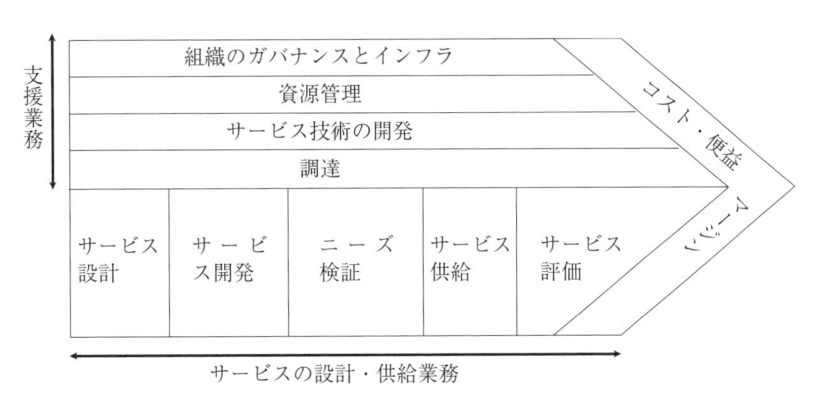

図5.1　公共セクターの価値連鎖
出典：ポーター（1985）の概念をもとに筆者作成

公共セクターに適用するときはかなり手直ししないといけない（図5.1）。

基幹業務（primary activities）は、「現場（front-line）」での活動、あるいはサービス組織における基本的な「生産活動（product function）」である。そして、サービスを受けたい人の誰もが公共セクターの組織の定めた適格性や優先順位の基準を満たせるとは限らないという事実をふまえて、「ニーズの検証（needs assessment）」という追加の段階がある。支援業務（support activities）とは、「現場」を支える「裏方（back-room）」の工程である。組織が優れているためには、このような基幹業務と支援業務のそれぞれに得意でなければならず、さらに、両者を組み合わせることに秀でていないといけない。

このような工程はどの組織でも、ベンチマークを試みることが可能である。実際、価値連鎖分析は、比較に使われるときにだけ意味がある。組織が不得意な活動は、改善しようとするか、または明らかに優れている組織に外部委託しようとするだろう。この場合、連鎖の中で組織が独自に価値を付加できる部分に、どのように集中させればよいのかを、価値連鎖は示唆している。しかし、ポーターはまた、効果的な組織は価値連鎖のすべての活動を統合できるべきであると認識していた。つまり、もし組織が外部活動をうまく統合できないなら、いくつかの価値活動が誰か他者の方がよりうまくやれるときでさえ、外部委託が正解であるとは限らない。この議論は多分時には容易すぎるほどに、「組織内のチームはあまり仕事ができないかもしれないけど、彼らと一緒に仕事をすることに慣れている」といった議論に落ち着いてしまうことがある。明らかに、このことは、非効率という不適切なレベルに直面していながら、自己満足に陥ることにつながる。

（コア・コンピタンス分析）

価値連鎖と同じく「コア・コンピタンス分析」もまた、組織の戦略的能力を探求するが、特に顧客にとって組織が貢献できるそのもとになっている競争力に焦点を合わせる。コア・コンピタンス（core competence：中核的競争力）は組織のなかにあるのであって、個人や技術にあるのではない（ボックス5.3）。

> **ボックス 5.3**
> **コア・コンピタンスとは**
>
> …顧客に対して、ある組織が独自の便益をもたらすことを可能にするスキルや技術の集合体。
> コア・コンピタンスは、戦略策定にとって最高水準で永続的なものであるので、組織全体の戦略の中心的な課題としなければならない。
>
> 出典:ハメルとプラハード(1994、199〜220ページ)

コア・コンピタンスを発展させることのできる方法はいろいろある。よくあるコア・コンピタンスの例を、ボックス 5.4 であげる。

> **ボックス 5.4**
> **コア・コンピタンスの例**
>
> **スピード**:顧客や市場の要求に迅速に対応し、新しい考えや技術を製品に素早く反映する能力。
> **一貫性**:確実に顧客の期待を満たす製品をつくる能力。
> **鋭敏さ**:競争環境を明確に見て、そして顧客の進み続けるニーズや欲求の先を見越したり、対応したりする能力。
> **機敏・軽快さ**:同時に多くの異なったビジネス環境に適合する能力。
> **革新性**:新しい価値の源をつくるために、新しい考えを生み、今ある要素を結合させる能力。
>
> 出典:ハメルとプラハード(1994)

価値連鎖でみるのと同じように、分析から得られる重要な教訓は、組織がコア・コンピタンスのある活動にのみ集中するべきということである。ほかの活動は止めるか、(もしその活動が顧客に価値を供給するために必要なら)外部委託するべきである。

ハメルとプラハードは、組織は多くのコア・コンピタンスをもてるようにすべきだという。しかし、公共セクターの組織は、情け容赦なくコア・コンピタンスのある活動にのみ集中することも、コア・コンピタンスが適合しない活動を切り捨てることもできないだろう。結局、公共セクターの組織は、わずかなコア・コンピタンスしか発展させることは難しい。なかにはそれすらも苦労する組織もある。

（組織文化分析）
　「組織文化分析」は、組織の中でその根底にあって当たり前のことと受け止められているような考え方や規範を探索するものである。組織文化の探索方法には二つの確立された手法がある。ひとつは、チャールズ・ハンディの「四つの文化（four

---

ボックス5.5
「4つの文化」

権力文化：すべての力は組織の中心にいる一個人にかかっている（すべての糸を引き、網状の巣の中心にいるクモ）。ファミリー企業や、創業者がまだ組織を運営している中小企業では、この権力文化が典型的にみられる。

役割文化：すべての個人は、組織における自分の「部署」では、明確で標準化した役割を果たし、階層制において上司の監督下にあり、部下を統率しているが、主導権を行使しないし、ライン管理構造の外部の者とは誰とも話さない。これは、（公共セクターでも民間セクターでも）大きな官僚組織〔官僚制や階層制は、行政機構に独特のものではなくて、公共セクター、民間セクターに共通した概念である。〕で典型的にみられる。

職務文化：個人は、ラインの管理構造内で働くことに加えて、多くの専門分野や部門に渡る複数のグループ内で職務を引き受けている。この傾向は、大きな組織で働く専門職に熱望される文化である。

個人文化：個人は、ラインの責任に関わらず、自分に合ったチームだけで働き、一人で働く傾向にある。学問社会や小さなコンサルタント企業、技術系や科学系企業の研究部門や開発部門に典型的にみられる傾向がある。

出典：ハンディ（1993）から作成

cultures)」の方法（ボックス5.5）、もうひとつは、ジョンソンとスコールズの「文化の網（cultural web）」である。

「四つの文化」の方法は、組織文化の全く異なる型を区別するのに役立つ方法である。しかし、ハンディ自身が認識しているように、たいていの組織は、四つの組織文化すべてを同時に持っているらしいということである。例えば、役割文化（the roll culture）は、（給与支払い簿のように）組織の「定型的業務」の部分では優位を占める。職務文化（the task culture）は、（新しいサービスの開発のように）組織の革新的な部分では優位であるらしいということである。一方で、権力文化（the power culture）は、強力に首尾一貫して「舵取りをする」ことが必要で、（例えば、広報や組織の最上層部のように）頻繁に重要局面を扱うところでは優位であるようだ。

組織文化を理解したり変えたりする行動をより重視した方法は、「文化の網」であり、それは、六つの異なる側面をマッピングするものである。

1) 組織内の「物語（stories）」（ヒーローは誰か？悪者は誰か？「成功」とはどのようなものか？）
2) 組織内の「日課や慣例（routines and rituals）」（従業員の評価はどれくらい真剣に行われるか？年間の昇進はどの程度公正か？改善計画あるいは年次報告で誰の業績が特筆されるか？）
3) 組織の「象徴（symbols）」（誰の部屋にカーペット・本棚・ソファがあるか、あるいは三つの窓を持つか？お互いに呼びあうときは名を呼ぶか姓を呼ぶか？どのような服を着るか？）
4) 組織内の「権力基盤（power base）」（誰が実際に一番強力な権力を持っているか？誰が権力を持った人々への接近を管理しているか？）
5) 組織の「構造（structure）」（階層制か？多層制なのか、そうでないのか？）
6) 組織の「統制（control）」システム（組織はいかに物事が起こらないようにするのか－公式的にしろ、非公式にしろ？どれくらい主導性や革新性が奨励されているのか？）

要約すると、文化の網は、その組織の「パラダイム」になるものを確立することを求めている。組織のパラダイムとは、「相当程度に皆が共通に思っていたり、当然と思われていたり、比較的皆が思っている考え方」（ジョンソンとスコールズ2002）である。文化の網をマッピングすることは、もちろん、始まりにすぎない。組織の

指導者は、不適切な文化の面を積極的に変えようとしなくてはならない。一般的に、彼らは、構造とか統制システムとか、より可視的なところから手をつける。しかし、これだけでは不十分である。文化の変革を定着させるには、物語、慣例や日課、象徴も変えることを確実なものにしないといけない。これは、明らかに困難で時間もかかる課題である、組織の「感情と思考」を勝ちとらなくてはならないのだから。

指導者は、そのような困難な過程に携わる前に、良い文化はどのようなものであるかを確実に知っておかなくてはならない。コッターとヘスケット (1992) は、（もっとも主に民間セクターの事例であるが）高いパフォーマンスをあげる組織は高い適合性のある文化を持っている傾向にあると強い論拠を提示した。その文化は、積極的に変化に対応するばかりでなく、変化を価値あるものとし、革新 (innovation) を追及する。公共セクターにおける多数の研究では、そのような態度、行動様式が個人にみられることはまれで、組織全体としてはまずないことであることを示している。このことは、公共セクターにおける戦略経営において残されたおそらく唯一で最も困難な課題である。

(競争相手・協力者分析)

「競争相手・協力者分析」は、上述の内部環境の分析の上に行われる。「価値連鎖やコア・コンピタンスの点から、勝りたい敵や一緒に働きたい協力者と自身とをどのように比較するか」と問うことが、その本質である。このことによって、自組織と同じ分野の他組織の「強み・弱み」を分析することができるようになる。さらに言及すれば、内部環境の分析の各要素を総動員してみると、内部生産と外部委託のバランスをいかに保つかという問いかけにたどりつく。競争相手のほうが優れている分野では、改善する、外部委託するという選択のほかに、競争相手と「戦略的サービス供給提携 (strategic service delivery partnerships)」を締結するという選択もある。これにより競争相手の強みを生かして、自分たちのサービスをより良く提供できる。後者の選択は、しばしば公共セクター、特に職員や政治家に歓迎されない。しかし、改善がうまくいかないなら、戦略的提携は望ましく見られるようになる。言い換えれば、この分析の最も困難なところは、「二つの組織が実際いかにうまく一緒にやれるか、協働することで相乗効果を得られるのか、困難をきたして提携が両者の総和よりも小さくなるかどうか」と問うことである。いつも、先を分析することは難しいとすれば、この質問に答える唯一の方法は、「試しにやってみる」ことである。

戦略的選択肢の発展と評価

外部要因や内部要因を一緒に分析すると、組織に対してＳＷＯＴ（強み、弱み、機会、脅威）分析ができるようになる。多くの人が５分もあれば封筒の裏に書き出せると思われるようなポイントに達するまでにこんなに長い時間をかけたのは少し酷なようだが、学問的な分析は、いつも簡単なものをとても複雑にするようだ。が、時にはとても有益なのだ！

ＳＷＯＴ分析は、将来物事をうまく進めるため、つまり、強みをつくり、弱みを減らし、機会をつかみ、脅威に立ち向かうために、一連の戦略的選択肢に転換される必要がある。

「戦略的選択肢（strategic option）」の概念は、文献からはっきりとはわからない。それは、戦略の中での変化の要素として認識されることが多い。しかし、より厳密に捉えていくと、戦略的選択肢とは、一貫性のある代替の戦略そのものであるべきである（ボックス5.6）。

ボックス5.6
戦略的選択肢

これは、次のような事項についての一連の決定である。
○ 組織の戦略的基礎－当事者能力（オーナーシップ）、使命、価値、範囲
○ 「一般的な戦略」－コスト主導かあるいは品質主導か
○ 本社の事業部に対する関わり方
○ 「戦略的方向性」－統合、新サービス、新しい市場、あるいは双方
○ 成長戦略－「自分を伸ばす」、吸収合併する、新規投資、同盟や提携をする
○ 競争的な戦術
○ 新しい組織文化

出典：ジョンソンとスコールズ（2002）をもとに作成

ある組織が成功を収めるためには、豊かな創造力をもってすべての範囲の戦略的選択肢が検討されなければならない。それによって、戦略的選択肢の評価が可能になり、もっとも適切な選択肢が選ばれる。もちろん、これには、組織のために代替

となる「将来」を詳細にマッピングする役割を果たす、想像力に富んで創造性豊かな人々がいなくてはならない。そのような人は、必ずしも容易に見つかるとは限らないし、組織（特に官僚組織）は「創造性のある人」がそのような重要な役割を果たすのをいつも許すとは限らない。

すべての範囲の戦略的選択肢がいったん詳細にマッピングされると、評価される必要がある。もっとも経営幹部がそのうちの一つを選ぶと心に決めているのでなければであるが、…。そのような場合の評価は、望ましくない選択肢を「世論操作のための裁判」にかけることになることが多い。評価の過程では、一つを選ぶために

	純社会的価値	
	高 → 低	
要求やニーズの増加 ↓	花形サービス	疑問符のサービス
	生活基盤サービス	役に立たなくなったサービス

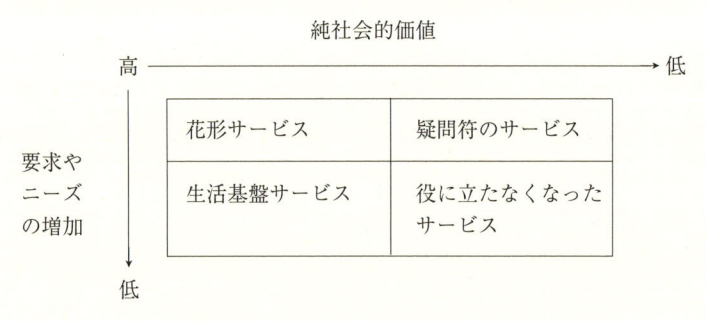

図5.2　公共セクターのボストンマトリックス

（訳注）　ボストンマトリックス：例えばアンゾフ（2000、p252）によると、民間企業向けのものは次のようなものであり、横軸を市場占有率、縦軸を市場の成長率として四つに区分する。本書ではこれが公共セクター向けに手直しされている。コトラー（1996、p30〜35）によれば、それぞれの事業領域は、ワイルドキャット（問題児）から出発して、成功すればスター（花形）になり、やがてキャッシュカウ（金のなる木）、ドッグ（負け犬）というようにマトリックスにおけるその位置を変えていくという。

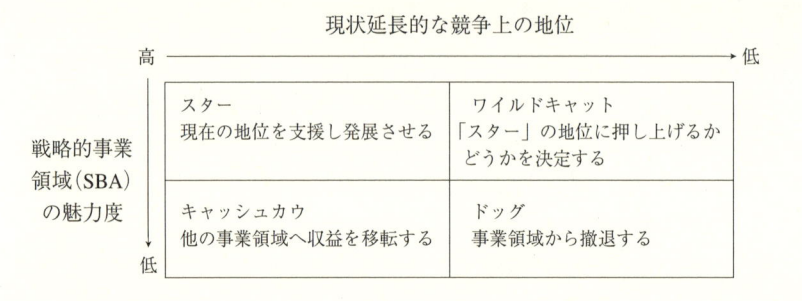

	現状延長的な競争上の地位	
	高 → 低	
戦略的事業領域(SBA)の魅力度 ↓	スター 現在の地位を支援し発展させる	ワイルドキャット 「スター」の地位に押し上げるかどうかを決定する
	キャッシュカウ 他の事業領域へ収益を移転する	ドッグ 事業領域から撤退する

戦略的選択肢を試すためには、実行可能性（feasibility）、適合性（suitability）、容認性(acceptability)という三つの基準を使う（ジョンソンとスコールズ 2002）。
　選択肢の「適合性」は、一般的に多数のポートフォリオ分析を使ってふるいにかけられる。そのポートフォリオ分析は、(特定の対象グループにとって) 提案されているサービスのポートフォリオが一貫した活動を提供し、それが、外部環境が必要とするものと、組織で認識された強み・弱みをうまく適合させるかを分析する。そのようなポートフォリオの二つを簡単に見てみよう。最初は、「ボストンマトリックス〔ボストン・コンサルティング・グループが開発したポートフォリオマトリックス〕」で、公共セクターの組織のうち供給者側としての見方がもとになっている（図5.2）。ここではサービスは、要求（またはニーズ）の増加や「純社会的価値」（例えば、優先度の高い利用者のニーズを満たすか、高水準の組織目標を満たすのに寄与する）によってランク付けされる。「役に立たなくなった」サービスは、終止・閉鎖の候補者である。そうすれば、より多くの資源を「花形」サービスを成長させる方向に向けたり、「生活基盤」サービスを組み直したりまたはもっと魅力あるものにしたり、「疑問符」のサービスを適切に試してみたり（花形サービスになるか、まったく失敗した試みとして止めることになるが）することができる。
　適合性の第2のテストは、公共セクターにおける（図5.2と脚注）委任側の政策官庁としての見方からで、「需要と供給マトリックス」である（図5.3）。このテストで、組織は、ニーズが高く他の機関では満たすことができない場合にのみ、自らの供給を広げるべきであると提言する。このテストは本質的に、委任側の政策官庁は、限られた資源をその分野におけるあらゆる機関からできる限り広範に供給させるために使うべきであって、直接供給に資源を使うのは他に手段がないときに限られるという観点から始まっている。
　選択肢の「容認性」は、関係主体の目的に照らして評価されるべきで、そのことを組織は理解しなければならない。民間セクターでは、これは、投資収益率や株主利益の増大などになる。公共セクターでは、通常関係主体がたくさんいて、その目的はもっと複雑とみられる。目的を理解するためには、高水準の「社会的影響としての目的」とそれより低い水準の「サービスとしての目的」を結びつける因果の連鎖を示す必要がある。サービス目的の達成は、目的とする社会的影響に役立つのは確かである（これが「目的の階層」である）。
　図5.4は、地域社会の安全の取組を例に、目的の階層化とはどのようなものかを

説明している。図示された目的の全体系は警察の仕事かもしれないが、小さな枠に示された限定的な目的は、地方自治体の地域安全課の仕事だろう。もし、異なったレベルの目的間の「因果の連鎖」の論理が証明できなかったり、議論があったりするなら、その分野の戦略を定めるにはもっと事実に基づいた手法が必要である。

選択肢の「実行可能性」は、資金、技術、人材、運営の実行可能性を含む。しかし、他のすべての点では大変有望な選択肢が実行不可能に思えても、チャレンジせずにそのままあきらめてしまってはいけない。実現を阻むもののほとんどは、エネルギー（またはお金）を使って、除去したり、回避したりすることが可能である。制約自体が検証され、動かせないことが確認された時にはじめて、実行可能性のテストは最終的に受け入れることができる。

すべての戦略的選択肢の業績は、「バランス・スコアカード」（キャプランとノー

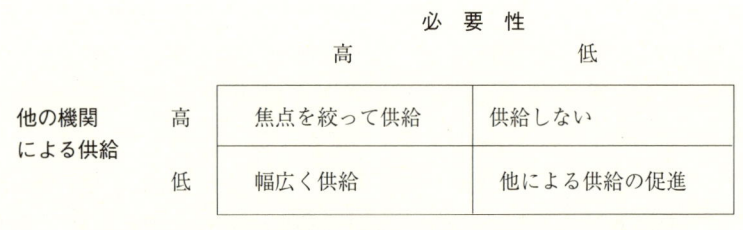

		必要性	
		高	低
他の機関による供給	高	焦点を絞って供給	供給しない
	低	幅広く供給	他による供給の促進

図5.3　需要と供給マトリックス

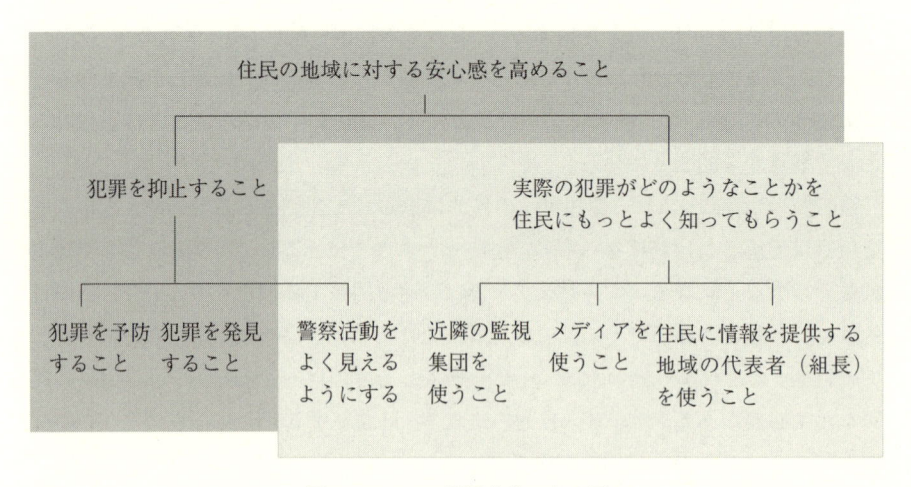

図5.4　二つの関係主体からの図

トン1996)で報告でき、それによってその優劣が評価できるようになる。バランス・スコアカードは、通常「市民と利用者の成果」、「プロセス改善の成果」、「組織学習と成長の成果」、「財務の成果」の見出しでグループ化されて、主要な組織の目標のそれぞれ成果指標を提示する。この技術は、民間セクターで報告されたのが起源であるが、現在イギリスやアメリカでは、公共セクターの組織で普通に使われている。

戦略的選択肢の選択

戦略的選択肢の分析や評価によって、公共セクターの組織は、好ましい戦略的選択肢を選ぶことができる。この選択は、次の三つの主要な構成要素を明確に描き出す。
1) マーケティング戦略（関連するマーケティング計画）
2) サービス産出戦略（関連するサービス供給計画）
3) 資源の動員・活用戦略（関連する資源投入計画）

マーケティング戦略の構成要素は第6章で考える。

全体計画策定や事業計画策定活動から出てくるサービス産出戦略の鍵となる要素は、次のようなものがあげられる。
- どのコア・コンピタンスを維持し、発展させるかという決定
- 組織自らによって供給されるサービスのポートフォリオ
- 外部委託されるサービスのポートフォリオ
- 明らかに公正な供給者や提携者の選択を確かにし、また、すべての外部供給者が組織の目的達成を確約してくれるような、調達過程や手順
- サービスが明記された品質のレベルまで効率的に供給されているかどうかを監視できるような目的や目標のセット

このサービス産出戦略はいかに実施されるだろうか。一般的に、サービス供給計画を準備することで、重要な課題を詳細に考慮し、調整する。

これには次のものがある。
- 設定すべき品質の水準
- 設定すべき従業員数の水準
- 内部同士のコミュニケーションプロセスと他の供給者とのコミュニケーションプロセス

- 〇 勤務当番や輸送手配を含むサービス供給のロジスティックス
- 〇 資産管理（特に不動産と輸送機器）

　明らかに、全体戦略と事業計画を、マーケティング戦略、サービス産出戦略、資源戦略の各要素に分けることは不自然であるとともに、これらの戦略はしばしば重複する。同様に、マーケティング計画とサービス供給計画もしばしば重なり合う。（例えば、輸送手配が適切に確保することは、マーケティング計画で考えると「流通政策」要素〔場所的な要素〕の側面があるのみならず、サービス供給計画で考えると「ロジスティックス」要素の側面もある）。

第3節　戦略と「シームレスサービス」を連携する

　今までのところ、ある公共セクターの組織の戦略の本質について論じてきた。実務上は、多数の他の機関との密接な相互作用なくしてはどんな公共セクターも成功はおぼつかない。たいていの公共セクターの組織は、次のことを確実にするためには他の機関と協働する必要がある。

- 〇 供給連鎖（サプライ・チェーン）を通じて、高品質のインプットを確保すること。そのために公共セクターでは職員が最重要である（例えば、職員の研修や人材開発を行う組織との関係の重要性を強調すること）。
- 〇 サービスの利用者や影響を受ける関係主体のニーズを満たすように、サービスをうまく設計すること（市場調査機関の重要さや将来見込みのある利用者との共同計画の重要さを強調すること）。
- 〇 組織が専門としているサービスのニーズだけでなく、サービス利用者の全体的なニーズを満たすこと（提携計画や「シームレスサービス」の供給の重要性を強調すること）。
- 〇 顧客に対するサービスの社会的影響をできる限り高くすること（サービス利用者に対する助言、特に現在またはこれまでにサービスを利用した者―彼らは「熟知した顧客」または「熟知した患者」といえますが―の助言を大いに役立つようにする）。

図5.5　公共サービスの供給連鎖

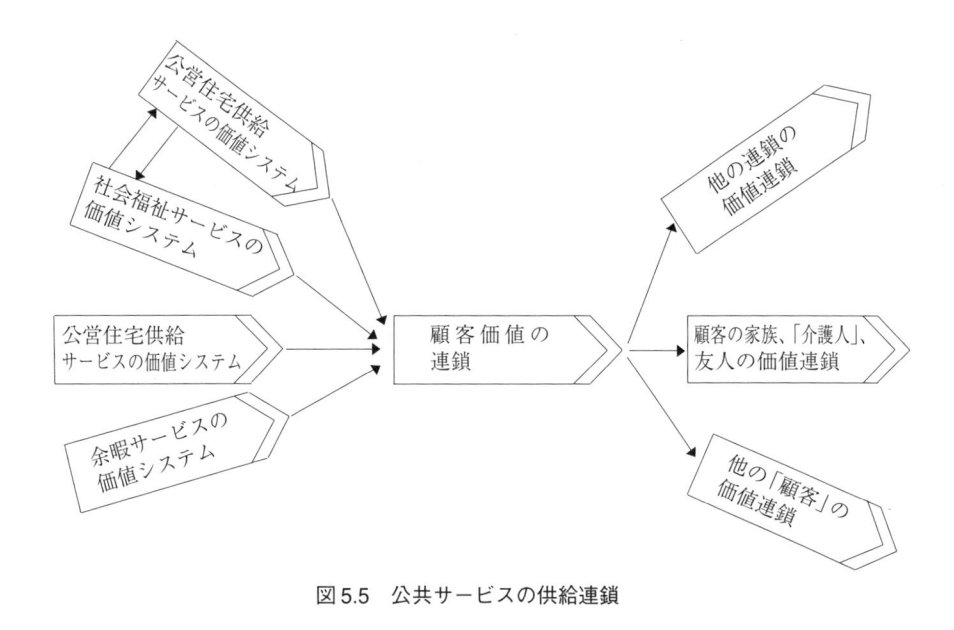

　公共サービスの供給連鎖の相互作用の複雑さについて、図5.5で説明する。この図では、顧客集団としてお年寄りの場合を例にして、一般的に、多数の公共機関がサービスを行っていたり、サービスを行うことができることを示している。サービス供給のすべての調整を進んで先頭に立って行う場合もあれば、そうでない場合もある。供給連鎖に話を戻すと、これらの組織にはもちろん（備品、輸送、ときには行政機関の職員などの）供給者がいる。

　図5.5はまた、通常は民間セクターより公共セクターの方が供給連鎖が重要であるという一面をよく表している。それは、サービスの利用者だけが唯一利益を受けるわけではないという事実である。場合によっては、サービスユーザー自身は全く利益を受けていないと思うような場合すらある。サービス利用者の利益に加えて、サービスが提供されるおかげで、負担が軽減されるといった家族、介護人などへの利益もある。そのうえ、他の顧客への利益もある。例えば、「熟知した患者」や熱心にデイケアセンターに通う人たちの経験は、気乗りしない患者を励ますのに役立つかもしれない。世話を受ける必要のある人がよく面倒をみてもらっているのを見たいと思ったり、または、次に、将来そのようなサービスが必要になるときに面倒をみてもらえるというと安心感を得られたりするため、最終的には、他の市民にとっ

て重要な利益になるかもしれない。もちろん、供給連鎖全体の強さは、連鎖の中の最も弱い輪の強さまでしかない。公共セクターは、これら「すべての」間の価値の連鎖関係を確実に管理しなければならない。他者（例えば非営利団体）が納得して、これらのつながりを管理する責任を負ってもらうことはできるけれども。

第4節　戦略経営、戦略計画、戦略思考

　これまでの各節では、「計画」としての戦略に焦点を合わせてきた。これは、明らかに有効な方法になり得る。しかし、戦略策定を、「事業の長期目標の決定、目標を達成するのに必要な行動の採用や資源配分」（チャンドラー 1962）とするなど、合理的な計画に基づいた「直線的なプロセス」にあるとの見解に属している。

　1980年代、特にヘンリー・ミンツバーグの研究の影響を受けて、戦略経営に関する全く異なった見解が出てきた。彼は計画され意図された戦略で、実際に最後まで遂行されたものはほとんどなく、戦略の多くは、最後にはごみ箱に入れられたと提起した。そのうえ、実現した戦略の多くは、決して計画されたものではなかった。例えば、有力な政治指導者や事務方のトップにより組織に押し付けられたり、あまりにもいいチャンスだったので見逃せなかったりした結果にすぎない。そしてミンツバーグは、その後その分野に大きな影響を与えた別の戦略のタイプ「創発的戦略（emergent strategy）」を提唱した。創発的戦略は、経営者によって計画されたのではなく、従業員の実践に基づく戦略である。公式の「計画された戦略」より機能するので、気づかれないうちに、暗黙のうちに採用されることが多い。

　もちろん、どこからともなく入り込んだ創発的戦略のすべてが望ましいとは限らない。それらの戦略が望ましいかどうかは、どの関係主体を支援しているかによる。そして、例えば、公共セクターの職員は、過去にしばしば「仕事に都合の良い」方法を採用して非難された。このやり方もあるときには創発的戦略であるが、明白に顧客指向の組織戦略と矛盾する。しかし、従業員にとっては、うまくやってのけるという意味で機能する。もっと悪いことには、汚職はときには創発的戦略として始まることがある。例えば、役人が、適切な手続きを短縮して通常より速やかに地域の企業へ免許を交付し、謝礼の印に僅かな報酬を受け取るときがそうである。これは、もし「賄賂」を出せば、もっと速く手続きできる道があるという（両者にとっ

ての）期待へとすぐに発展する。

にもかかわらず、創発的戦略には、特にそれを発生させた環境のニーズに対応しやすいという潜在的に望ましい特徴がある。これは、特にサービスの利用者に近い現場の職員や下級の管理職（マイケル・リプスキーが「現場の職員（street-level bureaucrats）」と呼んだ人々）が発展させる傾向にあるからである。多数の公共サービスを再設計する先導的な取組での経験（例えば、1990年代のアメリカでの「ビジネス・プロセス・リエンジニアリング」や、最近のイギリスの地方自治体でのベストバリュー・レビュー）は、職員が公式にサービス改善プログラムに参加することは非常に難しいと分かる。その点では、組織のこのレベルで自然につくり出される創発的戦略は、それだけにますます価値あるものであるかもしれない。

創発的戦略の組織上の意義は何か。ミンツバーグは、創発的戦略は戦略をつくる中でバランスを変え、「プランナー」よりマネージャーの方にバランスが動くと提唱する。

> 人々は戦略を書こうとするけれど、戦略は定期的に書かれるものではない。戦略は人の頭の中に存在するものであり、戦略的ビジョンは容易に書けるものではない。そして私は、マネジャーが戦略を創り出し、プランナーがそれを形にするものと考えている。　　　　　　　　　　（ミンツバーグ 1992）

もちろん、計画をはっきりした形に仕上げるこの役割は重要である。創発的戦略は、いったん認識されると、組織がその戦略を試してみることができる。組織の利益にあまりならないような戦略は消されてしまい、価値ある戦略は、計画されて、意図された戦略に組み込まれ、組織中に広がる。

しかし、ミンツバーグの批判は、「計画崇拝（plan fetishizm）」に深刻な疑いを投げかけた。計画崇拝は長らく公共セクターを特徴づけ、多分現在の英国政府によって最高潮に達した。英国ではすべての政府機関が計画をもたなければならないばかりか、その組織内の各部署もすべて計画を持たなければならない。計画はすべて、その達成が監視されるように、外部監査を受けたり、業績目標と明確に結び付けられたりしなければならないのだ。

第5節　政治的環境における戦略経営

　この章の最初の方に出てきた分析的枠組みの多くは、民間セクターでも使われている。しかもそのいくつかは、プランニングの考えのように公共セクターに起源がある。公共セクター、民間セクター、非営利セクターでの戦略経営に違いはないと信じるという罠に陥らないことが大切である。重要な相違点は、公共セクターが政治的背景によって機能していることから生じており、次の3項目があげられる。

- ○　政治家の役割、それは主要な戦略的問題をめぐってしばしば公然と衝突する
- ○　政治家と他の関係主体集団との相互作用
- ○　定期的な選挙があることで生じる政策決定への「目先主義」的な圧力

　戦略経営のためには、困難な決定が必要になる。通常は、選択を意味し、何かをしないと選択することを意味する。そしてこれは、通常、関係主体をいらだたせる。選択によって出てくる反対意見を組織が乗り切れるときだけ、戦略的にマネジメントすることが望める。民間セクターや非営利セクターでは、選択的決定はしばしば内部で論争の的になるが、戦略が選択されると、すべてのグループが公然とその決定を守り、支持する。

　しかし、公共セクターが、そのような公的な合意というぜいたくを味わうことはほとんど望めない。反対の政治家は、しばしば、公然と大声をあげて、政権集団によってなされた戦略的決定をほとんどすべてで争うことを自分の役目と考えている。実際、彼らはしばしば決定により不利益を受ける集団からの反対意見を総動員しようとする。

　戦略的方向を維持するには、政権集団が、その主な戦略的決定を守ることに、不動たり得る必要がある。しかし、一貫性のない決定をしたり、すでに下された戦略的決定を翻すように政治家を駆り立てている多数の圧力がある。そのような圧力をかけるものとしては、次のようなものがあるだろう。

- ○　政党
- ○　政策ネットワーク
- ○　行政機関や経営システム

- ○ 専門集団
- ○ チャリティ団体やボランティア組織（国家レベルでも地方レベルでも）
- ○ 地域団体
- ○ 政党や個人に資金を提供する支援者

　政策綱領は、通常、関係主体が広範に提携できるような利害を考慮して作成される。最悪の場合、政治家が、「いつでもみんなを喜ばそう」としていることを意味する。このような状況では、戦略経営は不可能に近い。しかしながら、政治家が明白で道理に基づいた道筋を計画しようとしても、関係主体の提携の均衡に比較的小さな変化でも起きれば、戦略を見直すことになる。

　政治的提携を維持する必要があることは、高度に合理的な戦略が、十分情報をもった専門家に吟味されたり、地方でも国でも主要な政治家に支援を受けているにもかかわらず、「大衆に十分浸透しない」ため失敗することがあることをよく説明している。政治家は、定期的に選挙という形式でこういった大衆のテストにさらされるから、そのときに有権者を揺り動かそうと目先の限られた要因に強く影響を受ける（ジョイス1999）。

第6節　戦略経営と革新

　最後に、戦略経営と革新の相互作用を考えることが重要である。健全な組織文化は、とりわけ順応性があり、革新や変化を探し出そうとする文化であることを強調してきた。一方で、革新は、混乱を招いたり、組織に揺さぶりをかけたりさえする。マケビット（1998、p118）が述べるように、「大規模で、規則に縛られた組織が、顧客のニーズに敏感に反応し、機敏であるのを期待するのは現実的でないだろう」。革新的な態度を根付かせ、それによって悪影響がでないようにバランスを保ちながら、官僚的な惰性に打ち勝つうえで、戦略経営の役割は何であろうか。

　公共セクターの組織が革新をおこす方法は多数あり、以下のものを含む。

- ○ 新しいサービス
- ○ 新しい顧客（新しい対象グループ）
- ○ 新しいサービスをつくる過程

- 〇 新しい調達過程
- 〇 他の公共セクター、非営利セクター、民間セクターとの新しいパートナーシップのあり方
- 〇 新しい意思決定過程（「民主主義の欠損への対応」）
- 〇 新しいガバナンス構造と過程
- 〇 組織にとっての新しい目標と野心
- 〇 新しい組織文化

　これらの多くの重要性を考えると、「変わらないこと」は、公共セクターでの戦略経営の選択にならないことは明らかである。しかしながら、ここではいつものように、戦略的であることは選択と集中（selective and focused）を意味することは、ほとんど確かであり正しいと考えていいだろう。このような革新的な方向がすべて一度に効果的に追い求められるとは限らず、それを求めるなら、狂気の沙汰である。英国の公共セクターは、この教訓を得てこなかったので、近年よく「先走り主義」として非難されてきた。多分公共セクターの戦略策定者は、「変わらないこと」が選択肢でないのと同様に、「すべてを変えること」も選択肢ではないと認めなければならない。

　まとめ

　この章では、戦略計画と戦略経営はまったく違うということを議論してきた。両者は重要であるけれど、戦略経営が必要不可欠である一方で、戦略計画はより限られた状況でのみ望ましい。この章では、組織の内部環境を理解し、戦略的選択肢を認識し、評価するための一連の手法を考察してきた。
　この章では、公共セクターの組織は、仕事を効果的なものにしたいなら、すべてのセクターの他の組織と協働しなくてはならないと強調してきた。地域社会の資源を最大限活用するために、サービス利用者や他の市民と一緒になって、多くのサービスについて一緒に計画し、作り出さないといけない。
　政治過程は、公共セクターの良い戦略経営には本来備わっているのだが、政治決定の局面によっては、公共セクターでの適切な戦略を発展させたり維持したりする

ことを難しくさせる。

　最後に、この章では、革新は良い経営戦略の源泉であることを議論してきた。それゆえ、戦略経営は、革新の考えが公共セクターの組織に確実に根付くようにしないといけない。「変わらないこと」は選択肢ではない（しかし「すべてを変えること」も選択肢ではない）。

《参考文献》

カール・ウェック（1979）
　Karl Weick（1979）, *The social psychology of organizing*. Reading, MA: Addison-Wesley.
キャプランとノートン（1996）
　Robert S.Kaplan and David P. Norton（1996）, *The balanced scorecard: translating strategy into action*. Boston, MA: Harvard Business School Press.
　（『バランス・スコアカード：新しい企業経営指標による企業変革』、吉川武男訳、1997年、生産性出版）
コッターとヘスケット（1992）
　John P. Kotter and James L. Heskett（1992）, *Corporate culture and performance*. New York: FreePress.
ジョイス（1999）
　Paul Joyce（1999）, *Strategic management for the public services*. Buckingham: Open University Press.
ジョンソンとスコールズ（2001）
　Gerry Johnson and Kevan Scholes（2001）, *Exploring public sector strategy*. Harlow, Essex: Financial Times/Prentice Hall.
ジョンソンとスコールズ（2002）
　Gerry Johnson and Kevan Scholes（2002）, *Exploring corporate strategy: text and cases*. Upper Saddle River, NJ: FT/Prentice Hall（Higher Ed.）.
チャンドラー（1962）
　Alfred Chandler（1962）, *Strategy and structure*. Cambridge, MA: The MIT Press.
　（『経営戦略と組織』、三菱経済研究所訳、1967年、実業之日本社）
ハメルとプラハード（1994）
　Gary Hamel and C.K. Prahalad（1994）, *Competing for the future*. Boston, MA: Harvard Business

School Press.

(『コア・コンピタンス経営』、一條和生訳、1995年、日本経済新聞社)

ハンディ（1993）

Charles Handy（1993）, *Understanding organisations*,（4th edn）. Harmondsworth: Penguin.

ポーター（1985）

Michael Porter（1985）, *Competitive Advantage.* New York: Free Press.

(『競争優位の戦略』、土岐坤ほか訳、1985年、ダイヤモンド社)

マケビット（1998）

David McKevitt（1998）, *Managing core public services.* Oxford: Blackwell.

ミンツバーグ（1987）

Henry Mintzberg（1987）, 'The strategy concept 1: five Ps for strategy', *California Management Review*, Vol. 30, No. 1, pp. ll-24.

ミンツバーグ（1992）

Henry Mintzberg（1992）, 'Mintzberg on the rise and fall of strategic planning', *Long Range Planning*, Vol. 25, No. 4, pp. 99-104.

〔参考：ミンツバーグが戦略プランニングについて述べたものとしては、次の邦訳が入手できる。

Henry Mintzberg（1994）, 'The fall and rise of strategic planning', Harvard Buisiness Review, Jan.-Feb.1994.(「戦略的プランニングと戦略的思考は異なる」、『ミンツバーグ経営論』、2007年、ダイヤモンド社)〕

《訳注参考文献》

H．A．アンゾフ、中村元一・黒田哲彦訳、1990年、『最新・戦略経営』、産能大学出版部 (H. Igor Ansoff, 1988, *The New Corporate Strategy*, Wiley.)

P．コトラー、村田昭治監修、疋田聡ほか訳、1996年、『マーケティング・マネジメント（第7版）：持続的成長の開発と戦略展開』、プレジデント社 (Philip Kotler, 1991, *Marketing Management : analysis, planning, and control* [Seventh Edition], Prentice-Hall,Inc.)

第6章

公共セクターの組織における
マーケティング

トニー・ボベール　英国ブリストル経営大学院

はじめに

　1970年代及び80年代の長い間、公共セクターにおけるマーケティングについての講義は、なぜそれが重要かという説明とともに、言い訳のように始まった。そしてそれらの講義はたいてい、聞き手の多くがその概念に反対するであろうということから、かなり守りの姿勢に立っていた。しかし、こうしたことがもはや事実ではないことは、増えつつある公共セクターのマーケティングに関する著作が証明している。とはいえ、公共セクターにおけるマーケティングは、その役割を慎重に表さなければならないのではないか、あるいは自らを民間セクターのマーケティングと明確に区別しなければならないのではないか、と相変わらず疑われている。この章では、マーケティングが、公共セクターの組織とサービスをより無駄なく、効果的に運用するために、どのように貢献できるかについて考察していくことにしよう。

この章の学習目標

○　公共セクターにおけるマーケティングの役割を理解すること。

○　サービスあるいは組織単位でのマーケティング戦略、マーケティング計画を立案できること。

○　民間企業のマーケティングと対比させて、広範な公共分野を取り扱う政治主導の組織におけるマーケティングの違いを理解すること。

○　公共セクターにおけるマーケティングの限界を理解すること。

第1節　公共セクターにおけるマーケティングの役割

マーケティングはしばしば、本質的に営利のためのもの、つまり利益を上げることを志向するものだと思われている。こうしたことは、公共サービス及び公共セクターの組織のほとんどの側面において、明らかに適切ではない。

つまり、マーケティングはしばしば、かなり否定的な意味合いを伴っており、例えば、販売、それも「非常に強引なやり方の売り込み」、あるいは「誇大広告」を通じての商品やサービスの販売促進、あるいは相手の潜在意識に訴えようとするような広告と関連付けられている。明らかにいえるのは、仮にマーケティングが公共セクターで価値ある役割を果たすべきとするなら、こうした否定的な見方は克服されなければならない、ということである。

幸いにも、マーケティングがこのような軽蔑的な見方をされなければならないと信ずるに足る理由はない。マーケティングを、公共セクターの組織にとって非常に価値あるものになり得ることを示すように定義することは極めて容易なことである（ボックス6.1参照）。結局のところ、「市場」とは、サービスを必要とする人々が、公共セクター、民間セクター、非営利セクターのいずれにせよ、別なサービスの供給者を選択できるという状況をあらわしているに過ぎない。したがって、市場を活用することは本来、公共の利益（public interest）と相容れないものではない。マー

ボックス6.1
マーケティングとは何か

○　マーケティングの役割は、販売を不必要にすることである。
　　　　　　　　　　　　　　　　　　　　　（マイケル・ベーカー）
○　マーケティングとは、返品されないような商品を作ることである。
　　　　　　　　　　　　　　　　　　　　　（ピーター・ドラッカー）
○　狙いとする観客の求めるものを見極め、組織の目的に沿って彼らを満足させること。　　　　（マーケティング研究所　Institute of Marketing）

ケティングの役割は、サービスを必要とする人々とそれを提供したいと考えている組織との仲立ちをすることにある。マーケティングの役割は、能率的にも非能率的にも、公正にも不公正にも、道徳的にも不道徳的にも、丁重にも無礼にも、それを行えることは明らかである。これらすべての点で、マーケティングも、生産、人材マネジメント、財務管理といった他のサービス機能も、その活動に関わる関係主体によって悪用される可能性があるということでは違いがない。そうした悪用の可能性に敏感なのは、おそらく、マーケティングは民間セクターの仕事のやり方においてもっとも不誠実かつ不道徳なものだと、広く信じられていることに起因している。こうした考えに根拠があるにせよないにせよ、ここではそれを考える必要はない。(ついでに言えば、この点において多数の競争相手を抱えていることが民間セクターのマーケティングの特殊事情である。その中にはずる賢い弁護士、知恵の働く会計係、丸め込まれた監査役などがいるだろうが、それらすべては、大手企業のスキャンダルによって結局定期的に公共の目にさらされることになる。)

マーケティングの役割をより明らかにするために、両極端の考え方を対比させてみよう。一つは「製品志向 (product orientation)」で、その分野で働くプロの人々がよく示している考え方である。彼らは、どんなサービスが必要か、誰よりもよく知っていると確信している。もう一つは「市場志向 (market orientation)」で、マーケティングの専門家によって唱えられている (ボックス 6.2 参照)。

明らかに、公共セクターの文脈における「顧客」は、多くの異なる利害関係者を含んでおり、公共セクターにおけるマーケティングでは、彼らすべてのニーズが考慮される必要がある。ここで、第 5 章で明らかにした公共セクターにおける付加価値(value added)のタイプについて振り返ってみよう。それは、①利用者にとっての付加価値、②より広い社会的グループにとっての付加価値、③社会全体にとっての付加価値 (社会的付加価値)、④政治体制にとっての付加価値 (政治的付加価値)、⑤環境にとっての付加価値である。これらのタイプそれぞれに関係するすべての利害関係者にとっての付加価値をどのようにして高めるか、マーケティングはそれを探るために役立つ。

しかし、マーケティングをどのように活用するかについては、大変違ったやり方

(訳注) マーケティング:「市場における人間活動であり、人間のニーズとウォンツを満たすために、潜在的な交換を現実のものとすることである」(コトラー 1996、p8)。

がいくつもある（ボックス6.3参照）。利用者の利益に根本から応えようとするもの（積極的マーケティング及びある種の反マーケティング）もあれば、社会の利益に応えようとするもの（社会的マーケティング）や他の利用者の利益を犠牲にしても狙いとする利用者の利益に応えようとするもの（ディマーケティング）もある。

ボックス6.2
製品志向ＶＳ市場志向

製品志向
○ 「製品」を、プロの目で見てよりよいものとすることを重視。
○ まず製品が開発され、それから顧客を引きつけようと企てる。
○ 組織の視線は内向きで、生産上のニーズが第一である。
○ まずプロからの賞賛で仕事の評価が決まり、どれだけの顧客を獲得したかは二の次。
○ 失敗したときには、「ベストを尽くして、真によいサービスを提供したのに、市場に受け入れられなかった。」

市場志向
○ 顧客の求めるものに対応することを重視。
○ サービスは、顕在的欲求とともに潜在的な欲求にもかなうよう開発される。
○ 組織の視線は外向的で、顧客のニーズが第一である。
○ 顧客の数とその満足度の双方で仕事の評価が決まる（つまり、質と量は同等である）。
○ 顧客は組織の活動すべての中心である（つまり、「顧客第一主義」の組織文化がある）。

> **ボックス6.3**
> **マーケティングの手法**
>
> ○ **積極的**マーケティング（positive marketing）：狙いとするグループが、彼らの要求を満たす特定の財、サービスあるいは組織を利用するよう促す。
> ○ **社会的**マーケティング（social marketing）：社会のニーズを満たすために、社会的、環境的、政治的な見地あるいは主張をより推し進めようとする。
> ○ **反**マーケティング（anti-marketing）：狙いとするグループが、自らにも社会にも不利益となる特定の財、サービスあるいは組織を利用しないよう促す。
> ○ **ディ**マーケティング（de-marketing）：狙いとしていないグループに、サービスの利用を抑制する。
>
> 出典：シィーフ（1991）を修正

この議論から生まれる重要な論点のひとつは「顧客とは誰のことか」ということである。公共セクターには、以下を含む多くの顧客になり得る人が存在する。

○ 現にサービスを受けている人々
○ サービスを待っている人々
○ サービスを必要としているものの、積極的に求めてはいない人々
○ 将来そのサービスを必要とするかもしれない人々
○ サービスを拒否された人々
○ サービスを（受けているか否かに関わらず）必要とする人々をケアする人
○ 納税者
○ 市民
○ サービスを受ける可能性のある人の代弁者

本章のここからの部分は、上に挙げたすべての人を「顧客」として話を進めることにする。しかし、適切なマーケティング戦略とマーケティング計画は通常、こうした異なる顧客それぞれのニーズを見極め、それに対応したサービスを組み立てようとするだろう。

第2節　マーケティング戦略とマーケティング計画の立案

　この節では、公共セクターにおいて、マーケティング戦略とマーケティング計画をどのようにして構築するのか考える。

　戦略経営とマーケティング戦略の間には、明らかに強いつながりがある。どんな組織の全体戦略にとっても、あるいはサービスの担当部門といった組織の一単位の戦略にとっても、マーケティング戦略は常に不可欠の部分であるだろう。「組織全体のマーケティング戦略（corporate marketing strategy）」は、次のような組織の意思決定を各部分として構成される。

- どの分野に参入するか
- どのようなサービスの組合せ（ポートフォリオ）を提供するか
- どのようなグループを対象としてサービスを提供するか
- 対象とするグループがサービスに期待した便益を受けられたかどうかを示すために、どのような目的・目標が設定されるべきか

　このことが、ミンツバーグのいう「位置設定としての戦略（strategy as positioning）」と非常に密接に関連しているのは明らかである。組織全体のマーケティング戦略は、環境が求めているものに対応するためのものである。そして内部の能力を最大限活用するためにサービスの産出・供給の戦略（第5章で考察した）を補完し、あらゆる資源を最大限活用するために財政戦略を補完するだろう。

　一般に組織の各構成単位は組織の一員として、組織全体の戦略を構成し、それと整合した「事業計画」の立案を求められる。それと同じ様に、各事業単位は、マーケティング戦略を立案することになろう。その戦略は、どの市場にサービスを提供するかという全体マーケティング戦略の決定から始まり、さらに進めていって、生み出すべきサービスや対象となる市場は何か、より詳細に検討される。最後に、事業単位レベルでのマーケティング戦略は、「マーケティング・ミックス」の要素の詳細を熟慮して、マーケティング計画へと展開される必要がある。

　一連のマーケティング計画を立案するためには、次の3組の分析が重要である。

1) その組織の外部環境に係る分析
2) その組織が応えようとする具体の市場区分（マーケットセグメント）に係る分析
3) 市場において取り得る選択肢（market option）とその相対的なメリットに係る分析

では、これらの分析のそれぞれについて順に見たうえで、組織全体としてのマーケティング戦略と事業のマーケティング計画を策定する際にこれらの分析がどのように使えるかについて議論していこう。

外部環境に係る分析

外部環境について分析するに当たり、私たちは外部の関係主体に影響を及ぼす要因や、組織が当然に直面するであろう機会あるいは脅威について理解する必要がある。

この分析の主な要素を三つ掲げる。
○ 関係主体の分布図化
○ ＰＥＳＴＥＬ分析とリスク評価
○ 「五つの競争要因」分析

「関係主体の分布図化」は、組織にとって最も重要な関係主体を明らかにするとともに、それに優先順位をつけることを意味している。これは通常「関係主体の影響力と関心の度合いによるマトリックス」（表6.1参照）を描くことによって行われる。組織に対する強い影響力と高い関心を持った関係主体が決定的に重要であることは明白であり、彼らは組織における意思決定や活動に中心的な役割を与えられる。その対極として、組織に対する影響力も関心も持たない関係主体は、多分に無視される可能性がある（法律で求められる程度の情報が与えられるに過ぎず、やや多めの情報が与えられることがあったとしても、それはただ単に大事をとっているに過ぎない）。

とはいえ、表6.1から明らかなように、すべての関係主体は必ずしも同等ではなく、公共セクターの組織は、優先度が高いと思われる関係主体のグループともっとも緊密に連携できるように、その資源をどう配分するかを決定しなければならない。優先度の設定に役立つ分布図化の方法は他にもあるが、何らかの形で優先度の設定

表6.1　関係主体の影響力と関心の度合いによるマトリックス

		関係主体の関心	
		低い	高い
関係主体の影響力	弱い	優先度が低い	情報提供を続ける
	強い	満足させ続ける	共通の目標を達成すべく協力する

出典：メンドロウ（1991）を修正

をする必要があるということは避けられない。

「ＰＥＳＴＥＬ分析」は、外部の関係主体に将来強い影響を与えそうな、主要な要因について明らかにする。その要因は次のように分けられる。

- ◯　政治的（Political）要因
- ◯　経済的（Economic）要因
- ◯　社会的（Social）要因
- ◯　技術的（Technological）要因
- ◯　環境的・生態学的（Environmental and Ecological）要因
- ◯　法律的・制度的な（Legal and Legislative）要因

この分析はシンプルなものであるが、関連するかもしれないすべての要因を詳しく述べて、ばかばかしいほど大量の文書が実に簡単に書き上げられるという点で、悪名高い。この方法は明らかに実用的でないため、何らかのフィルターをかけて、最後に残るどの文書にも、最も関連する要因のみが確実に含まれるようにしなければならない。（とはいえ、このことは、組織が可能性のある全ての要因について、広範かつ想像力豊かな調査を試みなければならないことをなおも意味しており、それによってフィルターをかけることができる。もちろん、実際には、調査することでその組織（構成する個人も含めて）の「盲点」、偏見や明白な無知を露わにすることが期待されるにちがいないので、ＰＥＳＴＥＬ分析が、決して十分に包括的な方法だと自負できるようなものではあり得ない。）「リスク評価」は要因にかけられたフィルターであり、ＰＥＳＴＥＬ分析の中で極めて重要な部分である。リスク評価には多くの異なったやり方があるが、一般的に、諸要因が以下の判断基準の少なく

とも一つにぴったりと該当しているならば、それはＰＥＳＴＥＬ分析結果に含めるべきである。
- その要因は、現時点で強い影響を持っているか？
- その要因の影響は、今後ずっと増えつづけるものか？
- その要因は、外部の関係主体にプラスあるいはマイナスの効果を与えそうか？（それには多くの関係主体はリスクを嫌い、潜在的な便益や利得よりも潜在的なコスト費用や損失の方に重きを置くという事実が考慮される。）
- その要因が予測したとおり発生する可能性が高いか？
- その要因は、同じような活動をする他の類似の組織よりも、自分の組織により影響を与えるか？（組織は一般に、関係主体との関係において、競争上優位な地位にある状態が変化することに対して敏感であるというである事実が考慮される。）

最後は、マイケル・ポーターによる「『五つの競争要因』分析」である。それによって組織は、特定の分野がどの程度魅力的であるか、またどの分野に魅力が無いかを考えることができる。『五つの競争要因』とは、次のものをいう。
1) 利幅を奪い合うこととなる新規参入業者の脅威
2) 価格の抑制に作用する代替製品・サービスの脅威
3) コスト圧力を持とうとする供給業者（流通経路を含む）の交渉力
4) 価格を値切ろうとする顧客の交渉力
5) 価格の引き下げへと働く既存競争業者間の敵対関係の強さ

この方法はもともと、民間企業がどんな分野を最も競争的と見ているか分析するために、ポーターによって提唱されたものであり、競争的な分野が最も魅力的でないことを示している。こうしたモデルは、収益の目標達成（または補助金が目標を超えない）という必要にせまられているような公共セクターのサービス提供組織にとっては妥当するだろう。とはいえこのモデルは、公共セクターに合うように手直しする必要がある。

特に、以下の事実を考慮する必要がある。
- 公共セクターの組織は、必ずしも活動する分野を選択する権利があるとは限らない。（だからこの分析は、確定された分野でしか活動できない組織には適切

でないし、ある特定の公共セクターの組織が活動を禁止されている分野には当てはまらない。そして、サービスを委託している組織については、このモデルは明らかに適切でない。）
○ 公共セクターの組織は、必ずしも競争しようとする意図を持っているとは限らないし、分野の選択に強い影響を与える関係主体（特に政府）が存在する。

結果として『五つの競争要因』分析は、公共セクターの組織の外部環境の分析においては、民間組織と異なる役割を持つ。第一に、サービス提供組織が激しい競争にさらされそうな分野を明らかにするのに役立つ。民間組織なら、これは危険信号を意味する。競争が少ない分野は、より魅力が大きいからである。

第二に、公共セクターの組織は、他の関係主体の持つ（コスト増あるいは収益減をもたらすような）交渉力や、政府の上層機関からの（コストや価格に悪影響を与えるか、またはその分野でのどんな活動も妨害する）干渉の可能性についても考慮する必要がある。さらに二つの要因は両方とも、ある分野を魅力の無いものにしてしまう。（注：この二つの要因は、現在「七つの競争要因」説のなかで研究されているが、「五つの競争要因」説以上に普及することは考えにくい。）

第三に、民間セクターのサービス供給者の多くとは異なり、公共セクターのサービス供給者は、協働の可能性を考慮する必要がある。成功のかなりの部分が、他の団体との連携にかかっているからである。他の団体とは、顧客を代表するグループ、行政による供給の隙間を埋める非営利組織、代替サービスの形について費用対効果を評価する大学であり、こうした異なる団体が自然に協働できること、効果的なパートナーシップを進んで形づくろうとすることが重要である（クーイマン2003）。このことについては、次の項でさらに詳しく考えていくが、さしあたって大切な注意点がある。それは、公共セクターで「五つの競争要因」説を活用する場合、その分野の競争状態を探るのに単純にこの説を使うことは避けることが可能であり、むしろ避けるべきである。そのセクターの協働する力にどの程度影響を及ぼすのか、

（訳注）**市場区分**：「市場は買い手によって構成されているが、買い手は…欲求、購買力、地域、購買態度、購買慣行などの諸点で必ずしも同じでなく」、これらの諸点（変数）を規準として市場を細分化することを市場セグメンテーション、それによって区分された市場を市場セグメントまたは市場区分という（コトラー1996、p222）。

「五つの競争要因」のそれぞれに関連して問い掛けることが大切なのである。

市場区分の分析

市場区分（market segmen）が異なれば、通常はサービスも、あるいはサービスが提供される形も異なるものである。公共セクターで市場区分を行うための最も代表的な判断基準は、以下の通りである。

- 人口統計学の視点（例えば、年齢、家族構成）
- 社会経済学の視点（例えば、階級、社会経済的集団、所得）
- 経済的または社会的に弱者としてのグループに属すること（例えば、年金生活者、失業者、低所得者、障害を持つ人々、女性、少数民族、物理的に隔離された人々）
- 地理学的視点（例えば、近隣社会、（都市の中の）区、市街、地域）

しかし、ごく最近になって、ライフスタイルや嗜好といった判断基準に、より強い関心が寄せられている。（しばしばサイコグラフィックス〔マーケティングにおける消費者の価値観・行動研究〕の視点が用いられる。）これらの判断基準によるアプローチはそれぞれ、全ての顧客を一塊の市場として扱うことを避けようとする一方で、いくつかの重要な個人差を見逃しがちである。市場区分のもう一つの形として、提供されるサービスに対する顧客の態度（知らない、反対する、知っている、関心がある、利用しようか迷う、試してみる、時々使う、愛用する）に着目する考え方がある。これらの手法はそれぞれ、ある特定のマーケティング戦略にとって役立つが、極めて重要な論点は、どの区分が、その行政機関にとって狙いとする、あるいは優先すべき集団を形成しているかを決定するため、市場区分に優先度をつけることにある。このことは、どんな公共セクターの組織においても基本的な政策課題の一つである。

市場における選択肢の分析

外部要因を分析すると、ＯＴ（opportunities and threats；機会と脅威）分析が可能になる。将来の市場における選択肢を明らかにし、組織の内部分析と組み合わせることができ、こんどはそれを完全なＳＷＯＴ分析の材料とすることができる。（第5

章参照)。そうすると、組織として一連の総合的な戦略の選択肢をつくるのにも役立つだろう。これらの市場における戦略的選択肢は、一貫した市場における位置設定、つまり＜対応すべき市場、提供すべきサービス、狙いとすべき市場区分＞を形作る必要がある。とはいえ、これらの市場における選択肢そのものだけを評価しようとすることが不毛に思えるのも、もっともであろう。戦略の評価は、市場における選択肢と内部の資質や財務・資源の選択肢とを組み合わせた戦略的選択肢の全体について考えたときに、意義が大いにありそうである。さもなければ、評価は市場における選択肢の順位付けにとどまり、組織の強み・弱みや資源の制約に気づかず、次善の戦略を選ぶことになってしまうだろう。

　市場における選択肢の評価は、単純に机上の研究に基づいた認識の訓練であってはならない。試行をしたり、別の提供者からのオファーを分析したりすることによって、選択肢を市場化テストにかけることもできる。このことについては、第7章でさらに考察する。

マーケティング戦略からマーケティング計画へ

　戦略の選択肢に対する分析・評価は、公共セクターの組織がとりたいと考える戦略選択に役立つに違いない。それは、マーケティング戦略の選択を含んでおり、次のような鍵となる要素の選択を伴う。

○　活動すべき分野の決定。
○　利用者に提供するサービスの組合せ。
○　サービスの提供先として対象とするグループに関する描写。
○　対象とするグループが期待しただけの便益をサービスから得られたかどうか明らかにするために、点検することができるような目的・目標。

　では選択されたマーケティング戦略はどのようにしたら実行に移せるのか？　一般的に、この鍵となる要素(いわゆる「マーケティング・ミックス」)をよく考え、詳細に調整することでマーケティング計画が立案できる(図6.1)。

　マーケティング・ミックスのこれらの要素は相互に密接に関連しており、それゆえ併せて計画される必要があり、その結果お互いに連携し、選択された戦略を支える。

○　「製品(product)」(またはサービス)は、顧客のニーズを念頭において設計(design)される必要がある。設計の姿には核となるサービスそのものだけでな

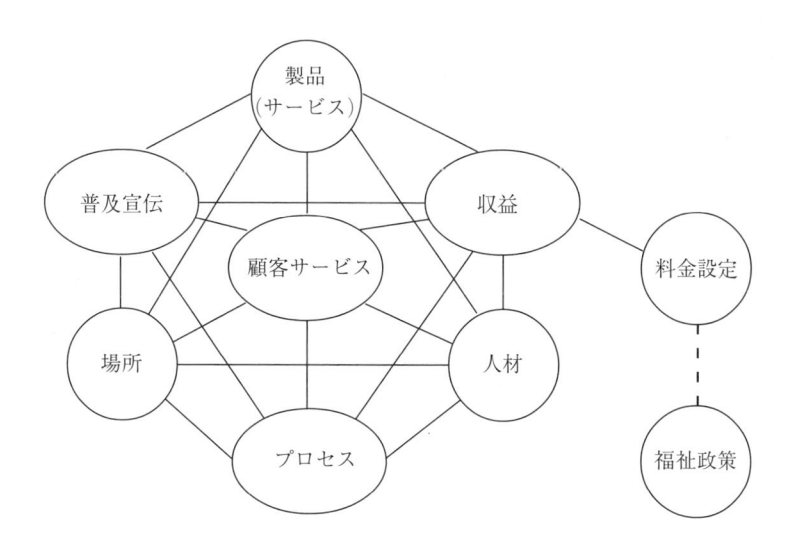

図6.1　公共サービスのために拡張したマーケティング・ミックス
出典：クリストファーほか（1991）を修正

く、届けられる方法についても含める必要がある。つまり、サービスの利用可能性（例えば営業時間）、信頼性（例えば不具合の頻度はどうか）、顧客のニーズに対する反応度（例えば性別、年齢、民族性、障害の有無などによる違いを考慮しているか）、スタッフが対応する際の心遣いといったようないわゆる「顧客サービス」の視点を含んでいるということである。サービスを設計するための主要な要素は市場調査（market research）であり、それが社会調査によるものであれ、フォーカスグループ〔p173の脚注参照〕によるものであれ、それ以外の方法によるものであれ、公共サービスの経営管理においてはますます中心的な存在になりつつある。

○　サービスの「普及宣伝（promotion）」については、対象とするグループに見合ったものでなければならない。それによって利用者はサービスのことを知り、

（訳注）　マーケティング・ミックス：コトラー（1991）によれば、マーケティングにおいては、製品設計、価格づけ、コミュニケーション、流通の四つの要素をワンセットの道具として組み合わせて活用されるが、その組合せをマーケティング・ミックスという。ここでは、公共セクターのマーケティング・ミックスの要素として七つがあげられている。

関心を持ち、利用したいと思い、そして試してみようとする。普及宣伝方法の組合せは、広告、特別な販売促進、スポンサー契約、広報活動を含めて、慎重に考え出す必要がある。

○　サービスが利用できる「場所（place）」については、対象とするサービス利用者に見合ったものでなければならないし（快適に利用でき、適当な交通手段があるかどうか）、あるいは電子政府（例えばインターネットやコールセンターを通じて）が利用できるようにならなければならない。

○　適格審査を行いサービスを提供するための「プロセス（process）」は、対象とするグループにとって明確で分かりやすくなければならない（明快で使いやすい様式、必要ならば翻訳版も入手可能であるなど）。また時間や煩雑さを最小限にするよう設計されるべきである。

○　サービスにあたる「人材（people）」は、サービス提供に際して対象とするグループを快く受け入れ、思いやりがあり、かつ訓練が行き届いていなければならない。

○　「収益（income generation）」のための活動は、組織の基本理念と矛盾のないよう、また純益が最大になるよう効果的に計画されなければならない。収入源には、ボランティアによる基金集め、寄付、協賛金、関連事業（例えばチャリティショップ）の売上、販売収入、広告収入または料金収入が含まれる。

○　サービスに課される「料金設定（price）」は、対象とするグループの資力からみて適切であり（その一部は、組織が従うことが義務付けられ、その役割を担う全体的な国の福祉政策により決定される）、利用者がサービスから得る便益に釣り合っており、さらに組織の収益活動計画と矛盾しないものでなければならない。これは、時には許認可のしくみが必要になる（これには必然的に腐敗、潜在的な利用者の封じ込め、高い業務処理コストの問題を生じることがあることから、所得審査手続を求める必要があるかも知れない）。

マーケティング戦略とマーケティング計画の間には、明らかに、かなりの重複が存在する。例えば、提供されるサービスの組合せを決めるときには、マーケティング計画において、より細かく詳細なレベルで扱われることが多いとしても、戦略と計画の双方に現れる。そして、普及宣伝はマーケティング・コミュニケーションのほんの一部であり、組織はそれによってさまざまな顧客との接触を保とうとしてい

る（関係主体との関連については第10章で詳細に考える）。さらに、マーケティング計画とサービス供給計画とは、しばしば重複する（例えば、適切な輸送手段をきちんと確保しておくことは、マーケティング計画での「場所」要因の一部でもあり、またサービス供給計画での「ロジスティックス」要因の一部でもある）。

第3節　政治主導の組織におけるマーケティング

マーケティングはどんな状況においても決して容易ではないが、政治的環境においては、さらに複雑な様相を見せる。次の三つの特定のエリアには、難しい政治的問題が生じがちである。

○　戦略的マーケティングには、戦略経営全般と同様に、優先度、特に政策それぞれについてどの対象グループが優先されるのかを明快に宣言することが必要となる。このことは、多くのグループに、優先されていないことを伝えることであり、これは政治的には厄介なことである。

○　政策とサービスの普及宣伝は、一般に顧客にそれらのサービスを使いたいと考えさせようとする。しかしこのことは、支配者グループの成果を住民に「売り込む」という意味に理解されることがある。結果として普及宣伝はしばしば強い「政治的」反響を伴うことがある。さらに、政治的反対派は、政策やサービスに対して反対するのが自然だと感じることもめずらしくない。そのような攻撃は、利用度や品質の向上に向けたマーケティングの努力を足元から掘り崩すものであり、民間企業では通常関わる必要のないものである。

○　サービスの価格設定は、通常大いに議論のあるところであり、価格変更はしばしば実行できない傾向がある。そのため、マーケティングミックスの潜在的な価値を持つ方法であるのに長期間利用されなくなる。

これら三つの論点のうち、最初の点が何よりも重要である。ここ数十年間にわたり公共セクターがうまく言ってきたので、一般には、特に最も不利な社会集団を対象として支援がされてきたと思われているかもしれない。しかし、ルグランが20年前にこう指摘している。「国民保健サービス機構、高等教育、公共交通、総合的な住宅政策といった、最低限の部分的平等を目的としたサービスでさえ、英国の社会

サービスに係るほとんど全ての公共支出は、貧困層よりも、より暮らし向きのよい人々の方を、大いに利している」(ルグラン1982)。彼は、利用者一人あたりの公共支出について、サービスの利用方法(必要度に応じて標準化されている)、利用する機会、アクセス(アクセスするコストとそのために必要な時間を含む)および得られる成果の面で、本質的な不平等が持続していると提起しつづけた。彼はまた、多くの政策分野で、公共政策が、不平等を縮小することにおそらく重大な失敗を続けてきたとも指摘している。これらの結論は、過去20年間の事実によって補強されてきたようだ(パーシー=スミス2000)。もし政治家が、恵まれない人々の深刻さを主張しながら、最も不利な人々を対象とした公共支出・サービスの必要性に的を絞ることができず、またその意思もないとすれば、そのときマーケティングは、公共セクターの組織にとって、相対的にみて目的を果たす力のない道具のままで終わり、その目的はほとんど果たされないだろうと思われる。

第4節　マーケティングの限界

　マーケティングは、公共セクターの組織が顧客を喜ばせるようより効果的に機能するために役に立てることができる一方で、公共セクターでの活用について重大な限界がある。
　第一に、公共セクターと接触を持とうとするすべての者を顧客とみなすことは、しばしば明らかに不自然である。囚人や子供を虐待する親が、顧客という表現に容易に当てはまらないのは確かである。いくつかの事例では、国家と国民の関係は、対等な交流と互恵よりもむしろ支配と処罰の関係によって特徴付けられ、この関係はこれからも残りそうだ。マーケティングは、こうした状況の下では適切なものではない。
　第二に、サービスをより満足のいくものにするために、公衆の嗜好や選択を巧妙に操作することは、公共セクターにおいては疑問とされている。これによって民間セクターのマーケティングで行われている手法のいくつかは完全に排除される。それは、「有閑層の著しい消費」を助長する(ヴェブレン)とか、「隠れた説得者」を利用して不必要な需要を作り出し、力、物欲、セックスといった「本能的な欲望」に基づく動機を助長する(パッカード1957)、あるいは本来備わっている退廃的な

部分に訴える、実行よりも見せ掛けを重んじる風潮を頼みとする（ラルフ・ネーダー）といったものである。

　第三に、決定の波及効果、行動の基となる情報の質の低さ、あるいは（長期的な）利益に対する無知など理由はいろいろあるとしても、個人の自身による選択が、自らが暮らす社会の最高善 (the highest good) に貢献しないような分野が存在する。人間の行動においてこのような意思決定はたくさんありそうに思えるが、このようなケースでは、マーケティングプロセスを通じて得られた個人の意思決定よりも、政治的プロセスに基づく集合的な意思決定のほうが勝っている。

　一般に、利用者、市民とサービス生産者を仲立ちする方法としてバランスのとれたマーケティングは、見つけることがむずかしく、またどんどん変化していくようなものである。1980年代までの伝統的な行政管理において、マーケティングはあまりに小さな役割だっただろうが、たぶんこの20年間に、政策のある分野ではあまりにも危険なほどに踏み込んでいる。

　　まとめ

　この章は、組織の外部環境を理解し、市場における戦略的選択肢を認識して評価する一連の技法について考察してきた。それはまた、これらの戦略と、戦略を実現するのに必要なマーケティング計画とをつなげるものである。政治的環境下でのマーケティングは、政治的意思決定においてその隠された目的を明らかにさせることに役立つ。特に優先的グループに関してそうであるが、マーケティングは公共分野に当てはめたとき、その限界に対して敏感でなければならない。

《参考文献》

クーイマン（2003）
　　Jan Kooiman（2003）, *Governing as governance.* London: Sage.
クリストファーほか（1991）
　　Martin Christopher, Adrian Payne and David Ballantyne（1991）, *Relationship marketing: bringing quality, customer service and marketing together.* Oxford: Butterworth Heinemann.

シィーフ（1991）
　　Rod Sheaff（1991）, *Marketing for health services*. Buckingham: Open University Press.
パーシー＝スミス（2000）
　　Janie Percy-Smith (ed.)（2000）, *Policy responses to social exclusion: towards inclusion?* Maidenhead: Open University Press.
パッカード（1957）
　　Vance Packard（1957）, *The hidden persuaders*. New York: D. McKay.
ポーター（1980）
　　Michael Porter（1980）, *Competitive strategy*. New York: Free Press.
　　（『競争の戦略』、土岐坤ほか訳、1983年、ダイヤモンド社）
メンドロウ（1991）
　　A. Mendelow（1991）, *Proceedings of the second international conference on information systems*. Cambridge, MA.
ルグラン（1982）
　　Julian Le Grand（1982）, *The strategy of equality: redistribution and the social services*.London: Allen & Unwin.

《訳注参考文献》

Ｐ．コトラー、井関利明監訳、1991年、『非営利組織のマーケティング戦略：自治体・大学・病院・公共機関のための新しい変化対応パラダイム』、第一法規出版（Philip Kotler, 1982, *Marketing for Nonprofit Organizations [Second Edition]*, Prentice-Hall,Inc.）

Ｐ．コトラー、村田昭治監修、正田聡ほか訳、1996年、『マーケティング・マネジメント（第7版）：持続的成長の開発と戦略展開』、プレジデント社（Philip Kotler, 1991,*Marketing Management : analysis, planning, and control [Seventh Edition]*, Prentice-Hall,Inc.）

宮田矢八郎、2001年、『経営学100年の思想』、ダイヤモンド社

第7章

公共サービスにおける契約的手法
～競争とパートナーシップ～

アンドリュー・エリッジ　英国アルスター大学

はじめに

　この章では、サービスのための契約をめぐる議論および1979年以来英国の保守党や労働党政権が取ってきた政策の有効性に関する経験的証拠について検証する。こうした政策は米国のレーガン政権に続いて英国でも導入されたもので、ひいては同様の政策を世界各国が採るに至っている（第4章参照）。

　一般的に、公共サービスの供給契約にあたっては、強制競争入札（CCT）による競争から、多数契約者や供給者の関係を調整し、利用者や地域社会およびその他の適当な組織と、説明責任が果たせるようなパートナーシップを築き、維持する（いわゆる「サービスの協働生産」）といったより複雑な契約的手法に変化してきている。本章では、契約的手法による公共サービスの供給メカニズムとして、競争によるサービス供給とより協働的な「パートナーシップ」関係によるサービス供給それぞれの利点について検討する。

第1節　契約的手法によるサービス供給の台頭：競争からパートナーシップか？

競　争

　第2章から第4章で見てきたように、1980年代から90年代にかけて多くのOECD諸国、とりわけ1979年に成立した英国のサッチャー政権は、サービスの供給においては公共セクターは民間セクターより非効率的であるとの信念のもとに、公共セクターの規模と役割の縮小を推し進めた。こうした政策は、公共セクター組織の

> **この章の学習目標**
> ○ 契約的手法の意義について理解すること。
> ○ 過去25年間にわたって契約的手法によるサービス供給が増加してきた理由を理解すること。
> ○ 特定のサービスを外部委託することの利点と欠点を明らかにすること。
> ○ 契約的手法、競争、パートナーシップの連関について理解すること。
> ○ より広い社会経済的な政府の目的追求のために契約的手法がどう利用し得るか理解すること。

階層制（hierarchy）を通じたサービスの直接供給から、市場原理による競争及び公共セクターの組織と営利・非営利の民間組織との契約関係に基づく公共サービスの供給へと、抜本的な変化をもたらした。ニューライト〔新保守主義〕の思想が成功したのは、ひとつには彼らが、影響力のある他の思想、とりわけマネジメントや組織に関する文献における官僚制（bureaucracy）に対する批判の増大（第3章参照）を自分たちの考え方と結びつけることに成功したからである。

コスト削減（経済性）と効率性（ボックス7.1参照）という考え方は、競争入札を支持する主張の中心であり、後に続く多くの研究が、契約的手法によるコスト削減の可能性について論じた（例えば、ウォルシュ1991a）。

> **ボックス7.1**
> **効率性増大の意味とは？**
>
> **生産効率性**：生産水準を向上すること（例：同じあるいはより低いレベルの投入（職員、資金、設備）による治療患者数、実施研修回数、ゴミ収集量）
> **配分効率性**：全ての住民の選好を最もよく満たす公共サービス供給を行うこと
>
> 　実際のところ、配分効率性は価値負荷的（value laden）であり、その客観的評価はほとんど不可能であって、生産効率性がサービス供給の成果を測る指標となることが多い。

> ボックス7.2
> 地方政府における強制競争入札制度（ＣＣＴ）：対象のサービスと主な政策の変遷
>
> 1980年　建設事業、営繕事業、高速道路整備
> 1988年　建造物及び街路の清掃、給食、土地の維持管理、公用車修理
> 1989年　スポーツ余暇施設の維持管理
> 1992年　(1)　直接サービス（例：劇場、図書館）、建設事業関連（例：建築設計、工学技術）、組織運営（例：総務、法務、財務、人事管理、電算）、人的補助（例：警察業務補助）
> 　　　　(2)　契約発注者と受注者の分離が強化
> 　　　　(3)　入札手続の各段階での期限の明確化
> 　　　　(4)　内部入札とのコスト相殺について制限

英国政府の通達には、「財とサービスは、説得力のある反対理由がない限り競争によって取得されるべきである」（英国大蔵省1988）とか、「競争は品質と支出に見合う価値（value for money）を保証する最適の手法である」（英国大蔵大臣1991）と述べられている。こうした政策を通じて、政府は情実や不正の非難を回避することができるし、また制度の開放性がより多くの供給者の参入を促すだろうし、そして競争の増加が今度は価格を引下げ、品質を改善し、そして供給者を更なる競争に巻き込むのだと主張している。

公共サービスの外部委託増加に向けて英国政府が取った重要な政策の一つに、強制競争入札（compulsory competitive tendering；ＣＣＴ）がある。強制競争入札は、地方自治体および、より狭い範囲ではあるが国民保健サービス機構など公的団体に、公共サービスの提供に際して民間企業の入札参加を求めるものであった。従来公共サービスは、通常公共セクターの職員（「役所内」の供給者）により供給されていたのであるが、いまや入札によって外部の参入者と競争しなければならなくなったのである。これに伴い直営現業部門（direct service organization；ＤＳＯ）が創設され、

（訳注）　直営現業部門：英国の自治体の多くは、道路や住宅等の建設や維持補修、清掃などのサービス提供をを行うための組織をもっており、これが直営現業部門としてＣＣＴの応札主体となった（稲澤2006）。

競争入札に責任を負う発注部門（通常は従来のサービス管理部門）から分離されることとなった。ボックス7.2にあるように、強制競争入札は1992年までに、幅広い公共サービス供給に積極的に拡大された。それと同時に入札手続の規制がより強化された。これは主に内部供給者が入札で勝つ率がはるかに高かったためであり、政府が内部供給者に外部参入者が入手できない情報にアクセスできるといった不当な優位があると感じていたからである。もっとも、地方自治体が中心となって提供している共通的なサービスの全てに対して義務付けられたわけではない。

ボックス7.2は、1979年から92年までに中央政府、地方政府及び国民保健サービス機構の提供するサービスについて英国政府がとった政策を示すものである。

パートナーシップ

1990年代初頭まで競争的手法は、英国の保守党政権において象徴的なものであった。しかし、供給者とのパートナーシップが、1995年の政策白書「新しい水準の設定（Setting New Standards）」において重要なポイントとして明確に位置付けられた。この政府発議は従来の短期的な競争入札手続に特徴付けられていた供給者との関係について、新たなアプローチを進めようとしたものである。政策白書（英国大蔵省1995、p13）では、例えば次のように述べている。

> 各省庁は、双方のパフォーマンス向上を図るため供給者と協力して働きます。各省庁は、供給者に対してコスト削減と品質向上を求めるものではありますが、双方が満足する関係が双方の利益になることを認識し、不必要に敵対的なアプローチは避けます。

英国政府発議は、協力と協働を強調することで、調達機能や各省庁と供給者の関係のあり方の変革を始めた。強制競争入札に代表される市場競争モデルから離れることにより、供給者とのパートナーシップによって社会関係資本（Social Capital）を築くことができる。そのことは、パートナーシップによる協働は取引費用を削減し、アウトプットを増やし、アウトカムを改善（例えば、強い社会的一体性）すること

（訳注）　**政策白書（white paper）**：英国の白書（ホワイトペーパー）は、政府の政策を宣言したものであり、日本の年次報告書が「○○白書」とされているのとは性格が異なっているので、「政策白書」と訳した。政策が案の段階で「緑書（グリーンペーパー）」がだされ、国民的な議論を経て政策白書がだされる場合も多い。政策白書は順次実行に移されるが、法律的な措置が必要な場合には、法案が国会に提出される。

を意味する。ウールコック（1998、p155）によれば、社会関係資本とは、「相互利益に向けた集合的行為（collective action）を容易にする規範とネットワーク」を含む複合的な資源である。エリッジとグリアが行った社会関係資本の調査（エリッジとグリア2002、p504-507参照）からは、次のような示唆がなされている。

○ 相互作用と相互交換の増大は、信頼関係を強め、取引費用を減らすような規範と拘束力が創造される方向に作用する。
○ それはネットワークの構成員間での資源へのアクセスを容易にする。
○ それは集団への「帰属意識」と行動を共にすることにつながるような一体感（identity）という資源を生み出す。
○ それは人々の社会参加を促し、社会的一体性を強めることにより、社会に対し良い波及効果を生む。

1997年以来、英国の労働党政権の政策は、より参加的で協働的なアプローチを政策に反映させてきた。つまり、強制競争入札はベストバリュー（Best Value）に代わり、プライベート・ファイナス・イニシアティブ（ＰＦＩ）はパブリック・プライベート・パートナーシップ（ＰＰＰ）へと広げられ、そして、より複雑なサービスの効果的な供給を容易にする契約的手法を取り入れた。

環境問題や社会的弱者の生活の質（quality of life）向上といった問題に関しては、ネットワークとしての結び付きは、関心を持っている関係主体がより密接に連携し、地域社会が抱える問題に対処していくための共通の明確な目標を設定する機会を与えた。例えば、地域の環境プロジェクトの実行に際して、協働的な供給関係は、英国環境省（ＤＯＥ）と、登録された各種慈善団体や地域の学校や地域社会の間の密接な連携を容易にした。こうしたやり方の下で、パートナーシップの関係主体は、地域社会の環境を改善するための努力という点において、情報を共有し、成果指標を設定し、環境プロジェクトの進み具合を報告し、取組事例を普及することに協働した。同じように英国環境省の省エネルギー施策は、社会的弱者の生活の質向上に取り組むために英国大蔵省商務局（ＯＧＣ）の政府調達部門（Buying Solution）、社会福祉省（Department of Social Service）、地方団体、老人慈善団体（the charity Help the Aged）といった関係者が相互に連携して仕事をする仕組みを構築したのである。このような複雑で多様な行政課題への対応において、関係主体間の信頼関係の存在は、成果や品質基準についての関係主体の情報の共有と統合を促し、共通の戦略設

定を容易にする。そして、全体の目標達成に向けて、より効果的に連携・協力して活動することを促していくのである（エリッジとグリア2002、p517）。

公共サービスにおける契約的手法の適用範囲と性格

別々の測定方法に基づくものではあるが、最近の中央政府、国民保健サービス機構および地方政府における政府調達の推計額は以下のようになっている（バイアット2001、Annex C）。

○ 中央政府の各省庁及び政府機関：200億ポンド（70億ポンドの軍需物資調達を含む。）（英国大蔵省1998）
○ 国民保健サービス機構：110億ポンド（クート2002）
○ 地方政府：315億ポンド（イングランドのみ）

最も重要な変化は、公共サービス供給における政府調達額の増大である。これは主に保守党政権の民営化政策の結果である。中央政府の各省庁および政府機関の調達責任者へのアンケート調査の結果（エリッジ2000）によれば、1996年度の中央政府の調達の内訳は、財が34％、サービスが41％、資本が13％であった。「その他」として12％あるが、これは各種調査、不動産賃借、通信費の支出である。

半数を超える回答者が、過去3年間に政府調達額が増加し、その主な理由は大規模な公共サービス契約の増大であったと答えている。最も調達額の成長が著しい分野としてあげられるのが情報技術分野である。これには、パソコンなどの備品や消耗品の調達と、それに関連するメンテナンス業務が含まれる。他によく指摘されるサービス分野として、各種相談業務、運輸業務、研修業務、セキュリティ、保険、情報通信、給食、清掃、施設維持、出張管理がある。プライベート・ファイナンス・イニシアティブ（ＰＦＩ）事業の導入によって、例えば、病院、学校、大学の建設・設備・施設管理、25年間にわたる社会保障省（Department of Social Security）の電算処理業務などが公共サービス契約によって供給されているが、政府調達プロセスが本質的に変化する中で、このように異なる財やサービスが大規模で長期の一括契約パッケージとしてグループ化されるようになっている。

国民保健サービス機構では、医薬品や医療物品の調達が調達額の最も大きなものである。附帯的サービスも、調達額の24％を占めるに至っている。地方政府において強制競争入札によって調達される附帯的サービスとして主なものは、清掃、ゴミ

収集、公用車管理、給食、土地の維持管理、スポーツ余暇施設の管理運営がある。

第2節　公共あるいは非営利セクターと民間セクターのどれを選ぶか

　上述のことからもわかるとおり、従来は公共セクターの組織によって直接供給されていた公共サービスが、いまや急速に契約的手法によって供給されるようになっている。これは、1979年以前には支配的な形態であった内部の官僚機構によるサービス供給の形態が廃れ、「ガバナンス構造（governance structures）」という新たな供給形態に移行しつつあることを反映している。中央政府の省庁や政府機関に対する市場化テストの結果や、地方政府や国民保健サービス機構の提供するサービスに強制競争入札を入れた結果は次の四つに分けられる。
- 内部組織によるサービス供給の存続
- 民間セクターへの外部発注
- 非営利セクターへの外部発注
- 公共セクターの内部組織、非営利セクター、民間セクターの「混合経済」による供給

　最近「公共サービスネットワーク（the Public Service Network）」として提出された報告書において、エントウィスルとカーディフ経営大学院（Cardiff Business School）の同僚達は、行政内部の組織によるサービス供給の賛否について、ボックス7.3に示すように議論を要約している。

ボックス7.3
公共サービスの内部供給と外部供給についての理論

取引費用（transaction cost）の経済論
　ウィリアムソンとオオウチ（1983: 18）は、その大部な著作において、公共サービスを自前で供給（内部供給）するか外部から調達（外部供給）するかの判断は、外部供給と内部供給の取引費用の比較によって決定されるべきであると論じた。彼らによれば、例えば学校建設のような一回限りのサービスを供給

するのなら、外部から調達する方が、内部組織として労働力や資材を一式全て維持するより安上がりである。しかしながら、「不確実性が高いため頻繁に意思疎通を行わなければならない取引や、それ自体に特有の負担が生じるような取引については、内部組織による供給の方がより適している」のである。

本人・代理人関係論（principal-agent theory）

ドナヒュー（1989）は、内部供給にするのか外部供給にするのかの判断を本人・代理人関係論を用いて分析した。契約関係がうまくいくためには、特定の役割を仕事として与えられた代理人〔供給者〕が、本人（発注者）によって容易にコントロールされなければならない。契約の履行には、仕様が正確に文書化され、成果が容易に測定され、不適切な供給者は速やかに排除される必要がある。強制競争入札制度を特徴づけるのは、まさにこの本人・代理人関係論の論理なのである。ドナヒューは、契約手法の利点を確かめる事例としてゴミ収集を検証し、「公平かつ公正な競争入札によって選別された契約者は、公共セクターの独占的供給より、業績において一般に優れている」(p68)と結論づけた。

競争的な市場

公的サービス供給者への批判の多くは、競争の不在を指摘する。公共セクターは、独占的な供給者であるがために、非効率とみなされているのである。議論から導かれる解決策は明らかである。すなわち、地方自治体は、可能な限り供給者間の競争圧力を生み出すように努力しなければならない。

サービス利用者が、できるだけ多くの候補の中から供給者を選択できるようにするのである。民間セクターによる独占が、公共セクターによる独占より望ましいとは必ずしもいえないので、公共セクターの内部供給による弊害を除去する方策は外部化ではなく、活性化された混合経済による提供こそが解決策となる。

ブレア政権が、「地方自治体と協働する民間の営利・非営利セクターが、より質の良いサービスを競争力のある価格で提供することに関心を持つような状況を作り出すこと」（英国環境交通地域省1998a,7:30節）を地方自治体に対し奨励しているのは、このような理論的根拠に裏打ちされているのである。

機能の組合せ

　4番目の視点は、外部供給にするか内部供給にするかの判断は、各セクターの機能の属性をよく理解すればうまく決定できるのではないかということである。簡単にいえば、公共、民間、非営利の各セクターは、それぞれ得意とすることがらがあるということだ。ある事例調査において取り上げた当局の管理者の言葉を借りれば、「役所がうまくやるのもあるし、民間がうまくやるのもある」のである。各セクターの強みを明確に理解すれば、地方自治体は最もふさわしいところに機能を割り振ることができる。同じようにビルズとグレナスター（1998、p15）は、「非営利セクターは、非営利セクターに特有の垣根の曖昧な複合的な構造によって、本人と代理人とのズレ、中位投票者の忌避、政治家から職員へのメッセージの弱体化、市場の関心の欠如といった問題を克服する場合に、他のセクターに比べ比較優位にあるだろう」と示唆している。

出典：エントウィスルほか（2002、p10-11）

　上記のような理論的考察から内部供給者は、次のような、「高度の裁量と高い反応性が要求されるサービス」の供給において優位であることを示している。
- 将来のニーズや優先順位が明確に予測できないサービス。
- サービス供給のアウトプットが拡散しており、測定が難しいサービス。
- 柔軟かつ臨機の対応や、現場の知識、政治的判断が必要となるサービス。

　このような状況においては、契約条項で何が求められているのかを明らかにすることは難しかったり、進捗の監視はより困難で高価となったり、当初予定よりコストが大きくなる可能性も高い。

　　高度の信頼関係が発注者と受注者の間に確立されていれば、こうした問題のいくつかをうまく回避することができるかもしれない。しかしほとんどの場合、発注側の当局と民間の受注者は、相対的に低い信頼関係と相互理解から出発する可能性が高い。発注者と受注者のパートナーシップに向けた新たな関係の構築について多くの議論がなされているにもかかわらず、双方ともに契約で厳密で具体的なリスク管理条項を定めずに済ませることには及び腰なのである。（エントウィスルほか2001、p11）

第3節　協働と競争の選択

英国の政府調達政策は、伝統的に競争を重視するアプローチを反映してきたが、現在の英国の政府調達についてのキーワードは、納税者の納めた税金を利用者の要求を満たすために使うという意味での「価値（value）」の重視である（英国大蔵省1998）。公共セクターにおいて、この「価値」の定義は決して明確ではない。なぜならば、利用者の要求と税金の使い方との関係は、契約の性格や政策決定者の政治的イデオロギーによって変わるからである。

ボックス7.4が指摘するように、価値は政府調達の目標として掲げられる三つの基本的な考え方、経済性（economy）、効率性（efficiency）、そして有効性（effectiveness）に分解して考えることができる。

ボックス7.4
経済性、効率性、有効性

○ 「経済性」とは、所与の品質を満たす財を最小のコストで入手することをいう。
○ 「効率性」とは、（所与の品質を有する）アウトプットを、（所与の品質を有する）最少量のインプットにより産出することをいう。
○ 「有効性」とは、量的だけではなく質的にもその組織の目的を達成することをいう。

この三つの基準は価値について研究するには役立つが、一般的には、全ての契約に当てはまるような効率性、経済性、有効性の望ましいレベルについて、具体的な基準を提供することは不可能である。例えば、簡単な購入の場合、品質や総費用、アフターサービスなど他に考慮にいれるべき要素があるにしろ、価格のような伝統的な評価指標を用いるのが適当であろう。しかし、住民へのサービス提供も絡むようなより複雑な調達、とりわけ医療のような場合、成果基準はコスト（納税者のお金）よりもサービスの質（利用者の要求）に重点がおかれ主観的な色合いがより強くなる。このように価値はしばしば、コストと品質のバランスの取り方の問題とし

て現れ、契約の性質や、関係主体の要望、利用可能な資源の状況を考慮して、事例ごとに個別具体的に判断していくしかないものとなるのである。

　価値を実現するための手段についても、多くの論議を生んでいる。ドンバーガーとジャンセン（1997）は、競争による経済的効率性を強調する伝統的な手法は、コストを削減し品質を向上させることができるとしている。一方でウォルシュ（1991a）は、こうしたコスト削減と品質向上の効果は、モニタリングや外部検査、品質基準に対してより多くの注意が払われたことが主な理由であるとしている。

　政策決定者にとってのジレンマは、今では民間セクターのモデルの成功例に影響を受けている一方で、伝統的な手法と戦略的アプローチを両立させる方法を模索しているということである。1995年の政策白書「新しい水準の設定」は、政府調達の不断の改善と世界規模での調達に基づいた政府調達戦略を唱え、先を見越した契約管理や生涯費用の管理、供給者とのより協調的な契約手法を要請した。そのうえで、こうした戦略では「競争と協働を最適の方法で組み合わせなければならない」（英国大蔵省1995、p 37）としている。欧州委員会（the Europian Commission）もまた、より戦略的な手法を取ることに関心を示しており、発注者と供給者の相互対話に関してはさらに柔軟であるべきとしている。こうした政府調達における考え方の変化は、供給のネットワークの改善について関心を呼び起こすとともに、調達制度のパフォーマンスに対する認識も変えた。こうした文脈からすると、発注者がより専門性を重視して供給者と連携し、供給過程における非効率を発見改善してコスト削減につなげていくことは当然である。また、こうした連携は、供給者市場での情報流通の改善や資源のより効率的な利用を可能とし、競争によることなしに供給者に採算性の向上をもたらし得るのである。

　1997年から政権についた労働党政権は、法規制による一定の競争の必要性は認めつつも、民間セクターや非営利セクターとのパートナーシップによる協働を強調した政策を取ってきている。国民保健サービス機構の内部市場は廃止され、初期治療事業体（primariy care consortia）、合同企業体（trust）、民間や非営利団体の供給者に委託する、より共同的なサービス供給の手法に替えられた。強制競争入札制度に代わるものとしてベストバリュー制度が打ち出され、サービス供給のプロセスの見直し、関係主体との協議、そして強制ではなく自発的な競争を求めている。民間セクターとのパートナーシップの構築はより意欲的に取り組まれ、特にインフラ整備のための資金調達（例えば、ロンドン地下鉄）やサービス供給（例えば、シーメンス

121

社による英国国民貯蓄銀行（the Office of National Savings）への総務サービスの提供）においては、とりわけ官民パートナーシップを通じて取り組まれた。

第4節　政府のより大きな社会経済的目標達成に向けた契約的手法

　現在のところ、上述のような構造と手続を採ることによって、政府調達に関する政策は、公共選択論者の支持する市場モデルを部分的に反映しているだけではなく、公共セクターと民間セクター、非営利セクター間の協働を可能とする新たな契約的手法の考え方をも反映させたものとなっている。セルフ（1993）は、公共の利益（public interest）を社会において広く受け入れられた道徳上の原則又は信念に基づいて人々の政治生活を導いていく規範的基準や慣習であると定義したうえで、以下の三つの論拠を挙げて、市場モデルは公共の利益の概念と調和しないと主張する。

1) 公共選択論によれば、個人は経済的機会と個人的利益を最大化させるように行動することを奨励されるが、公共の利益は他者のニーズへの理解と共感を求める。
2) 政治的自由は、強力で自律的な市場システムの従属変数として取り扱われるべきではない。むしろ国家と市場それぞれの役割のバランスが求められる。
3) 市場システムは、個人の「ウォンツ（欲望）」と最低限の生活に不可欠な「ニーズ（必要）」の区別をしない。

　もちろん、供給連鎖（サプライチェーン）を論じる場合に最も重要視されるのは、いつも商業的利益の確保ばかりであり、巨大で強力な民間企業は供給過程において生じる環境破壊や劣悪な労働条件、零細業者への搾取といった採算以外の問題は度外視するという危険がいつも伴う。こうした危険性の存在は、公共セクターの組織は、より広い社会的次元からの要請を契約決定プロセスに取り入れることにより、倫理的な規範においてリーダーシップを示すべきであることを示唆している。

　政府調達におけるこうしたより広い社会経済的次元からの要請は、「同じ国民の一部又は全部の社会的厚生を向上する目的をもったあらゆる政府の活動」（フェルナンデス・マーチン 1996、p39）に関わってくることになる。こうした要請が働くことが多い政策分野としては失業政策、社会的排除への対策、マイノリティの保護、所

得分配政策、経済成長、特に中小企業に関連する経済政策、環境政策などがあげられよう（ボービス1997、英国大蔵省1995）。

このような政策分野の目的を達成するために政府調達を活用する方法は数多くある。性別、人種、宗教、障害による差別禁止を契約条項に明記することで、政府は受注者に対し社会政策目的を遵守させることができる。入札参加をある特定の経済部門（例えば、小企業）に限定することによって、市場の不平等を是正し、競争力を高める。政府調達に係る代金支払を30日以内に行うよう規制する早期支払制度により、中小企業や下請け企業を大企業の日和見的な行動から保護することができる。また、いわゆる「グリーン」調達は、市民の生活している自然資源や環境の保護に効果を発揮している。クート（2002）は、英国の国民保健サービス機構の購買方針は、地域の供給者に近隣の障害者の家計再建や支援を促すことにより地域福祉の持続的な発展に影響しており、また健康向上や環境保護に資する物品や生産流通手法の奨励に貢献していると論じている。

調達政策をこのような社会経済的目的のために用いることに反対する論者は、このような調達政策による結果は、追加的あるいは隠されたコストのようなものであり、こうしたコストを抑えるためには市場原理に任せるべきであるとする。しかし、既に議論してきたように、もし市場モデルに瑕疵があるとすれば、政府が公共の利益の確保を図るように行動する規範的要請が存在するのである。

まとめ

本章では、サッチャー政権の急進的改革主義にもかかわらず、政府契約に係る政策は公共サービス供給を公共セクターから民間セクターに大きくシフトさせるまでには至らなかったことを見てきた。民間セクターによる公共サービス供給は、財務改善や品質向上といった利点が認められるが、より高い取引費用や民間受注者の失敗、公共セクターの職員に不平等な結果をもたらすといったことをよく考えてみなければならない。

英国労働党政権は、より協働的な手法を採用することで民間セクターとのパートナーシップを追求してきたが、それは検査と監査によって裏付けられてきた。民間セクターの持つ専門性や資金を活用する必要性について共通する認識はあったが、

労働党政権の保守党政権との違いは、公共セクターが本質的に有する基本精神(Ethos)をより尊重し、公共セクターの職員のみが果たしうる重大な役割を認めたことにおそらくあろう。しかし、労働党政権のこの姿勢は、公務員がこうした理念に抵抗する存在であると考えられたり、それが学校であれ病院であれ地方行政機関であれ、公務員が提供するサービスが劣悪だったと断じられてしまったらもはや維持することはできない考え方なのである。そのような場合に対しては、労働党政権は前政権と同等か、それ以上ではないとしても、かつてないほど厳格な成果目標に基づき、強力に介入する姿勢を示してきた。

最近の地方公共サービス合意（local service agreement）において目標未達成の場合の介入などは、地方行政の分野で労働党政権のこうした姿勢を示す好例であろう。最近の英国をはじめ各国政府が契約的手法の活用を通じて取り組もうとしてきている問題の本質は、公共セクターの組織は公共サービスを効率的・効果的に供給することができないと考えられていることなのである。こうした問題は、ますます公共セクター、民間セクター、非営利セクターによるサービス供給を混合することに解決策が見出されつつある。

契約による外部発注や民間セクターとの協働については、明らかになっていない課題が存在し、更なる研究を必要とするが、特に重要なポイントとして以下の2点が挙げられる。

○ 調達政策に関するＥＵ指令や英国の法規制を改正することによって、より協働的な契約的手法を作り上げることができるか。
○ 民間セクターとの協働や税金の有効活用は重視しつつ、どうやって契約を通じて政府の社会経済的政策目標を追求できるか。

《参考文献》

ウィリアムソンとオオウチ（1983）
　O.E. Williamson and W.G. Ouchi（1983）, 'The markets and hierarchies programme of research: origins, implicatiojis, prospects', in A. Francis et al. (eds), *Power, efficiency and institutions*. London: Heineriiann.

ウォルシュ（1991a）
　Kieron Walsh（1991a）, *Competitive tendering of local authority services: initial experience*.

London: Department of the Environment.
ウールコック（1998）
　Michael Woolcock（1998）, 'Social capital and economic development: toward a theoretical synthesis and policy framework', *Theory and Society*, Vol. 27, No. 2, pp. 151-208.
英国大蔵省（1988）
　HM Treasury（1988）, *Public purchasing policy: consolidated guidelines*. London: H M Treasury.
英国大蔵大臣（1991）
　Chancellor of the Exchequer(1991), *Competing for quality: buying better public services*. London: HMSO.
英国大蔵省（1995）
　H M Treasury（1995）, *Setting new standards: a strategy for government procurement*, Cm 2840. London: HMSO.
英国大蔵省（1998）
　H M Treasury（1998）, *Comprehensive spending review on efficiency in civil government procurement expenditure*. London: HMSO.
エリッジ（2000）
　Andrew Erridge（2000）, *UK central government civil procurement: summary report*.（ESRC personal research grant, No. 00237023.）Unpublished.
エリッジとグリア（2002）
　Andrew Erridge and Jonathan Greer（2002）, 'Partnerships and public procurement: building social capital through supply relations', *Public Administration*, Vol. 80, No. 3, pp. 503-522.
エントウィスルほか（2001）
　〔原書の文献リストにはみあたらない。下記（2002）の間違いではないだろうか。〕
エントウィスルほか（2002）
　Tom Entwistle, Steve Martin and Gareth Enticott（2002）, *Making or buying? The value of internal service providers in local government*. Cardiff University: Local and Regional Government Research Unit, for the Public Services Network.
クート（2002）
　Anna Coote (ed.)(2002), *Claiming the Health Dividend*. London: King's Fund.
セルフ（1993）
　Peter Self（1993）, *Government by the market?* London: Macmillan.
ドナヒュー（1989）
　John D. Donahue（1989）, *The privatisation decision: public ends, private means*. New York: Basic Books.

ドンバーガーとジェンセン（1997）

    Simon Domberger and Paul Jensen（1997）, 'Contracting out bythe public sector: theory, evidence and prospects', *Oxford Review of Economic Policy*, Vol. 13, No. 4, pp. 67-79.

バイアット（2001）

    Sir Ian Byatt（2001）, *Delivering Better Services for Citizens*. London: DTLR/LGA.

ビルズとグレナスター（1998）

    David Billis and Howard Glennester（1998）, 'Human services and the voluntary sector: towards a theory of comparative advantage', *Journal of Social Policy*, Vol. 27, No. 1, pp 79-98.

フェルナンデス・マーチン（1996）

    J.M. Fernandez Martin（1996）, *The EC public procurement rules: a critical analysis*. Oxford: Clarendon Press.

ボービス（1997）

    Christopher Bovis（1997）, 'The European public procurement rules and their interplay with international trade', *Journal of World Trade*, Vol. 31, No. 3, pp. 63-91.

《訳注参考文献》

稲澤克祐、2006年、『自治体の市場化テスト』、学陽書房

第3部

公共セクターの新たな動向、ガバナンス

　本書の第3部では、公共領域における新たな動向としてのガバナンスにはっきりと焦点を当てる。ここでは、公共的ガバナンスにとって中心的なたくさんのテーマを吟味し、それらのテーマが公共経営とどう結びついているのか、今後どのように発展していくのかを提起する。もし、公共的ガバナンスが今後もその重要性を増し続けるのであればであるが…。

　第8章では、ガバナンスとガバメントの関係について考察する。そして、公共的ガバナンスへの関心が高まっている理由の少なくともその一部は、現代では政府は、外部の関係主体と共同で仕事したり、共同でネットワークを運営しなければならないような必要性があるからだと提起する。

　それに続く章では、行政のリーダーシップが、公的組織のマネジメントに関することから、パートナーシップのネットワークにおけるリーダーシップへと拡大してきていること（第9章）、行政機関が、市民やその他の関係主体の参画のための新しい方途を見出そうとしていること（第10章）、平等についてのマネジメントのための課題の変化（第11章）、公共セクターの組織における倫理と行動規準についての新たな関心事（第12章）、公共領域における事実に基づいた政策と実施へのアプローチ（第13章）を考察する。

第8章

ガバナンスとガバメント
～ 関係主体とのネットワーキング ～

エルク・ラフラー　英国国際ガバナンス研究所

はじめに

　公共的ガバナンスや公共政策ネットワーク、あるいは公共セクターにおけるネットワーク・マネジメントに関する学術的著作が急速に増えてきている。しかしながら、同時に、これらの概念をめぐって大きな混乱があるのも事実である。社会科学者はこれらの概念を定義し、それらを区別するための新たな方途を見出しているが、一方で多くの実務家はこれらの用語にさしたる意義を見出さない。このことは、政府のそれぞれのレベルにおけるガバナンスのネットワークというものは、政治学者や複雑系の学者（complexity scientists）による単なる発明品にすぎず、実践的には大して重要ではない、ということを意味するのだろうか？

　私は、事実は全く反対である、ということを論証してみたい。この章で明らかにするように、公共の意思決定と公共サービスの産出は、この十年かそこらの間に根底から変わってきた。これは、ひとつには私たちが、より多くの専門行政機関による分散化した国家（fragmented state）を持つに至ったからである（第2章、第4章参照）。また、ひとつには、今の市民が、異なるタイプの情報や、より良いコミュニケーション（第6章参照）を求めるようになり、限られてはいるが声高に叫ばれているいくつかのケースでは、公共分野の意思決定への参画を切望するようになったからである（第10章参照）。おそらく最も重要な要因は、「やっかいな」政策的な問題が生じてきたために、公共領域で働く全ての機関やマネジャーにとって、協調と協働が重要な鍵となってきたことである。

　結果として、行政機関はもはや財政運営、人材マネジメント、情報システムや業績管理といった内部のマネジメントシステムに長けているだけでは不十分であり、

政策から望ましい成果を得、公共サービスの質の高さを達成するためには、最も重要な外部の関係主体との関係をうまくマネジメントすることが必須となった。言い換えれば、行政機関にとって、ネットワーク・マネジメントが重要なガバナンス能力となったのである。

> この章の学習目標
> ○ 公共的ガバナンスのキーコンセプトを理解すること。
> ○ 政府の役割がどのようにして政策の形成から調整へと変わってきたのかを知ること。
> ○ ガバナンスにおける重要な関係主体を明らかにできるようになること。
> ○ ネットワークを、ガバナンスのある特定の形態として理解すること。

第1節　ガバナンスのキーコンセプトの整理

社会科学の多くの概念がそうであるように、ガバナンスも新しい言葉ではない。事実、「ガバナンス」という用語は14世紀のフランスで初めて使われたが、「政府職員としての地位」という意味であった（ピエールとピータース2000、p1）。世界銀行が1989年の世界銀行レポート（コラム8.1参照）の中で、ガバナンスという用語を「再生」させてから、一般に知られるところとなった。世界銀行による「ガバナンス」の使用は、経済的な繁栄は最小限のレベルの法の支配と民主主義なしにはもたらされないとの信念に基づく、開発への新しいアプローチを示した。と同時に、一見すると非政治的な「ガバナンス」という用語は、世界銀行が債務国の政治的決定に介入しようとしているとの批判を回避する上で価値のあるものだった。

（訳注）「ガバナンス」という用語：ピエールとピータース（2000、p1）は、「最近になって注目を集めるようになったものの、ガバナンスはいくぶん古い用語である。14世紀の仏語に（gouvernance）があるが、それは早い話が王室の職員という意味だった」という。中邨章（2003、p16）によると、「ガバナンス」という表現が政治や行政の分野で世界的に注目を集めることになったきっかけは、1988年にガイ・ピーターズとコリン・キャンベルが編集者として、『ガバナンス』と呼ばれる学術誌を刊行して以来のことであるという。

現在では、ガバナンスは全ての国際的な組織にとって、非常に今日的な論点となっており、例えば国連やOECD、EUは、ガバナンスの多様な論点に関して、政策に関係した助言や調査研究を行っている。EUは「善きガバナンス（good governance）」を他に勧めるだけでなく、ヨーロッパのガバナンスの改革を、2000年の早い時期に四つの戦略目標の一つとして位置づけた。その目的を達成するため、欧州委員会（the European Commission）は、ガバナンスに関する白書（欧州共同体委員会2001）を作成し、善きガバナンスの理念を特に取り上げ、EUの諸機関およびその機関とメンバー諸国や国際社会との関係について改革を提案した。

　また時を同じくして、多くの政府がガバナンスを、明示的にせよ、そうでないにせよ、それぞれの行革課題に据えた（ジョン2001）。例えば、英国政府は、「公務員倫理の乱れ」の問題について、「服務規準（public standards）」づくりの委員会に大きな役割を与えた（第12章参照）。なお余談になるが、「今日の社会における不平等に起因する幅広い問題に一緒になって取り組むため」（英国首相と内閣府長官1999、p18）、内閣府に省庁横断的なチームとして社会的排除問題の部署（a Social Exclusion Unit）を立ち上げた。また、私たちは公共領域のガバナンスを育成する目的を持った新しいシンクタンクやコンサルタント機関が、広範な分野で誕生していることを目の当たりにすることができる。

　多くの政府関係機関及び非政府機関はまた、それぞれが「善きガバナンス」の本質を構成すると信じる要素に力を入れている（コラム8.2参照）。

　積極的かつ規範的な意味において何がガバナンスを構成するのかについての見方がさまざまであるので、ガバナンスの概念はあまり役に立たないと思われるかもしれない。しかしながら、ガバナンスのほとんど全ての定義には、次のような共通点がある（ボベールとラフラー2002）。

ボックス8.1
ガバナンスの定義

○　国の諸問題を処理するための政治的権力の行使　　出典：世界銀行（1989、p60）

○　ガバナンスは、どのように権力が行使され、どのように市民が声を与えられ、どのように公共問題の意思決定が行われるのかを決定づけている伝統、

制度および過程から成り立っている。

出典：カナダ・ガバナンス研究所（www.iog.ca）

○　ガバナンスは、政策の成果に影響を及ぼすために、関係主体が相互に働きかけるやり方である。　　出典：英国国際ガバナンス研究所（www.govint.org）

○　（ガバナンスとは）関係する活動主体の全てが相互干渉しあうことによって得られた「共通の」結果または成果（result or outcome）として、社会政治システムの中に生じるパターンあるいは構造である。このパターンを、ある特定の主体、個人もしくは集団が生み出した成果に矮小化することはできない。

出典：クーイマン（1993、p258）

ボックス8.2
「善きガバナンス」の定義

○　われわれ第1回世界ガバナンス会議の参加者は、善きガバナンスを、「透明で、説明責任を果たし、公正さと公平さを備えた、民主主義的で、参加可能な、人々のニーズに敏感なシステム」と定義する。

出典：ガバナンスに関するマニラ宣言
（http://unpan1.un.org.intradoc/groups/public/documents/un/unpan000209.pdf）

○　EU白書に提案されているガバナンスとその改革を支える五つの原則：開放性、参加可能性、説明能力、効果性、首尾一貫性

出典：欧州のガバナンスに関する白書
（http://europa.eu.int/comm/governance/index_en.htm）

○　政策効果の向上をめざし、ガバナンスの原則に合意する多様な主体による交渉。それが持続可能であるためには、多様な関係主体によって操作可能で、定期的に評価されなければならない。

出典：英国国際ガバナンス研究所（www.govint.org）

○ ガバナンスでは、多様な関係主体によるシナリオが想定されている。そのシナリオでは集合的な問題は、もはや行政機関だけでは解決できず、他の多くの主体（例えば、市民、企業、非営利セクター、メディア）との協働が求められ、そこでは調停、仲裁、自己規制といった行為の方が行政活動より効果的であることが往々にしてあり得るとされること。

○ ガバナンスの下では、憲法や法律、規則といった公式なルールや、倫理規準、習慣、伝統といった非公式なルールによって問題解決を図るが、自らの力を発揮しようとする関係主体同士の交渉によってこれらのルールの重要性は変わり得るものと想定していること。

○ ガバナンスは、もはや従来の「ニュー・パブリック・マネジメント」のアプローチのように、舵取り機構として市場構造をのみ重視するだけではなく、官僚機構のような階層制や協調型ネットワークも、それがふさわしい環境にあれば調整機能を持つ構造になりうると考えていること。

○ ガバナンスでは、目的と手段、インプットとアウトプットといったロジックだけで考えるのではなく、社会的な相互作用の過程において重要となる特性、例えば透明性であるとか、誠実さであるとか、正直であるとかが、それ自体で価値あるものと認識すること。

○ ガバナンスは元来、政治的なものであり、自らの利益を促進するために力を行使したい関係主体同士の相互作用に関するものなので、経営主義者（managerialist）や意思決定の専門エリートに委ねるわけにはいかないこと。

実践面での大きな課題は、いかにして「善きガバナンス」をもたらすかということにある。上述の分析から言えるのは、善き政府だけでは達成できないということである。例えば、犯罪を減らす為には、警察が十分な資源を有していて、業務が効率的に運営されていて、また、公明正大で、人種や性による差別問題を引き起こすことなく実施されることが大切である。これらの必要条件が満たされなければ、ある地域での犯罪は手に負えないほど増加し、また、警察の不適切な対応によりすぐに暴動が起きたり、違法行為が増加するだろう。しかしながら、長い期間で犯罪問題の解決を考えると、警察力（すなわち政府や公的機関による効果的な介入）だけではむずかしい。問題の根本は、不十分な移民の融合策であったり、若者の雇用が十分でなかったり危険な娯楽に誘惑される機会が多かったり、あるいは単に特定の

地域における高い失業率であったりするだろう。このような場合に善きガバナンスは、全ての関係主体が協働で目の前に横たわる問題に取り組むことを求める。この協働には、警察や学校、国民保健サービス機構、地方自治体など多様な行政機関による行動が確かに含まれる。しかし、善きガバナンスはそれと同時に、地域社会の人々が「隣人を見守る」運動に積極的に関わること、地域のグループが「子どもたちを繁華街に近づけない」運動を始めること、地域の企業が障害のある人達や社会的弱者に働く機会を提供し、彼らの生活を支えている経済、社会制度に失望しないようにすることが求められるだろう。

第2節　政府の役割の変容：政策形成から政策調整へ

　もしガバナンスがガバメント以上のものなら、地方行政の政策やサービスにおいて、政府はもはや重要な役割を演じないことになるのだろうか？　あるいは、公共的ガバナンスの専門家として、ピエールとピータース（2000）が挑発的に尋ねたように、「未だに政府が重要なのだろうか？」

　このような設問は、ガバナンスの問題点を文脈と無関係に考えている点で不適切である。もう少し意味のあるガバナンスに関する設問は次のようなものだろう。政府が依然として重要なのはどのような時なのか？　行政機関のどんな機能を他の関係主体と分担できるのか？

　公共セクターも含む関係主体は、それぞれどんな社会の問題を解決することをその役割とするのか？　公共セクターがある状況下での、ある種の問題に関しては、未だたいへん大きな問題解決能力を持っていることは経験的に明らかである（事例8.1参照）。

> 事例8.1
> 持続可能な開発のためのブラーニーの戦略計画
>
> 　コーク・カウンティの南にあるブラーニーというアイルランドの村は、経済発展を促し、多くの構造的な経済問題を解決するために、1994年、戦略計画のプロセスに着手した。この村は、余暇施設のほとんどない中心居住区と、交通渋滞のひどい観光区域に、ずっと分裂してきた。こうした問題を取り扱った従来の計画は、商業者の反対や村の共有緑地の将来像についての意見の不一致によって失敗してきた。
> 　今回の戦略計画は三つの目標を掲げた。
> 　1）　将来に向かって村を発展させること
> 　2）　旅行者によって窮屈な思いをしなければいけないという村の経営上の問題に着手し、これを解決すること
> 　3）　将来にわたって、村の環境と社会の質（social quality）を維持していくこと
> 　三つに分かれた委員会が、これらの目標の進捗を監視するために立ち上げられ、議会、村の指導者層（全ての地域共同体のグループと関係者からなる）および計画コンサルタントの三者が連携した。進捗状況からは、第1ステージの75％が既に実行されていることがわかる。ブラーニーの戦略計画からわかることは、たとえ小さな村であっても、将来に向けて経済的な成功を維持するためには、協働で、建設的に、経済的な変革に取り組む必要があるということである。
>
> 出典：アオド・キンリバン（2002）

　しかし、政府が未だ重要であるとしても、もはや中心的な活動主体（actor）としてではなく、政策過程における単なる一つの活動主体として必要なのである（シャープ1978）。ローズ（1997, p57）が言うように、「国家は、舵取りや規制のできる絶対的権限をもった活動主体のない、政府機関と社会的活動主体からなる組織間ネットワークの集まりになる。政府にとって重要な課題は、これらのネットワークを活性化し、協働の新しい姿を見つけだすことである」。言い換えれば、ガバナンスの重要性が引き出すのは、「大きな政府か、小さな政府か」という質問ではなくて、「どんな政府か」という質問である。私たちは、多様な関係主体による相互作用

134　第8章　ガバナンスとガバメント　〜関係主体とのネットワーキング〜

表8.1 地方におけるガバメントからガバナンスへの動き

〔地方政府は、A欄のことだけでなく、B欄のこともますます考慮しなければならなくなっている〕

地方政府が考慮すべきこと	
これだけでなく・・・〔A〕	ますます求められること〔B〕
組織のリーダーシップ	**ネットワークのリーダーシップ**
・組織の発展 ・組織の部局やサービスを越えて、政策の一貫性を実現すること ・価値観と方向性を明確にしながらも、中間管理職や従業員個人が自立し、創造的であることに余地を残すこと。	・地域社会の発展 ・組織やセクターの境界や、政府のレベルを越えて、長期間にわたり、一貫した政策を実現すること（持続可能な発展） ・市民、企業その他の関係主体の期待に応えてマネジメントすること
政策と戦略	**政治的駆け引き：戦略的な利害のバランス**
・顧客のニーズに焦点を当てる ・政治と行政の分離 ・経常的支出を中心とした年次計画	・地域の政策とマネジメントにおける（情報、協議と参加を通じた）市民社会の活性化 ・選挙で選ばれた公務員、政治的任用職員、臨時的な助言者、高級官僚や外部関係主体の間の相互作用のプロセスとしての公共のマネジメント ・地域社会の計画、資本的予算の計画および資産管理を含んだ長期計画
人事のマネジメント	**労働力市場のマネジメント**
・規模縮小による労働生産性の向上 ・職員にサービスの質を意識させること ・より客観的な評価制度と、より柔軟な給与制度によって動機付けを図ること	・組織の目標全てへの職員の貢献度合いを向上させること ・職員に、利用者や関係主体にとってのサービスの成果とともに同僚の勤労生活の質の観点からも、職員に生活の質（quality of life）に焦点を当てさせること ・職員が技術や適性に応じて組織の仕事に幅広く貢献することを認めることによって動機付けすること

・透明な雇用手順を通しての有資格者の採用と保有 ・その組織の中で、職員の資源を有効活用すること	・社会的性差や民族、年齢や障害の観点から、公共サービスの多様性が増大するように、職員を採用し、訓練し、育てること ・公共セクター内に止まらず、他のセクターや地域との間でも雇用の流動性を高めることによって、職員の能力を有効活用すること
資源のマネジメント	資源と知識のマネジメント
・(歳出総額の固定的なシーリング方式による)トップダウン型の予算編成 ・業績の改善と監視のための単位費用の測定 ・透明な財政報告 ・技術的な効率性の改善 ・全ての職員が効率性を高める目的で情報通信技術を使いこなせるようにすること	・地域社会の代表を含む、市議会議員の積極的な参加による地域予算の準備 ・その組織と関係主体の双方によって費やされた、その組織の業務活動の時間とお金の費用測定 ・外部の関係主体(企業、市民、マスメディアなど)と諸活動の効率性(the value for money)について情報共有するための「財政の透明性」 ・予算とサービスの公平、公正な分配を含む社会的な効率性の改善 ・(全ての関係主体が情報通信技術を有効性の改善に役立てることを含め)職員と他の関係主体の双方が組織との相互作用をすることで、知識経営(ナレッジマネジメント)を通して新しい知識を生成し持続させる
業務プロセス	内部と外部との関係づくり
・内部の業務プロセスの改善(ビジネス・プロセス・リエンジニアリング) ・入札に付された業務についての競争	・政府間の関係や制約といった組織的な境界を越えて業務プロセスをマネジメントすること ・必要に応じて利用者や地域社会、関係機関と、説明責任を果たせるようなパートナーシップを築き、維持して、多様な契約関係や供給者との関係性をマネジメントすること(「利用者や地域社会、他の関係主体とのサービスの共同生産」)
客観的、主観的な結果の測定	多面的な業績の測定
・行政の経営管理者と政府監視機関のニーズに基づいた報告制度	・地域社会の関係主体のニーズに基づいた業績情報の公表(社会的視点、民族的視点、

	および環境面からの報告)
・他の地方自治体と比較しての、内部プロセスまたは組織的な業績についてのベンチマーキング結果	・業績の基準や測定方法を定めることに関係主体を巻き込むこと
・統制目的のための業績情報の利用	・個人、組織、ネットワークなど多様な段階で、業務革新とそのための学習を促すこと
地方自治体を機能させること	**善き地域ガバナンスを発展させること**
・政策のサービスと知識を地域社会に提供する(「サービスの提供者」)こと	・地域社会が自身の問題について自ら計画し、運営するように仕向ける(「地域社会開発者」)こと
・地方自治体の内部の効率性を改善すること	・地方自治体の外部への有効性を改善すること
・地域的なサービスに対する利用者の満足度を高めること	・プロセスの透明性を確保し、説明責任を果たすことを通じて、また、民主主義的な対話を通じて、地方政府への公的な信頼を勝ち取ること

出典:ボベールとラフラー(2002、p21-23)
(著作権)行政学国際研究所、2002年、Sage Publicationsの許可の下に転載

として、国家をみなくてはならない。そこでは、それぞれの主体が、公共空間において、影響力を持ち意思決定を形成する公的な責任を持っている。

さらに、ガバメントからガバナンスへという動きは、全ての関係主体が自らの共同体や政策ネットワークにあって、合意形成におけるより創意に富んだ役割を果たすことを求めている。このことを表8.1で地方政府に関係づけて例証している。

一般に公共的ガバナンスの論点では、中でも次のような関係主体を重要とする傾向があるようだ。

○ 市民(個人としての)
○ 正式に組織されたか、事実上の組織であるかを問わず地域共同体組織
○ 非営利組織(チャリティー団体、大きな非政府組織を含む)

(訳注) チャリティ団体:松井(2002、p305-306)によると、英国の「チャリティーには政府のチャリティー委員会による審査・登録制度があり、一定の要件を備えていると判断された団体は、登録されれば税の優遇など特定の法的地位を獲得することができる。チャリティーというとき、このような登録チャリティーに限定して呼ばれている場合が多い」とのことである。

- ○ 企業
- ○ メディア
- ○ 行政機関（例えば、それぞれのレベルの政府、または公選の機関、国際レベルのものを含む）
- ○ 選挙で選ばれる政治家

　誰が最も重要な関係主体であるかは、公共的ガバナンスの問題によってさまざまであって、関係する政治的区分や地理的区分あるいは地域社会によって異なることは明らかである。「やっかいな」政策的問題を成功裏に解決するためには、最も深く関与している関係主体は誰であるかを見極めることが重要であり、その人達とどう関わるのがベストであり、どうやって彼らの努力を結集し、彼らの間に起こる対立をどう仲裁していけばよいかを見極めることが重要である。このことは行政のリーダーシップの重要な役割である（第9章参照）。

第3節　ガバナンスの一形態としてのネットワーク

　学者の中には、公共的ガバナンスは「自己組織化された組織間ネットワーク（self-organizing, inter-organizational networks）」（ローズ1997、p53）であるとする人もいるが、ピエールとピータース（2000、p14～26）は、ネットワークがガバナンスのますます重要な側面になってきたとはいうものの、それはガバナンスの特定の形態の一つにすぎないと指摘する。公共セクター、民間セクターおよび非営利セクターには、ほかに依然重要なガバナンスの仕組みがある。とりわけ、次のものがある。
- ○ 階層制
- ○ 市場
- ○ コミュニティ

このことは、公共的ガバナンスが協働だけでなく、競争や紛争のマネジメントも含むことを意味する。ガバナンスに重要な問題点は、ネットワークをどのように発展し、維持させるかだけでなく、どんなガバナンスの仕組みが、どんな状況でうまく適合するかということである。

　しかしながら、ネットワークとは何なのか？　一般に、政策ネットワークは、そ

れぞれ自身の目標と戦略を持ちながら、目指す公共政策の成果を達成するために相互に依存する多様な活動主体によって構成される。政策の目指す成果を自らの力だけで達成できるだけの十分な力を持った単独の活動主体は存在しない。ネットワークの運営が、権力の分配や、協働のインセンティブや障害を決める制度的状況によって変わってくるのは明らかである（キッケルトとコッペニアン1997、p41）。政策ネットワークの類型化として有名なのが、福祉国家的サービスに焦点をあてた「ローズの類型化」である（表8.2参照）。一方の極にある政策共同体（policy communities）は限られた参加者による緊密な関係であり、もう一方の極に位置するイシュー・ネットワーク（issue nctworks）は変動する相互作用の下での多くの参加者による緩やかな関係性が特徴である。

公共セクターが分散化され、公共セクターと民間セクター、非営利セクターそれぞれの境界がだんだんぼやけてくるに従って、ネットワークの性格が変わってきている。英国では、中央省庁に土台をおく機能的な政策ネットワークは、より多くの活動主体を内包しながら拡大している。とりわけ、民間セクターや非営利セクターからの参入が顕著である（ローズ1997、p45）。と同時に、ネットワークの数が顕著に増えている。

表8.2　政策ネットワークのローズの類型化

ネットワークのタイプ	ネットワークの特徴
政策共同体／地域共同体	安定的、閉鎖的な会員資格、縦の相互依存、限定的な横のつながり
専門家のネットワーク	安定的、閉鎖的な会員資格、縦の相互依存、限定的な横のつながり、専門家の関心に応える
政府間ネットワーク	限定的な会員資格、限定的な縦の相互依存、広範な横のつながり
プロデューサーのネットワーク	変動的な会員資格、限定的な縦の相互依存、プロデューサーの関心に応える
イシュー・ネットワーク	非安定的、大勢の会員、限定的な縦の相互依存

出典：ローズ（1997、p38）

表8.3 ネットワーク・マネジメント戦略の鍵

	認識	活動主体	制度的な準備
ゲーム・マネジメント	協約	選択的な（非）活性化	ゲームのルールの作成と実施
ネットワーク構造	認識の再構築	新しいネットワークの構築	ゲームのルールの変更

出典：クリジンとテイスマン（1997、p106）から筆者が修正

結果として、公共政策の実施はこうした状況に合わせることが求められ、統合と調整への必要性が高まってきた。ネットワークには、明確な「トップ」が存在しないので、階層的なトップダウン型の政策決定はうまく機能しない。文献では、ネットワーク・マネジメントは、二つの主要な要素によって成り立つとされる（キッケルトとクーペニアン 1997、p46）。

1) ネットワークの中における相互作用の直接的なマネジメント（ゲーム・マネジメントと呼ばれる）
2) 協働の条件を改善するための制度的取決めへの間接的な影響（ネットワーク構造と呼ばれる）

もし公共政策が、異なった目標と認識を持ついくつかの活動主体間の相互作用（「ゲーム」）の結果であるとすれば、公共政策の改善はこれらのゲームの効果的なマネジメントによって達成できることになる。クリジンとテイスマン（1997）は、ゲーム・マネジメントとネットワーク構造を改善するための、三つの重要なネットワーク・マネジメント戦略の鍵を明らかにしている（表8.3参照）。

あるネットワークの各活動主体が異なった目標と認識を持っていることを考えると、何をする必要があるのか、どんな資源が使えるのか、ある行動はどんな状況の下で受け入れられるのかについて、活動主体間での異なった認識をある程度調整する必要がある（ゴス 2001）。活動主体間の認識の共通点と相違点を見極め、どうしたら目標が収束に向かうかを見極めるプロセスは、「協約（covenanting）」と呼ばれる。あるネットワークが共同合意した成果を得られるかどうかは、不可欠の資源を

所有している活動主体の全てを含んでいるかどうか、また無視されたときにネットワークの目標達成を損なう力を持っている活動主体を含んでいるかどうかによる。最後になったが重要なことは、彼らの活動の調整を手助けする制度的な取決めについては、活動主体間で合意がなされねばならないということである。この調整は高度に公式化されたものか（異なった階層の政府間の協約のように）、あるいは非公式なもの（プロジェクトチームの業務手順についての合意書のような）になる。

　ゲーム・マネジメントの戦略とは対照的に、ネットワークの現在の構造を変えることは長期の戦略となる。それぞれ不可欠な資源を持った活動主体に協働する意思のない場合、あるいは（しばしばベルファストやエルサレムで起きるように）コミュニケーションを図る意思さえない場合には、これらの活動主体の認識を改める行動が必要になる。新しい活動主体を連れてきて、ネットワークを再構築する必要がある場合もある。これは典型的な市民との協議過程の問題であり、しばしば「声の大きい人」によって支配されることとなる。多くの場合、少数派や「もの言わぬ」集団は、同じ土俵で自分達の意見を聞いてもらうのが難しい（第10章、第11章参照）。さらには、現在の制度的取決めは、ネットワークの活動主体の利益を守る上で不十分なことが多い。例えば電子政府において、主要な主体は、電子政府が機能するように要求するテクノロジーに魅了される「ＩＴ技術者」であろうし、ユーザーに対する政府のサービスをオンラインにしたいという誘惑に駆られた「商人」であろう。このような場合には、深刻なデジタル・デバイドの問題が生じ、ＩＴサービスの利用できない人々（しばしば関連サービスの必要性の高い弱者である）は、サービスのデザインや提供の仕組みについて議論する上で非常に不利となる。

　最後になるが、生活の質（quality of life）を向上し、社会における「やっかいな問題」を解決し、ガバナンスの過程の改善を図る上で、異なる活動主体間の役割については、まだまだ非常に不確かなところがある。私たちは、これらの問題について、「いつ、どこで、何がうまく機能するのか」まだ明確にできない（ストーカー1999）。そこで重要になるのは、その事実を踏まえて的確に対処するとともに、公共的ガバナンスに役立つように事実を積み上げていくことである（第13章参照）。

まとめ

　この章では、「ガバナンス」と「善きガバナンス」の概念は競合するものであるが、ともに政府や公共セクターが社会に関わる際の中心的な概念であることを強調した。

　ガバナンスは多くの関係主体によって実現されるのであるから、政府だけでは不十分である。もっとも、社会や政治における善きガバナンスは、普通、善き政府を必要とするだろうが。

　政府にとって鍵となる問題は、どんな状況の時にどんな役割を演じるべきか、ということである。いくつかの局面では、リーダーシップを発揮することが適当であっても、別の状況では、関係する主体が政府を十分に信頼していなかったり、政府が必要な能力を持っていなかったりする場合がある。後者の場合は、調停者の役割を演じて地域社会のリーダーが問題を解決するのを助けたり、さまざまな専門行政機関の調整役を果たした方が、より効果的であろう。

　政府（および他の関係主体）にとっての別の問題は、問題を処理する正しいアプローチの選択である。市場メカニズムによって解決されるような問題もあるし、地域社会に委ねられるべき場合もある。しかし、防衛のような問題は、依然として階層制組織によって処理されるのがベストである。

《参考文献》

アオド・キンリバン（2002）
　　Aodh Quinlivan（2002）, 'Community empowerment in Irish local government - strategic plan ning in Blarney', in Tony Bovaird, Elke Löffler and Salvador Parrado Diez (eds), *Developing local governance networks in Europe.* Baden-Baden: Nomos Verlag, pp. 107-122.
欧州共同体委員会（2001）
　　Commission of the European Communities（2001）, *White Paper on European Governance.* Brussels:European Commission （http://europa.eu.int/comm/governance/white_paper/index_en.htm, as of 24 February 2003）.

英国首相と内閣府長官（1999）
> Prime Minister and the Minister for the Cabinet Office（1999）, *Modernising government*, Cm 413. London: The Stationery Office.

キッケルトとクーペニアン 1997
> Walter J.M. Kickert and Joop P.M. Koopenjan（1997）, 'Public management and network management: an overview', in Walter J. M. Kickert, Erick-Hans Klijn and Joop F. M. Koopenjan（eds）, *Managing complex networks: strategies for the public sector.* London: Sage, pp.35-61.

クーイマン（1993）
> Jan Kooiman (ed.),（1993）, *Modern governance: new government - society interactions.* London: Sage.

クリジンとテイスマン（1997）
> Erik-Hans Klijn and G. R. Teisman（1997）, 'Strategies and games in networks', in Walter J.M. Kickert, Erick-Hans Klijn and Joop P.M. Koopenjan（eds）, *Managing complex networks, strategies for the public sector.* London: Sage, pp. 98-118.

ゴス（2001）
> Sue Goss（2001）, *Making local governance work: networks, relationships and the management of change.* Houndmills: Palgrave.

シャープ（1978）
> Fritz W. Scharpf（1978）, 'Interorganizational policy studies: issues, concepts and perspectives', in K.I. Hanf and Fritz W. Scharpf (eds), *Interorganizational policy making: limits to coor dination and central control.* London: Sage, pp. 345-370.

ジョン（2001）
> 〔原著が「John2001」としているのは、「Joha2001」（下記）の間違いではないだろうか〕
> Peter Joha（2001）, *Local governance in western Europe.* London: Sage.

ストーカー（1999）
> Gerry Stoker（1999）, 'Introduction: the unintended costs and benefits of new management reform for British local government', in G. Stoker (ed.), *The new management of British local governance.* Houndmills: Macmillan.

ピエールとピータース（2000）
> Jon Pierre and B. Guy Peters（2000）, *Governance, politics and the state.* New York: St Martin's Press.

ボベールとラフラー（2002）
> Tony Bovaird and Elke Loffler（2002）, 'Moving from excellence models of local service delivery to benchmarking of "good local governance"', *International Review of Administrative Sciences*, Vol. 67, No. 1, pp. 9-24.

ローズ（1997）
　　Rod Rhodes（1997）, *Understanding governance: policy networks, governance, reflexivity and accountability*. Buckingham: Open University Press.

《訳注参考文献》

中邨章、2003年、『自治体主権のシナリオ：ガバナンス・ＮＰＭ・市民社会』、芦書房
松井真理子、2002年、「中央政府/自治体と市民」、竹下譲ほか、『イギリスの政治行政システム：サッチャー、メジャー、ブレア政権の行財政改革』、ぎょうせい

第9章

行政のリーダーシップ

マイク・ブルージン　英国ブリストル経営大学院

はじめに

　今日のように相互に連結し、依存しあっている世界では、行政のリーダーシップ（public leadeship）には、単に公共セクターの各組織を主導していく以上のことが必要とされている。公的機関は、新しい問題に取り組むことがしばしば遅く、いろいろな束縛によって動きが制限され、しかも普通は選挙と選挙の間の短期間の枠組みで仕事をしている。組織を越えるような「やっかいな」問題（wicked problems）は、公共、民間及び非営利の組織や地域の団体、市民とかによるネットワークや、その他の組織間での取組でしかうまく対処できない（第8章参照）。

　このことは、行政のそして地域社会のリーダーシップにとって、公的な問題への市民の参画（第10章参照）が、重要な要素となっていることを意味している。複雑な問題を解決するために、行政のリーダーは自組織内だけでなく、関心が異なり、お互いに競合している関係主体の間においても協調した行動を主導できなければならない。このことは、伝統的なモデルである組織的リーダーシップでは限界があることを意味している。なぜなら、従来のリーダーシップでは、公的機関はより業績志向と顧客志向を高めることはできるかもしれないが、行政機関が分散化された状況では、組織間にわたる公的問題を十分に解決することはできないからだ。疑いもなく、「学習する組織（learning organization）」には、新しい意味でのリーダーシップが求められている（第13章参照）。

　問題は、「リーダーシップが何であるか」という見方が一つでないことだ。リーダーシップをどうとらえるかにも、いくつかの方法がある。多くの研究を調べた人（例えばホーナー1997、ユクル2002）は、まぁリーダーシップをどう考えるかは、

結局その人がどんな人でどんな立場にいるのかによるのだという。ユクル（2002、p6-7）は、「リーダーシップの定義は恣意的なもので、『正しい』定義は一つでない」と言っている。リーダーシップとは、複雑で多面的な事象だと考えた方がよい。リーダーシップの意味が広いことは、この章の囲みで示した公共サービスの「実際の」リーダーたちの言葉が表している。リーダーシップを定義することは難しいかもしれないが、自分でリーダーシップを見たり経験したりすればわかる。ほとんどの人がリーダーシップが組織の有効性の鍵であることを認めているので、リーダーシップが何であるかについての合意が不足していることは、リーダーシップをより理解したいと駆り立てる。特に公共サービスについてそうであると言わなければならない。

リーダーシップの研究を複雑にしているものとして、さらに三つの要因が挙げられる。一つは、リーダーシップは、組織の頂点にいる者だけに存在するのではなく、チームリーダーや現場の管理者、マネジャーや専門家のチームによって、組織の至るところで発揮されているということだ。二つ目の問題は、組織でよく使われる言葉がマネジメントからリーダーシップへと変わっているが、組織が機能するためには、この両方の機能が必要であるということだ。三つ目は、私たちはリーダーが万能だと思い描くが、それはいくつもの打撃を受けているということだ。リーダーは人間であり、間違いもするし、危険もおかすし、何が起こっているのかいつもわかっているわけではない。公的機関の多くのリーダーが本音では、権力と支配力があると感じるときもあれば、権力も支配力もないと感じるときもあることを認めている。予測不可能で流動的な状況の中で活動している今日の公共サービス機関

> **リーダーシップとは・・・**
>
> 適正なビジョンと力強い価値観をもつことにより、目的意識を生み出しその方向付けをすること。
>
> 信念と情熱を伝え、本物にすること、援助し、障害を取り除くこと、そして活力を消耗させるのではなくつくりだすこと。
>
> 創造性を育み、成果に焦点をあて、組織、住民、地域と第一線の職員との強いきずなをつくること。人とチームの能力を高め、連携と提携を進展させること。
>
> 一貫しているが柔軟性を欠くことはなく、そして中でも重要なのは、信頼を築き、勝ち得て、維持することである。
>
> 出典：ロンドン研究所所長（前教育雇用省事務次官）　マイケル・ビチャード卿

のリーダーたちは、心理的に万能と無能の境を揺れ動いていることで共通している（第4章参照）。

> この章の学習目標
> ○ 公共的ガバナンスにおけるリーダーシップについて、何が現在重要視されているかを知ること。
> ○ リーダーシップ研究の変遷を知ること。
> ○ リーダーシップとマネジメントの違いを理解すること。
> ○ リーダーシップ、権力および政治の相互関係を理解すること。
> ○ リーダーシップにおける社会的性差の側面を知ること。
> ○ 地域社会のリーダーシップにおいて鍵となる問題を理解すること。
> ○ 効果的なリーダーシップを発揮するために、リーダーたちが何を学ぶ必要があるか理解すること。

第1節 公共的ガバナンスにおけるリーダーシップについて現在重視されていること

今日公共サービスでリーダーシップが重要視されていることは、注目すべきことである。自治体監査委員会による都市自治体の組織統治（corporate governance）についての最近の監査報告書（Audit Commission inspection report）には、48ページ中に、リーダーシップという言葉が28回出てくる。ブリストル王立病院調査委員会（the Bristol Royal Infirmary Inquiry）によると、子供の心臓手術における医療ミスはある程度は、「チームワークの欠如」と「臨床における効果的リーダーシップの明らかな欠如」によるものだという。

ＯＥＣＤ（2001b, p13）では、環境の変化が新しいタイプのリーダーシップを求めているとして、次の理由をあげている。

○ 権限が分散化された公共政策の状況において、相互に連携すべき課題に対応する必要性が高まっているので、リーダーは今まで以上に政策の首尾一貫性に注意を払わなければならないこと。

○ 公共セクターが職員にとって魅力的な職場になるためには、リーダーシップが重要な構成要素となること。
○ 知識重視の経済的な公共セクターには、他の人に知識を創造させ、それを共有させる新しいタイプのリーダーシップが求められていること。
○ 公共セクターの組織は現在の状況に対応することが常に必要であり、上級管理者だけでなく、選挙されたにせよ任命されたにせよ、すべての公務員に常にリーダーシップが求められていること。

> リーダーシップとは・・・
> 　組織の一人ひとりに、より高い目標に向かって挑戦させること。
> 　組織が前進するために必要な活力と熱意を創造すること。
> 　リーダーの役割は、短期と長期、現在の業績と将来の展望、改革と再生の間での緊張をうみだし、それをマネジメントすること。
> 　実用主義的な考えをしている組織に対して、よりよい将来の可能性を描くために必要な理想像と将来展望を注入して、時代遅れかもしれない人やシステムもまだ貢献できるのだと認識できるようにすること。
> 出典：英国間接税庁南部地域産業サービス地域部長　ヒュー・バーナード

　OECDは、1980年代以降重要視されてきた経営技術では、将来の課題に十分に対応できないと結論づけている。同様な傾向として、ハートレーとアリソン（2000）は、英国の公共サービスの刷新（the modernization of public service）におけるリーダーシップの役割について同様に見ている。彼らは、公共サービスの改善についての最近の思考においてどれほどリーダーシップを重要視しているかを概説することから書き始めている。リーダーシップは政府の重要な政策文書（例えば、英国環境・運輸・地域省1998b,1999b）のタイトルにもなっているし、政府は、学校指導や国民保健サービス機構、地方自治体の議員のために、新しいリーダーシップ養成の学校を設立しようとしている。ハートレーとアリソン（2000、p35）は、「ガバナンスを『刷新』し、公共サービスの『改善』を発展させるのに、なぜリーダーシッ

（訳注）　公共サービスの刷新（the modernization of public service）：稲沢（2006、はしがき）によると、英国の自治体では外部化（市場化）と現代化（本書では「刷新」と訳した）による経営改革が進められており、「現代化とは、自治体内部の経営改革を進めていくことである」という。

プが重要視されるのだろうか。それは単なるうたい文句だろうか。それとも公共サービスにおいてリーダーシップを促進する何らかの論理があるのだろうか。」と問いかけている。公共サービスの刷新において、リーダーシップが重要な基盤とみられていることは明らかだ。

　リーダーシップはまた、公共政策の成果を改善する上でも重要であるとみられている。最近の地方自治に関する政策白書「地域リーダーシップの強化と公共サービスの高品質化」でもリーダーシップの問題に確固たる力点をおいている（英国運輸・自治・地域省2001b）。英国運輸・地域省は強く責任のある政策的リーダーシップは効果的な地域社会のリーダーシップの中心をなすだろうと示唆している。リーダーシップは、包括的業績評価（the Corporate Performance Assessment）で地方自治体を評価するにも中心的な尺度となる。包括的業績評価とは、「地域住民に高品質なサービスを提供するための調整として必要なリーダーシップと方向付けが行われているかという点から、組織の組織能力を評価する新しいタイプの評価である」（自治体監査委員会2002b、p63）。

　中央政府のリーダーシップの概念が組織的リーダーシップであるのとは対照的に、地方自治に関する政策白書は、地方政府のリーダーシップは地方政府の組織の境界を越えて発揮されなければならないことを強調している。「民主的なリーダーシップのもとでは、個人や地域社会の生活の質が高まるし、地域経済が刺激され、環境は改善されて、地域社会を超えた広域や国家の政策目標達成にも寄与するのである」（英国運輸・自治・地域省2001b、p13）。

　業績改善室（ＰＩＵ）のリーダーシップに関する重要な報告書（英国内閣府2001）は、公共セクターでは優れたリーダーシップが乏しすぎるとの前提で書き始めている。ＰＩＵは多くの優れたリーダーシップの事例があることを認めている一方で、

（訳注）　包括的業績評価：自治体国際化協会（2003）によると、英国自治体監査委員会では、新しい評価制度として「包括的業績評価制度（comprehensive performance assessment; CPA）」を開発、採用した。本書にいう「the Corporate Performance Assessment」は、これに相当すると思われる。同書によれば、包括的業績評価制度とは、「地方自治体による行政サービスの改善と地域住民生活の質の向上を目的に、従来のベスト・バリュー制度を発展させた形で、様々な側面からの評価結果を統合して地方自治体を総合評価し、5つのグループに地方自治体を評価区分する制度」とのことで、2002年に取組が始まったようだ。中央政府は、CPAの評価の高い自治体には規制緩和や裁量を付与するとともに、評価の劣悪な自治体については直接介入することとしている。

「優秀な」リーダーは不足していて、リーダーに対する要求は（例えば、急速な科学技術の変化、組織の複雑化、増大する消費者の期待、より多くを要求する関係主体により）高まっているとしている。

以上のようなリーダーシップに関する進展には、さまざまな意味がこめられている。はじめに、リーダーシップ論の展開においてどれくらい「強さ（strength）」とリーダーシップが結びつけて考えられているかを注目することは興味深い。強さは、公共サービスのリーダーシップに関する政府の文書のタイトルにも使われている（例えば、英国運輸・自治・地域省2001b）。ＰＩＵの研究では、「リーダーシップの強化」について述べられており、「行政改革プログラム（the Civil Service Reform Programme）」の六つの重要なテーマの一つとして「明確な目的意識を持ったより強いリーダーシップ」があげられている。

> **リーダーシップとは・・・**
>
> もし自分たちが優れていると思っているならそれは多分誤った比較をしているからだと、時々気づかせること。自分の〔部下にあたる〕リーダーに対して、部下に熱意を集中させ、部下と問題を共有するよう仕向けること。
>
> あなた自身が扱われることを望むように常に人を扱うこと。
>
> 出典：ブリストル健康管理信用連合
> 事務総長　ヒュー・ロス

リーダーシップに関する多くの意見が自組織のトップにたつリーダーに関するものであることに気づくことは重要である。リーダーシップは、まず個人の人格や役割の属性として考えられ、次にトップダウンのプロセスであると考えられている。政府の刷新に関する政策白書（英国内閣府1999、p20）では、「リーダーシップによって行政機構に文化的変化をもたらす必要があった」と述べられている。このような考えは、リーダーシップが組織内部以外では機能しないという仮定にたっている。

使われている言葉を批判的に分析することは、リーダーシップを研究する上で本質的な側面であり、政策当局が採用している「実際に使用している理論」がはっきりとわかるようになる。公的機関がどのように組織されるかについて強力な意見があって、それが公共サービスの従業員と利用者の勤労生活に直接的な影響を与えるようであれば、強いトップレベルのリーダーの考えが巷で唯一の正統的な見解だと思われるかもしれない。

しかし、このことは、組織の単純な見方が現実と一致していないことを示唆している。ハートレーとアリソン（2000、p36）が指摘しているように、事柄を進めるう

えでの個々のリーダーの役割は明確であっても、リーダーに対する「もてはやし」によってリーダーが抜群の能力と権力をもっているように思ってしまう。ベイル(1999、p121)は「リーダーシップとは個人の行動では決してなく、むしろ社会システムの特性である。」と述べている。関係という観点からは、リーダーシップはフォロワーの支持（もしくは最低限でも黙従）から生じていると考えられるかもしれない。そういうわけで、個々のリーダーの性質だけに焦点をあてるリーダーシップの定義は半面しか語っていない。リーダーシップのより優れた定義は、「組織内外の能力を結集させるということである」。

第2節　リーダーシップ研究の変遷

　1920年代以降のリーダーシップ研究に対するさまざまなアプローチについて、簡潔で興味深い概略が、1998年、ヘンリー経営大学のガレス・ジョーンズ教授によって、英国学士院の人文科学の講義で披露された。

　リーダーシップの研究には三つの主要な学派がある。一つは、行動科学者が偉大なリーダーに共通する事柄を調べることで偉大なリーダーとは何かを確認しようとするもので、「特性論（trait theory）」と呼ばれている。「特性論」はアメリカの権威ある研究者が「われわれはこれまで400人の有能なリーダーを調査し、リーダーの中には身長が平均以上の人もいれば平均以下の人もいるという結論に達した。」とまじめくさった顔で述べた時点で破綻した。

　そのときまでに行動科学者は、カメラという新しいおもちゃを手に入れた。科学者たちは人々を撮影し始め、有能なリーダーには特有の「スタイル」があることを明らかにした。このアプローチは1940年代のアメリカでの人間関係論の動向と特に関係がある。この学派の考えるリーダーシップの概念は、開放的かつ似非民主主義的で、個人的で、ほとんど温情的といえるものであった。その後、世界が水爆による崩壊の危機に陥った1950年代には、冷戦の戦士というまったく違ったリーダーシップの型が望ましいと考えられた。マネジャーたちは、必要か否かにかかわらず、縁なし眼鏡を買っていた。そうしてスタイル理論も終わりとなった。

その後、リーダーではなくリーダーシップ、つまりリーダーとリードされる対象の関係が研究されるようになった。この研究では、なぜ造船所、学校、病院、広告代理店でそれぞれ異なったリーダーがいるのかを説明している。はじめに誰を導こうとしているのか自問し、次にその仕事の重要な要因は何であるかを認識しなければならない。最後に、状況の特徴を探すことによって利益をもたらすことができる。これら三つの論点は最新かつ最善の理論の基礎をなしており、「状況的リーダーシップ論（situation leadership theory）」と呼ばれる。
（ジョーンズ 1998、p81-82）

　ジョーンズの簡潔な案内により、リーダーシップ研究の歴史的傾向の概略を得た。ホーナー（1997）とユクル（2002）は、これらの理論の広範囲にわたる詳細な再検討を行った。
　「状況的リーダーシップ論」は、リーダーシップについて最も現代的な考え方を説明している。しかし、「特性論」は現在でもリーダーシップ理論において、20世紀初頭に古典的管理原則から生まれた「指揮と管理」の考え方に匹敵する主要な位置を占めている。私が学生や経営者のグループにリーダーシップについて最初に思いつくものは何かと尋ねると、彼らはいつもウインストン・チャーチルやマーガレット・サッチャーなど、歴史上の偉大な人物を話に出す。
　「状況的リーダーシップ論」の有利な点は、リーダーシップが、フォロワーも含めてリーダーが活動する状況とリーダーとの関係によってどのように左右されるかを理解できることだ。そのような理論は時々「コンティンジェンシー理論」と呼ばれている。これは、リーダーシップは状況によることを意味しており、英国の選挙民は1945年に、戦時中のリーダーであったウインストン・チャーチルを拒絶し、戦後間もない時期に新しいリーダーを選好した。このことは、明らかに複雑な見方ではあるが、より現実的なリーダーシップの見方を与えてくれる。なぜ

> リーダーシップとは・・・
> 　卓越した状態を進んで求め続ける意欲。
> 　生徒に、チームに、職員に、保護者に、理事会に、このコーザム校に、卓越した状態を達成する能力があると信じ続けようとする意欲。
> 　　　出典：ブリストルコーザム校学長
> 　　　　　　ジェイムズ・ウエッツ

ならいまやわれわれは、リーダー個人のカリスマ性や力に加えてさまざまな要素を考える必要があるからである。しかし、これまでみてきたように、「強い」リーダーという考え方は公共サービスの刷新に使われる言葉の中で、かなりの範囲において特色となっている。

第3節　リーダーシップとマネジメントの違い

どのような厳密な試みであろうと、組織的リーダーシップを理解する上で、リーダーシップとマネジメントの違いを考えることは重要である。簡潔に言うと、「リーダーシップは未来を描き、マネジメントはそれを実現する」。

リーダーシップとマネジメントが異なることは、現在では広く同意されている。もちろんマネジャーはリードするし、リーダーもマネジメントする。だからその区別は単なる言葉遊びのように映るかもしれない。しかし2つのプロセスを融合するのは、間違っているだろう。ガブリエル（1999、第6章）は、リーダーシップとマネジメントの違いについて有用な分析をしている（表9.1）。彼は「生命のないもの、例えば、日記、農場、切手収集は管理することができるが、人は導くことしかできない」（p139）と書き加えている。

マネジメントとリーダーシップの区別がつけば、組織がマネジメントの過剰と

表9.1　マネジメントとリーダーシップの違い

マネジャーがすること	リーダーがすること
現在の状況に焦点をあてること。	将来に焦点をあてること。
現在の資源を効果的に使えるよう用意すること。	イメージを現実のものとするために、努力や時間、資源を進んで託したくなるような非常に説得力のある将来のイメージを創り出す
細部に目を配る	
資源をさらに長持ちさせる方法を考える	

出典：ガブリエル（1999、p139）から作成

リーダーシップの不足に陥っているかどうか、同じ人物が常にリーダーシップを発揮しかつマネジメントを行っていないかといった疑問への道が開けてくる。

マネジメントとリーダーシップの区別は、リーダーにとっての重要な境界を表している。その境界をどのように理解するかは、リーダーの人間性の表れであり、リーダーシップを発揮するスタイルに影響を及ぼす。リーダーは自分たちの主な役割は、不確かな中で、新しく、急進的でリスクを伴う仕事をし、創造性を高め、外部の変動要因や制約条件に気を付けること、つまりリーダーシップを発揮することだと理解するだろうか？　それとも自分たちの役割は、主に資源を獲得し、効率を高め、経費を削減し、明日の問題よりむしろ今日の問題を解決すること、つまりマネジメントが求められていると理解するだろうか？

> **リーダーシップとは・・・**
>
> 　中核となる価値と信念に基づく明確なビジョンを持つこと。リーダーは、人々がビジョンの達成に向けて働くための力を得るように、確信を持って駆り立て、身を投じなければならない。
>
> 　リーダーは、困難に直面したときにひるんではならない。リーダーは、自己への信頼をもって敗北や失望、失敗に耐えて我慢強くやり抜くとともに、失望している人々が成功に向かって前進するよう立ち直らせる粘り強さを持ち合わせていなければならない。
>
> 　これらがリーダーシップの真の強さである。
>
> 　　　出典：エイボン・サマセット警察部長
> 　　　　　　スティーブ・ピルキントン

このような問に対する答は、組織の文化や機能にかなりの影響を及ぼす可能性がある。

第4節　リーダーシップ、権力および政治

　私は権力に取りつかれている。言い換えさせてください。リーダーシップがどのように機能し、または機能しないのかを理解しようとするなら、権力と組織内の政治を理解しなければならない。あなたが上司に何かするように頼まれたとき、きっとあなたは心の中で「何てばかな！」と思うだろう。リーダーの権威、権力と正統性は潜在的に競合するものであり、組織の機能はそれらの衝突で満たされている。

これは特に、「最終的な結果」を見ることが難しく、目的と手段について意見の違いの余地が広い公共サービスでよくみられる。リーダーシップには常に政治的側面がある。組織のメンバーたちは、「結果が自分たちに何らかの影響を及ぼすであろう政策や規則、目標その他の決定に対して、支持または不支持の動きを結集しようとする。それゆえ、政治は本質的に権力の行使である」(ロビンズ1987、p194)。

リーダーの役割に伴う公式的な権威は、普通階層制に基づくもので、重要な権力の源となる(公式的な権威は、チームや会議、委員会に属するもので、個人に属するものではないだろうことに注意されたい)。しかし公式的な役割に伴う権威は、組織的なリーダーシップにおいて単に権力基盤の一つにすぎない。バーンズ(2000、p178-179)は、ほかに四つの種類を一覧表にしている。
1) 強制ー承諾をしないと否定的な結果をまねくという脅し
2) 報酬ー協力への誘因としての実質的な報酬の約束
3) 規範ー服従を誘因するステイタスシンボルのような象徴的な報酬〔公用車、個室、机や椅子の大きさといったもの〕の配分と操作
4) 情報ー決定に必要とされる特別な知識を支配

決定を下すのに誰が含まれ、誰が除外されているかを発見することによって、組織の政治と権力の構造を理解することができる。最も権威主義の組織を除いて、決定を下す権限は、組織のいたるところに委譲されているだろう。同様に四つの権力の基盤は、多かれ少なかれ階層制のすべてのレベルに存在する。特に情報力は、公共サービスの第一線での仕事の多くの基礎となっている仕事上の専門的知識に付属する。

確かに、行政長官とそれを支える局が第一線の情報力が有益であることを否定しようしたらまずいだろう。しかし、労働者の中の「建設的な異議」が公式的なリーダーに聴かれない結果、既に労働者には知られている組織の問題の解決策が実施されるのに長い時間がかかっているような事例を私たちは知っているだろう。「過度の待ち時間と長引く職員不足の問題への解決策は、『現場の』看護師たちに任せることである。もし誰かが看護師たちに頼むことを考え、看護師の提案を実行さえしていたら、何年も前に解決していたであろう」(英国内閣府2000、AnnexD)。リーダーシップは高い地位にある個人同様、集団の中に生じる。権力は、当初考えていたよりずっと散らばっていて、オーソドックスな階層制を通してのみ作用しているのではない。当然の結果、リーダーシップは政治的な環境でも発揮され、人々は公式、

非公式の関係のネットワークやかけひきで、自分たちに影響を与える決定にゆだねるのか、異議をとなえるかを決める。

第5節　リーダーシップにおける社会的性差の側面

　社会的性差の観点からリーダーシップを研究することは、いくつかの理由から重要である。第一に公務員の多くは女性である。第二に公共サービス機関は機会均等政策を推進していると称している。第三に公共サービスの主な利用者が女性になる傾向がある。例えば、平均的に女性は男性より長生きするので、高齢者医療サービスや介護サービスの対象者は、男性より女性が多くを占めている。これらの理由から、英国の公共サービスにおいて女性が少なくとも男性と対等にリーダーシップを発揮していると思うだろうが、それは違っている。
　リーダーシップにおいて男性と女性のスタイルを区別できるという考えは普及している。多くの人が例えば、女性は特別な「対人関係能力」をもっていて、〔対人関係に〕変化をもたらすことができると考えている。そのような結論に飛びつく前に注意が必要である。最近の調査（ブルージンとフォックス 2002）では、こういった能力や特質が女性の専売特許でないことが強調されている。男性と女性という観点からリーダーシップを考えるのは、それ自体が固定観念にとらわれており、男性にも女性にも別な能力を発揮する機会を否定している。さらに女性らしい特性（普通は人のお世話をするとか人間関係などの言葉で述べられている）を評価することは、例えば女性に人事機能におけるキャリアなど、ある種の役割に限定する一つの方法になるかもしれない。やはり、このような注意にも関わらず、多くの女性上級管理者と彼女たちの男性同僚にとって、リーダーシップのスタイルにおける性的区別は、ある種の現実に基づいていることは明らかである。
　私たちの英国地方政府の調査において、女性を行政長官に任命できる立場にある人たちに固定観念があり、リーダーシップとは「指揮と管理」であって「男らしいこと」であるという昔からの思い込みが今も続いていることがわかった。多くの女性たちが経験してきた見え透いて巧妙な差別的な振舞いが重なると、主流から排斥され、リーダーとしての権威が見くびられる結果となる。均等政策をとっている行政機関でさえ、インフォーマルな組織では、「女性にふさわしい地位」についてその

体質にもとづいた〔誤った〕メッセージを送りつづけることもありうる。ほとんどすべての女性行政長官は、彼女たちが職に就いてからしばらく後でさえ、監視下におかれ、男性と異なる方法で評価されているとしばしば感じたと報告している。

変化する問題には特有の緊張が集まる。コフィーほか（1999、p73）は、組織には女性を上級管理者に昇進させ、「本当にその任用を歓迎しつつ、同時に彼女が成功するのを困難にする行動を表す」、「組織的統合失調症」があることを証明した。

近年の業績目標（performance target）をはじめ経営主義（managerialist）的な手法の進展によって、より「男らしい」個人主義的で競争の激しい組織文化が創造されているかもしれない。加えて前述したように、リーダーシップはいわゆる「男性的な」指揮と管理であるという伝統的な思い込みは、「政府の刷新」議論の中で「強い」リーダーシップが強調されることで、不滅なこととなっているようである。このような環境が女性下位管理者たちに昇進は価値あるものかどうか疑問に思わせてきたのは驚くことではない。私たちの調査では多くの人が昇進に価値はないと思っている。

> リーダーシップとは・・・
>
> 　時々群集の前に出て、従うべきビジョンを提供すること。
>
> 　よりしばしばリーダーシップとは、他者の考えや専門的知識が成長し、具体化するための余地を切り開きそれを空けておくことである。
>
> 　これは難しいことであるが、リーダーシップとは、他者のリーダーシップが成功するための余地をつくることだ。
>
> 　出典：ウイルトシャー州　子供家庭部計画・開発マネージャーリッツ・キッド

第6節　地域社会のリーダーシップ

行政のリーダーシップにとって、外部の関係主体や地域社会との関係づくりは、内部の組織的能力の動員と同じくらい重要である。行政のリーダーは組織のどんなレベルにあっても、組織とそれをとりまく環境の境界線上で仕事しなければならない。公共サービスにおいてこのことは簡単なことではない。なぜなら、とりまく環境が複雑であるからだ。一つには、いろいろな関係主体（市民、サービス利用者、顧客、地域の団体、個人）で成り立っていて、それぞれのニーズとウォンツが画一

的な方法でこたえられないこと。二つ目には、行政機関と地域社会の「協働活動」の最近の事情では、組織とそのとりまく環境をはっきり区別するという考え方ではうまくいかなくなったこと。

　事例9.1は、地域社会のリーダーシップとは、いかにして他者のリーダーシップ能力を動員するかということであると示している。またこの事例は、地域社会のリーダーシップとは、異った専門の人たちが互いに影響を受けながら働いて社会的問題を解決できるよう共に活動できる環境を提供することだと示している。そこで私たちは、行政のリーダーシップとは、専門職の間で、行政機関や組織の間で、そしてそれらすべてと彼らが奉仕する地域社会との間で、効果的な連携を進展させるよう「境界線上で働くこと」だと見ればよいだろう。このように行政のリーダーシップが単にリーダーとフォロワー間の関係だけであると見ることはできない（この事例では、だれがリーダーで、だれがフォロワーなのだろうか？）。それはひょっとするとリーダーシップの新しく思いがけない形を生み出す協働と協力の結果としてみなす必要がある。

事例9.1
リーダーシップで地域社会の問題を解決する

　コーンウォールのファルマスの大住宅地で、地方自治体であるカリック市と保健機関の専門家たちが、その地域の少数の活動家たちとともに、住環境、特に暖房と断熱に対して大改善を始めた。居住者たちは、この計画によってもたらされる生活の質（QOL）の改善を実感したので、団地の管理、住居修理、犯罪監視、若者の教育計画など、団地での一連の改善をより進めることに関心を持つようになった。これらの計画は主に居住者自身によって先導され、管理された。はじめのきっかけが成功したので、居住者の強力な参画が進み、居住者の中には、例えば議員に当選するなど、公式な場所で政治活動を行うことを決意する人もいた。この方法の強さの一つは、法的に独立した組織である計画管理委員会では、居住者がいつも多数を占める一方で、住宅団地でのサービス提供に責任がある行政機関の主なものはすべて参画していたことだ。

出典：ボベールとオーエン（2002、p57-73）

第7節　行政のリーダーにとってどんな学習が重要か

　私たちはとうとう、リーダーが効果的に活動したいのなら、何を学ばなければいけないのかという問題に到達した。公的機関においてリーダーシップは複雑だとするならば、私たちは「リーダーシップと学習は相伴うものである」と主張する。つまり、この見方は、リーダーはその権威を、自ら学習する能力および組織の学習能力を高める能力によって得ていると提起する。そのようなすばらしいリーダーがいる組織は、(他の組織と比べて) 社会に適切なサービスを提供するよう効果的に対応し、公共政策の展開される場においても、ほかの関係主体と効果的に協働しているのだろう。

　しかし、この見方は実務にはほとんど反映されていない。リーダーはしばしばどんなことにも答えられると見られるし、自分でもそのように見せかけることが多い。フォロワーたちは全てを知っているリーダーに高く依存するようになる。彼らは自信があり雄弁な理路整然とした「未来への道」を聞くことを願っている。そのようなリーダーたちは、自分が「支配力を持っている」リーダーだと示し、結果として、システムのもつ不確実性や可謬性の全てを隠してしまう。

　そのような状況では、リーダーシップは学習と正反対のことになる。リーダーは「知っている」ので、それゆえ学習する必要がない。確かに学習する必要を認めることは弱点を明示し、そのようなリーダーシップによってもたらされてきた確信と安全のイメージを脅かすだろう。しかし、不可謬性の幻想を持続するのは難しい。現実が明らかになったとき、何人かのリーダーは倒れる。

　別な見方では、不確実性は複雑な人間組織のいずれにも広がっているという考えがある。リーダーシップは、このことを認め、積極的に不確実性に対応する必要がある。不確実性に耐えられる柔軟なねばり強さが必要である。変化と不確実な状況

> リーダーシップとは・・・
> 見失うことなくずっと前を見ること。単に聞くだけでなく注意深く聴くこと、働くだけでなく創造すること。
>
> 出典：独ベツレヘム財団・民主主義と市民社会学部長・教授　マルガ・プレール博士

では、学ぶ能力はきわめて重要な道具である（ベイル1999）。さらに、「1人2人の個人がこれらリーダーシップの能力を発達させても十分でない。リーダーシップの能力は組織の至るところに備わっていなければならない」（センジ1998、p302）。もちろんこのリーダーシップの見方は、特性論に基づくカリスマ的な決定者のリーダーシップと大きく異なる。

それで、今日の公共サービスのリーダーが実際に学ぶ必要がある能力は何だろう？必要と思われる能力は次のようなものである。
- あいまいさと不確実性に耐えられること。
- 全知が不可能であることを認められること。
- 個人的な識見と自覚を維持できること。
- 批判的に振り返る－何度も現在のリード方法を状況の変化に応じて変える必要があるかどうか自問できること。
- 組織を通して、またその組織が属する地域社会の中でリーダーとリーダーシップを発展させること。
- 「依存型文化」に用心できること。
- リーダーシップと学ぶことは相伴うことであると認識できること。

多くの公共サービスのリーダーたちは、現在自分たちがどのように行動しているのか批判的に振り返る余地を見つけることが価値あることだと認めている。リーダーそれぞれのやり方による、積極的な学習、個人の役割指導やメンタリング〔経験のある者がそうでない者に対して継続的に成長の支援をすること〕から、その余地が生まれる。公共サービスは急速に変化しつづけるので、組織のリーダーは、自分たちの役割はますます自覚と内面的な自信、「十分な」主体性が必要とされていることを認識する必要がある。彼らには、考えられることも必要だが、行動できることも必要である。

まとめ

ガバナンスの議論の核心において、優れたリーダーシップが、政治的に強調されている。しかしわれわれは、リーダーシップに関するいくつかの仮定と言葉は批判

的に見る必要がある。リーダーシップはひとりの人間に属するものではない。リーダーシップは組織のすべてのレベルでみられ、同様に組織外の地域社会でもみられるだろう。しばしばリーダーシップの機能は、チームや委員会などによって遂行される。リーダーシップを理解するもう一つの鍵は、マネジメントとリーダーシップを区別することである。

リーダーシップは複雑な政治的世界で生じており、その中で階層制の異なったレベルにおいて、明示または黙示の方法で異なった権力の基盤が作用している。リーダーシップを公式的な権威と階層制の観点からだけ見ようとすると、限定された見方になってしまう。にもかかわらず、伝統的でオーソドックスな男性的リーダーシップ論、特に「指揮と管理」の考え方が公共サービスにおいて浸透している。

より包括的なリーダーシップの見方を、公共サービスの中で発展させる必要があり、実務のなかではそう進んでいるという事実がある。複雑で変化の激しいシステムにおいて、リーダーシップと学ぶことは、言葉こそ違え、相伴うものだという認識が広がっている。最後に私たちは、リーダーシップとは関係主体の動員としてみる必要がある。つまり、財政的・人的資源、専門的知識と「毎日の」情報、そして彼らの生活や組織に影響を与える相互に連結した問題を解決するために快く協力するという気持ちの点から関係主体を結集させるものとして、リーダーシップをみる必要がある。

《参考文献》

英国環境・運輸・地域省（1998b）
　　DETR（1998b）, *Modernising local government: local democracy and local leadership*. London: The Stationery Office.
英国環境・運輸・地域省（1999b）
　　DETR（1999b）, *Local leadership, local choice*. Cm 4298. London: Stationery Office.
英国環境・運輸・地域省（2001b）
　　DTLR（2001b）, *Strong local leadership - quality public services*, Cm. 5237. London: The Stationery Office.
英国内閣府（1999）
　　Cabinet Office（1999）, *Report to the Prime Minister from Sir Richard Wilson, Head of Home Civil Service*. London: Cabinet Office.

英国内閣府（2000）
　　Cabinet Office（2000）, *Successful IT: modernising government in action.* （The McCartney Report）. London: Cabinet Office.

英国内閣府（2001）
　　Cabinet Office（2001）, *Strengthening leadership in the public sector: a research study by the Performance and Innovation Unit.* London: The Cabinet Office.

ＯＥＣＤ（2001b）
　　OECD（2001b）, *Public sector leadership for the 21st century.* Paris: OECD.

ガブリエル（1999）
　　Yiannis Gabriel（1999）, *Organizations in depth.* London: Sage.

コフィーほか（1999）
　　Elizabeth Coffey, Clare Huffington and Peninah Thomson（1999）, *The changing culture of lead ership - women leaders' voices.* London: The Change Partnership Ltd.

自治体監査委員会（2002b）
　　Audit Commission（2002b）, *The corporate performance assessment.* Consultation draft. London: Audit Commission.

ジョーンズ（1998）
　　George Jones（1998）, 'The leadership of organizations', *RSA Journal*, Vol. 3, No. 4, pp. 81-83.

センジ（1998）
　　Peter M. Senge（1998）, *The fifth discipline: the art and practice of the learning organization.* London: Century Business.

ハートレーとアリソン（2000）
　　Jean Hartley and Maria Allison（2000）, 'The role of leadership in the modernization and improve ment of public services', *Public Money & Management,* Vol. 20, No. 2, pp. 35-40.

バーンズ（2000）
　　Bernard Burnes（2000）, *Managing change - a strategic approach to organizational dynamics.* Harlow: Pearson Education.

ブルージンとフォックス（2002）
　　Michael Broussine and Pamela Fox（2002）, 'Rethinking leadership in local government - the place of "feminine" styles in the modernised council', *Local Government Studies*, Vol. 28, No. 4, pp. 87-102.

ベイル（1999）
　　Peter B. Vaill（1999）, *Spirited leading and learning: process wisdom for a new age.* Englewood Cliffs, NJ: Prentice-Hall.

ホーナー（1997）
　　Melissa Horner（1997）, 'Leadership theory: past, present and future', *Team Performance*

Management, Vol. 3, Issue 4, pp. 270-287.

ボベールとオーエン

 Tony Bovaird and Mike Owen（2002）, 'Achieving citizen-led area regeneration through multiple stakeholders in the Beacon Housing Estate, Cornwall', in Tony Bovaird, Elke Loffler and Salvador Parrado Diez（eds）, *Developing Local Governance Networks in Europe*. Baden- Baden: Nomos Verlag, pp. 57-73.

ユクル（2002）

 Gary A. Yukl（2002）, *Leadership in organizations*. Englewood Cliffs, NJ: Prentice-Hall.

ロビンズ（1987）

 Stephen P. Robbins（1987）, *Organization theory: concepts, controversies and applications*. Englewood Cliffs, NJ: Prentice-Hall.

《訳注参考文献》

稲澤克祐、2006年、『英国地方政府会計改革論：ＮＰＭ改革による政府間関係変容の写像』、ぎょうせい

自治体国際化協会、2003年、『英国の地方自治』

第10章

市民や関係主体の参画

スティーブ・マーチン　カーディフ大学地方自治研究センター

はじめに

　住民参加（public participation）は新しいことではない。英国では1960年代という昔から、地域住民を計画決定に取り込もうとする試みがあった。利用者の参画はいくつかの社会サービスでは長らくその特長とされてきたし、「地域社会の参画（community involvement）」は英国やＥＵの大部分の地域再生プログラム（regeneration programmes）からの資金を受けるための前提条件となっている。しかしながら、比較的最近まではどちらかといえば、多くの主流となるサービスは、熟達した専門家がサービスの利用者と公共の利益を最大化するために行動するとの仮定の下で、そのコントロール下に置かれていた。投票者は投票を通じて人気のない政治家を排除することができるが、選挙と選挙の間に政策論争や公共サービスのマネジメントに直接の関心を向けるということは、期待されていなかった。

　しかしながら、最近のサービス改善やガバナンスのシステム刷新の試みは、住民参画を表舞台に押し上げた。西洋民主主義諸国の政策立案者は、住民参画が、政府の信頼の再構築や利用者のニーズや強い願望へのサービスの即答性を確実にする重要な手段を与えるということを信じて結束しているようにみえる。地方の政治家は、住民の参画を、住民のクレームを具体化し、「住民と接近する」手段として理解してきた。一方、「スピン〔政策情報戦略〕」の時代には、大臣や彼らの助言者は、政策の

（訳注）　パネル：少人数のグループで政策などについて討議するもので、英国では市民参画の手段として広く活用されている。フォーカスグループについては、p173の脚注参照。
　　　　スピン：p22の脚注参照。

優先度や政策の展開や政策広報を伝えるために、さまざまなパネルや世論調査、フォーカスグループ（focus group）を頼るようになってきた。

> この章の学習目標
> ○ サービスの利用者や市民の参画を支持する論拠を知ること。
> ○ 住民参画の主な形態を知ること。
> ○ 住民参画の実践的な手法を知ること。
> ○ 効果的な参画の障害となるものとそれの克服方法を理解すること。

第1節　なぜ住民の参画を求めるのか？

ＯＥＣＤ（2001a）は、市民の参画は善きガバナンスの核となる要素であると論じており、次の利点を主張する。
○ 政府が情報や見通し、潜在的な解決法といった資源をより幅広く活用できることにより、政策形成の質を高めること。
○ 市民と政府の間のより強力かつ迅速な相互作用を促進すること。
○ 説明責任や透明性が増し、代表性や公共の信頼が増すこと。

現在の英国政府もまた、住民の参画（engagement with the public）が極めて重要だと考えている。参加の増加は、対応の悪く非効率なお役所仕事に圧力をかけること

表10.1　地方選挙の投票率（％）

	1995年以前	1995年以後	％増減
イタリア	85	80	－5
スウェーデン	85	79	－6
ドイツ	72	70	－2
フランス	68	72	＋4
オランダ	54	47	－7
英国	40	35	－5

> 事例10.1
> 地域社会のためのニューディール計画
>
> 「地域社会のためのニューディール計画」は、地域再生本部（the Neighbourhood Renewal Unit）によって運営されているが、イングランドの最も貧困地域の中の39地域に10年間にわたって8億ポンド以上を供与した。大臣たちは、予算は地域の「伝統的には地域再生プログラムを主導していない」グループに直接与えられると力説している。彼らはまた、地域社会の参画を抑制するといけないから、以前は地方自治体主導のパートナーシップの上に課せられていたような詳細にわたる追跡調査の要件を緩和した。
>
> 詳しくは、www.neiborhood.gov.uk/ を参照されたい。

により、サービス向上への力として働くであろうと想定する。この想定は、より効果的な「地域社会のリーダーシップ」（第9章参照）を促進することによって、住民参画が政府の正統性への認知を高めることになると信じられている。

さらに、英国の地方選挙における低く、そして下っている投票率により、参画へのプレッシャーが増している（表10.1参照）。一方地方レベルでは、「直接」参加が急速に成長している（ロウドネスほか1998）。特に「アジェンダ21」は、「地域社会のためのニューディール計画（the New Deal for Communities programme）」のように地域再開発の重要なきっかけづくりとなってきたが、これが地域社会を基盤としたパートナーシップを大量に生み出してきた（事例10.1参照）。

最近はまた、計画やサービスの提供における直接的な住民参画に、さらに大きな

（訳注）　アジェンダ21：中島（2005、p139-140）によると、「1992年にブラジルのリオで開催された地球サミットで採択された『持続可能な開発の実践のための行動計画アジェンダ21』は、各国の地域レベルでローカルアジェンダ21（以下、『アジェンダ21』という）を策定し、持続可能な開発のための行動を進めることを求めている。英国など多くのヨーロッパの諸国では、このアジェンダ21が、持続可能な開発のための取組みを住民自らが考え、実践する転機を与えるものとなった。」という。また、「英国においては、… 具体的な行動を考え、実践するプロセスに重点を置いているものが少なくな」く、「多くの自治体ではアジェンダの担当職員を配置し、その職員が行政と住民をつなぐ役割を果たしながら、地域住民主体の地域づくりが進められている」とのことである。

重点がおかれている。1999年の地方自治法第3条の1は、地方自治体、警察署、消防署やその他の法定の行政機関は、サービスの利用者や納税者（個人、法人共に）だけでなく、その地域に関心を持つことが正統と思われる人々（例えば通勤者、旅行者、ボランティア組織や地域団体の

> 「ベストバリュー」の本質は、政府と選挙民の間の関係の再構築を追求することである。
>
> 出典：元地方自治大臣　ヒラリー・アームストロング

代表者を含む）にも意見を求めることと定めている。さらに地方自治体は、「サービスの提供方法を変えるどのような計画にも関係職員の参画」を保証しなければならない（英国環境・運輸・地域省1998c）。

　地方自治体は、現在のサービスの見直しや今後の改善のための目標を定める時には、住民を参画させなければならない。地方自治体は、現在のサービス基準の詳細や前年度比改善の達成目標やそれらを達成するための行動計画を示した「年次業績計画（performance plans）」を公表しなければならない。地方自治体はまた、中央政府によって課せられた業績指標（performance indicators）を使って住民の満足度を評価しなければならない。これらの課せられた事項を実行しなければ、監査官や検査官によって指導を受け、大臣が自治体のサービスの実施に直接介入することになる。

　これらの新しく課せられた事項は早い時期から、地方自治体による地域の人々の参画を、規模と範囲の両方で増加させてきたことが示されている。ほとんどの地方自治体は、それまで住民との直接の接触があまりなかったサービスにおいても、協議（consultation）を取り入れた。多くは新しく、より相互に作用する手法を採用し、地方自治体がいままで限られたコンタクトしか取っていなかった地域社会やグループにも及ぶようにした（マーチンほか2001）。

　国家レベルでは、国民の「声を聴くこと」により重点が置かれている。「国民パネル（People's Panel）」は、国民を代表するように選ばれた5000人で構成され、重要な「反響板」として利用された。大臣たちは、「一般市民」が自分たちの意見を述べることのできるいわゆる「広聴行事」に参加するために各地を訪問した（事例10.2参照）。

> 事例10.2
> 国民パネル（The People's Panel）
>
> 　「国民パネル」は1998年、英国内閣府によって、公共サービスの住民満足度への意見を聴くために計画された。パネルは2001年に終了したが、大臣たちは現在各省庁で住民参画の独自の仕組みを発展させていると主張している。
> 　ある独立機関によるこのパネルの評価は、住民意見に対して「高い感触」が得られて有益であったとか、新しい利用者調査への刺激となったとか、市民参画に積極的な政府の姿勢を示したとか結論づけている。その一方で、パネルの計画に弱点が発見されたり、内閣府によって発行された広報が自身に都合が良すぎると批判している。
> 　詳しくは、www.cabinetoffice.gov.uk/servicefirst/1998/panel/ppsummary/htm を参照されたい。

第2節　住民参画の形態

　公共サービスの「刷新（modernization）」や公共サービスの改善という響きのよい言葉は、上で述べたような多くの政府の取組を含んでおり、しばしば、違った種類の住民参加をあたかも一つのもののように合成してしまう。最近の英国政府は、例えば、「協議」、「広聴」、「人々と触れ合うこと」、「利用者の関与」および「地域の人々への説明責任の強調」の重要性を、それらの違った活動がほとんど同意語もしくは置き換え可能なものであるかのように表明している。実際には、それらは連続性をもちながらも違ったタイプの相互作用に分解される。

　最も広く引用されている住民参加の類型論の一つは、シェリー・アーンスタイン（1971）によって開発された階層アプローチである。「参加のはしご（ladder of participation）」の一番下の横棒に、彼女は住民操作を位置付けた。彼女が「形だけの」活動としているもの－「報告」と「協議」－がはしごの中間点である。はしごの最上部は市民に権限が与えられた活動である。しかしながらこの類型論は、い

```
         市民コントロール
市民権力    権限委譲
         パートナーシップ
         協　議
形式的参加   報　告
         懐　柔
非参加     なだめ〔住民の不
         満をそらす〕
         操　作
```

図10.1 「参加のはしご」
出典：アーンスタイン（1971）から作成

くつかの参加の形態が本質的に優れていることを意味しているのだという誤解を生じさせる。実際問題として一番重要なことは、参加の形態が目的にあったものであるかどうかということである。より有効な類型論はおそらく図10.2に示されているものである。

それらの三つの活動のすべては、サービスの利用者やその他の関係主体を参画させるための組織戦略の重要な構成要素である。

情報提供

いくつかの論評は、不誠実な動機に基づく参加の形態についてのアーンスタインの懐疑論をそのまま繰り返している。例えばポリット（1988）は〔情報提供を〕、「花嫁学校と幅のある壁紙のましな方の端〔見せかけだけのものという意味だろうか〕」だとして退けている。しかしながら、住民への正直で効果的な情報提供は、人々に、サービスを利用したり、十分な情報を共有したうえでの対話に参画するための手段を与える正統的で必要な機能である。最小限でも、住民は、どんなサービスが提供されていて、そのサービスはいつ、どこで受けることができるかについての明確な情報を必要としているのである。政策決定へのより深い関与を求める者は、現行のサービス水準や他の供給者によって達成されるサービス水準、供給者による予算配分決定の理由、その地域においてサービスを行う上での制約などについての情報をも必要とするであろう。

情報提供が英国では大切である。というのは、地方公共サービスの提供について、どの行政機関が管轄しているかについての認知度が驚くべき低さであるという調査結果がでているのだ。ある調査によると、いくつかの地域では、人口のほぼ半分の人が地方自治体が病院を運営していると思っていたという結果がでた（ブロムリーとラオ 2000）。世論調査によると、特に若者が地方自治体についての情報が不足していると感じており、人々が政府から継続して情報提供を受けていると感じている度

情報提供	→	協議	→	協働
サービス供給者から住民への情報の一方向の流れ		サービス提供者と住民との間の双方向の対話		政策決定やサービスの計画・提供における住民の積極的な参画

図10.2　住民参加の段階

合いと、住民満足とが関連しているという証拠も示されている（英国副首相府2002）。

協　議

協議は、政府またはサービス供給者と住民との間で情報と見解が双方向で流れるという点で、情報提供と異なっている。それは広範囲の活動でさまざまなレベルの参画に及んでいる。あるケースでは、住民は狭い範囲の選択肢を示され、どれを選ぶかを求められている。別のケースでは、人々がとても早い段階で協議を受け、協議業務の運営における役割を形成し、それを果たす機会を与えられるかもしれない。しかしながら、典型的にはサービスの供給者の管理下におかれている。供給者が、協議を開始し、議題を決め、協議の方法を決定し、協議を行う者を選び、住民によって示された見解に対応するために何をしなければならないのかを決める。

協　働

多くの公共サービスの効果は、サービス供給者の業績だけでなく、サービス利用者や彼らの住んでいる地域社会の反応によっても左右される（ボベール2002）。教育の達成度の向上は、例えば、単に教室内での優れた授業だけの問題ではない。それはまた、生徒の学習能力ややる気、保護者のサポートの度合いにもよる。それと似たように、死亡率は、医療サービスによって供給される医学的治療行為の効果だけでなく、食習慣、運動、喫煙など住民の生活様式にもよる。それゆえ、多くのサービスが、計画面においても提供面においても、利用者の積極的な参画から恩恵をこうむっている。利用者の参画は、サービスが利用者のニーズを満たす機会を増やすことに役立つ。利用者の参画は、例えば学習障害者の、「社会的役割の評価」の重要な部分にもなりうるということだ。協働はそれゆえ、公共サービスを受身の受給者の望みに合わせることを超えるものである。それのねらいは、利用者に自分の生活を自身が管理し、責任を持つことの権限を与えることである。

第3節　誰による参加か？

　もう一つの重要な問題は、政府とサービスの供給者が誰の参画を求める必要があるかということである（第6章も参照）。
- 顧客 － いくつかのケースでは、利用者・顧客からの入力は、最も効果的な参画の形態である。例えば、特定のサービスの供給と関連して、詳細な運営上の問題についての情報を得る場合である。
- 市民 － 一方、市民は全体として、物事を決定する過程における重要な利害をもっている。例えば、サービスを利用していない納税者は、別のサービス提供方法とのコストの比較に関心をもつかもしれないが、それは正統性を有している。（そして彼らの選択はサービスの利用者の選択とは一致しないかもしれない。）
- 共同体 － 特定の地区もしくは人口層に有益になるようにつくられた取組の場合は、特定の場所、特定のアイデンティティまたは関心によって形成される共同体の参画が重要になるだろう。

　図10.2で確認された相互作用の三つのレベルと、この主となる関係主体グループの三つの分類を結びつけることにより、関与の違った方式での有用な類型論が提供される（図10.3参照）。

		低 ← 相互作用のレベル → 高		
		情報提供	協議	協働
高 ↑ 参画の広がり ↓ 低	共同体		共同体計画	共同体のリーダーシップ
	市民	広報		市民が主役のガバナンス
	顧客	顧客窓口	顧客本位	利用者主導のサービス

図10.3　住民参加の方式
出典：マーチンとボーズ（2000）から作成

経験上、公共の参加におけるそれぞれの活動の目標は何かについて、最初から明確にすることが重要である。このことは、正しい手段や技法が使用されることを保証する手助けとなる。このことはまた、住民にはどの程度の影響を与えることができるのかを明確にし、それゆえ、参画が期待したほどの効果がなかったという協議参加者の幻滅感をまねくリスクを減らしている。

第4節　住民参画への実践的アプローチ

住民の参画を願う実践者のための良いツールキットや協議マニュアルは、あり余るほどある。この節のねらいは、それゆえ、総合的な案内ではなく、現在使われているさまざまな技法の雰囲気を伝えることである。

情報提供の手段

地方および中央の政府は、住民に情報を提供するために、さまざまなメディアを利用する。伝統的な手法には、掲示板、地方自治体の広報紙、サービス案内、ビデオ、映画、展覧会や住民啓発キャンペーンがある。近年では、電子的な情報通信技術が、ホームページ、地域の情報ポイント（例えば図書館などにある）、CD－ROMなど情報を広める新しい方法を提供している。いくつかの農村部の地方自治体ではインターネットを、人口がまばらな地域のニーズを実現する重要な新しい手段と見込んでいる。

英国では、地方行政機関による情報提供の改善への関心が高まっている。英国副首相府により発行された2002年の報告書は、情報提供の改善は効果的なガバナンスとサービス改善の中心となるものである（英国副首相府2002）と述べている。中央政府は、全国自治体協会（the Local Government Association）および自治体監査委員会（the Audit Commission）と連携して、すべての行政機関が利用できる「情報提供ツールキット」の開発に取り組んでいるところである（詳細はwww.idea.gov.uk/knowledgeを参照）。

協議の手法

ロウドネスほか（1998）は、大多数の英国の地方行政機関は伝統的な協議手法を

使用しているとしている。10のうち9は、住民集会（public meeting）を開催し、苦情・提案の処理スキームを運営し、文書協議を受け付けている。3分の2はサービス利用者フォーラム（service user forum）を行っており、62％は地域フォーラムを行っており、半分は特定の問題やサービスにテーマを絞ったフォーラムを開催している。多くは、「より討議型の方法」を開発している。半数がフォーカスグループの利用を報告し、4分の1は「ビジョン実習（visioning exercise）」または住民評価（community appraisals）に住民を取り入れ、5％は市民陪審（citizens' juries）を開催している。

いくつかの地方自治体は、「広聴の日」を開催し、その日は上級管理者や議員が街に出て、買い物客や世帯主と話をする。そのほかには、地方自治体の議会を地域住民に公開し、定例の質疑応答時間を設けている。インターネット上で委員会の放映をはじめたところもある。市民がコメントや提案を録音できる無料電話回線は現在広く普及している、そして少なくとも一つの地方自治体は街にビデオブースを設け、それで住民がビデオメッセージを録音することができる。

10年前には比較的まれだったが、今ではほとんどすべての地方自治体や多くの他

> ブリストル市は、市内随所に市のホームページへの無料アクセスや他の情報を提供する「マルチメディアキオスク」を設立している多くの地方自治体のひとつである。

> 「住民と共に歩むヘルフォードシャー市」事業の目的は、政府が資金を提供している地域再生計画を利用して、「自治体サービス情報へのブロードバンドアクセス」を提供することである。郡自治体(county council)もまた、警察、医療サービス、商工会議所、ＮＰＯと一緒に、住民が、ひとつのアドレスですべてのサービスについての情報にアクセスできるようなジョイントウェブサイトを開発中である。

（訳注）　サービス利用者フォーラム：特定のサービスのマネジメントや改善について定期的に議論する組織。メンバーや運営は一般に公開される（松井2002）。
　フォーカスグループ：市民を集め、特定の事柄について議論するが、市民を正確に代表する必要はなく特定の市民グループのみが対象とされることが多い（松井2002）。
　ビジョン実習：フォーカスグループなど多くの手法が、この範疇に入る。参加者が希望する将来ビジョン形成を目的とする（松井2002）。

> 事例 10.3
> 英国における主要調査
>
> 　英国内務省（the Home Office）は、犯罪や警察、裁判所について、その姿勢や経験したことの評価を、4万人を対象にした年次の「英国犯罪調査（British Crime Survey）」に委ねている。
>
> 　保健省（the Department of Health）の「患者の視点から（Through the Patient's）」調査は、入院患者の目で病院で受けた扱いの評価をしている。
>
> 　鉄道戦略庁（The Strategic Rail Authority）は年に2回、列車の乗客の視点で列車のダイヤの正確さや便利さ、運賃の価格レベルについての分析をする「全国乗客調査（National Passenger Survey）」を行っている。

の地域サービスの提供者は、提供しているサービスについての住民満足を定期的に計測するために住民調査を行っている。中央政府もまた、近年一般住民の調査に大変力を入れている（事例10.3を参照）。

　英国の多くの地方自治体や警察や保健機関は、主要な政策課題について定期的に見解を求めるための反響板として市民パネル（citizens' panel）を利用している。一般的には1,000～2,000人の地域住民が代表として抽出される。サービス利用者や特定地域のパネルもまた、現在一般的である。

　市民陪審は、特定の政策やサービスの専門家からの証拠を検討し、提言を行うための小規模の専門家でない人々のグループ（住民全体の代表的なサンプルと

> ミルトンキーンズ市とブリストル市はどちらも、住民にいくつかの選択肢とサービス予算との関連を示した上で、「カウンシル税率についての住民投票」を行っている。

（訳注）　**市民パネル**：特定のサービスや政策または広範な計画づくりなどのために地域住民の中から代表（750人から2,500人程度）を選んで年に数回実施する（松井2002）。
　　市民陪審：一般住民から数名を代表として選出した陪審員グループをつくり、地方自治体の特定事項について考察、検討し、意見やアドバイスの提供等を行ってもらう制度（柴田2003）。

なるように選ばれる）を結集する。陪審は、米国やドイツでは数年来使われてきているが（レンほか1995参照）、最近では英国の保健機関や地方自治体で利用されるようになった。

いつくかの行政機関はまた、主要となる政策課題を調査するために、しばしば「公共調査ワークショップ（public scrutiny workshop）」、「コンセンサス会議（consensus conference）」と呼ばれる、より規模の大きい市民陪審を発展させている。

個々の地域住民と協議するために、例えば、掲示板や政策立案者とのオンラインでの議論など双方向の情報通信技術が使用されている。そして予算について住民と協議している地方自治体の数は増えている。カウンシル税（council tax）の税率について住民投票を行っているところもある。他には、サービス間の配分について、住民の見解を得ようとするところもある。

協　働

協働は協議よりも一般的ではないが、戦略策定（例えば「実現計画（planning for real）」、「ビジョン実習」、住民評価）、サービスの計画、それらの共同運営、実績監視などへの住民参画を含めて、多くのさまざまな形態がありうる。利用者のグループは、サービス供給、連携によるサービス展開、より多くの財源や政策変更要求運動において役割を果たしうる（バーンズほか1999）。

第5節　効果的な参画の障害となるもの

人々への圧力

住民参加の進展は、公務員や政治家の間では、全面的な支持を受けているわけではない。驚くほどのことではないが、住民参加を、彼らの専門的な判断や民主主義的正統性を脅かすものとして理解して「住民投票によるガバナンス」を恐れている者もある。自分たちの役割が、住民の決定に「判こを押す」だけになってしまうことを恐れているからだ。

しかし実際には、利用者や市民の参画は、サービスの専門家や政治的判断を不必要にするものではない。大多数のケースでは、住民参画はただ、住民間のさまざまな見解についてのより多くの情報を提供するだけのことであり、それらはしばしば

> サービスにおける異なったグループの利害関係を解明することは議員の重要な役割の一つとなるであろう。彼らの仕事は地域社会のリーダーとして行動することであり、また仲介人として行動することである。異なったグループの異なった利害を調整し、地域住民のニーズに最も合致する総合的な政策を発展させることである。
>
> 出典：ヨーク市議会

対立する。政治家や上級管理者は、依然として、どのように最適に利害の対立を一致させ、それに応じて予算を分配するかを決める必要があるのである。

われわれは正しい方法を獲得しているのか？

多くの公共セクターの組織は、住民参加の「正しい」方法を選ぶことに多大の努力を払う。しかしながら実際には、一つの正しい手法はめったに存在しない。上述した方法のいくつかは、例えば住民集会や市民陪審やフォーカスグループは、高いレベルの相互作用を提供するが、一部の人々にしか届かない。それらはまたどちらかといえばコストと時間がかかり、熟達した調整能力を必要とする。他の方法、市民や利用者パネルや居住者調査のようなものは、対象を広げ、どちらかといえば費用はかからないが、深い相互作用は起こらない。

それゆえ多くの組織は、次にあげるような事項に合わせて、バランスの取れた方法を取り揃えておく必要がある。

○ 利用者や市民の参画の目標
○ 参画過程をマネジメントするためにその組織が使える資源
○ 時間的な感覚（timescale）
○ 住民参画の結果の受入態勢

連携しよう

いくつかの地方行政機関、または同じ行政機関内のいくつかのサービス部局ですら、互いに分離してそれぞれの協議業務を行い、取組が二重になっていることに気づいていないということはざらにあることである。このことは二つの理由で問題がある。第一には、それは資源のムダづかいである。第二には、住民の間の「協議疲れ」の危険性を増加させる。

重複をさけ、異なる取組を一緒にするために、いくつかの組織では、以前の協議

のデータベースを整えている。いくつかの地域では、それぞれのイニシアティブを確実に調整するために共同の協議戦略が地方自治体、保健機関、警察やその他の行政機関によって展開されている。

> 通常は10回質問してもその情報を使うのは一度だけである。これからは一度尋ねたその答をさまざまな状況で10回使うことを学ばなければならない。
>
> 出典：地方自治体事務総長

無関心に勝つ

　もう一つの問題は、多くの住民が、政府が望む方法や度合いで関与することには気がすすまないことである。調査によると、例えば英国では、自分たちの地方自治体にもっと参画したいと思っているのは5人に1人だけである（ボックス10.1参照）。

　当然のことながら、すでに関与している少数派は、少数だからといって共同体全体を代表していないとして切り捨てる訳にはいかない。特に最も弱者の集団、低所得者、若者、老人、障害者を抱えた家庭、少数民族は、通常は最も関与する気にならない人たちだからである。さらに、たいていの人々はどちらかといえば受け身的な関与の方法を強く望む。最近の英国の調査によると、住民は一度限りの郵送による調査や対面式のインタビューを強く望んでいる。徹底した協議に進んで参加しようとする人は全くと言っていいほどいない。たった13％の人々が自分たちは住民集会に行くといっており、6％の人だけが市民パネルに参加してもよいと答えており、3％が市民陪審に参加してもよいと答えている（マーチンほか2001）。

　この問題を多少なりとも解決する一つの方法は、市民が最も関心があると述べる政策や問題、一般的には地域の安全、道路清掃、若者向けの余暇施設などのサービスについて、焦点を当てることである。もう一つは、市民が最も快適な協議方法を使うことである。また、どのように結果が利用され、どのような決定がどうしてなされたかについてのフィードバックを与えることも重要である。そのことにより人々は自分たちの見解がまじめに採用され、変化を生じさせたことを理解できる。最後に、住民との関与において、重要な前進を遂げた公共サービス提供者のなかにも、彼ら自身のスタッフとの協議がうまく行われていないものがある。このことは、多くの第一線で働いているスタッフが地元に住んでいて地域のサービスを利用しているということを考えると、絶好の機会を逃していることになる。したがって、彼らは自分たち自身や家族の経験において、価値あるフィードバックを提供するポジ

> ボックス10.1
> 参加への住民の姿勢
>
> ○ 地方自治体が何をしているか、また自治体がちゃんと仕事をしているかどうかには関心がない　…1％
> ○ 地方自治体が仕事をしている限り、自治体が何をしているかには関心はない　…16％
> ○ 地方自治体が何をしているか知りたいと思うが、仕事は自治体にまかせたい　…57％
> ○ 地方自治体がしていることや提供しているサービスについてもっと意見が言いたい　…21％
> ○ すでに地方自治体と協働または参画している　…3％
> ○ わからない　…1％

ションにいることになるのである。

変化を保証する

　市民が参画について気乗りがしない最も主要な理由の一つは、政府や公共サービス提供者が住民の意見に応える意思があるのかどうか懐疑論が広がっていることである。多くの場合、対応できる範囲は、行政機関が政策領域に対して限られた権限しかもっていないという事実に制約されるであろう。英国の地方自治体は、例えば、地域の人々が健康や地域の安全や雇用のように、最も強く興味を持っている重要な問題について、直接の影響力をほとんどもしくは全く持っていない。また彼らが直接提供するサービスの点についていえば、中央によって定められた業績目標や「融通の利かない」予算に基づいており、しばしば策をめぐらせる余地は限られている。

　それゆえ、まず最初に、参画の範囲、交渉にあがっている問題、変更が可能な点、「踏み込めない部分（off-limit）」は何

> もし投票が何かを変えるのであれば、彼らは投票そのものを廃止するであろう。
>
> 　　　　出典：ロンドン市長
> 　　　　ケン・リビングストン

かについて、明確にすることが重要である。また、全過程を通じて利用者や市民と効果的なコミュニケーションを行うことが極めて重要である。さらに可能であれば、初期段階の「成功」が達成され、祝福されることが重要である。地域社会はしばしば政策決定が遅すぎることに不満を持ち、もし改善が非常に迅速に実現しなければ関心をなくすのだ。

参加を評価する

現在、英国においてもその他多数の西洋諸国においても、住民参加およびその可能性や落とし穴について、確固とした一連の知識がある。例えば、クートとレンファン（1997）やマッキーバ（1997）は、保健サービスにおける市民陪審の利用を評価している。ホールとスチュワート（1997）は、英国の六つの地方自治体における市民陪審の初期段階の試みについての詳細な報告を提供しており、図書館サービスや、ゴミ処理、地域における薬物問題、農山漁村地域における公共施設や地域再開発など多様なテーマを取り扱っている。

しかしながら、公共サービスの提供者はしばしば、知識の蓄積を利用したり、行政参加の彼ら自身の経験を反映することに失敗する。その結果、「二番煎じ」をしたり、別な場所で犯されている過ちを繰り返すという危険をおかす。

それゆえ、利用者や市民参画のための以前の試みの結果を評価することに、十分な時間を費やすことが重要である。つまり、住民が何を望んでいるのか、人々はどのように決定に参画したいのか、またどの方法が最もうまく働くのかについて、何がすでに知られているのかを判断することである。また、政策立案者や実務家にとって、行動を他の地方行政機関と調整する余地について注意深く考えることや、住民参画について他のサービス設定や他の国からアイデアを取り入れるためにより幅広く観察することが大切である。

まとめ

政策形成やサービスの設計と提供において、サービス利用者や市民の参画は新しいことではない。しかし、それは大部分の西洋民主主義諸国において、ますます善きガバナンスの鍵として理解されてきている。その結果として、より大きな住民参

加を確保するための新しい施策や取組が大量に存在している。

　参画には多様な形態がある。より相互作用の少ない方法としては、政策立案者やマネジャーから住民への一方向の情報の流れとしての情報提供がある。より相互作用的な方法には、政策立案者・マネジャーや利用者・市民の間の情報や見解、状況の二方向の流れである協議と、戦略を発展させ、サービスを計画、提供し、サービス水準を管理するための提供者と住民の間の活発なパートナーシップとしての協働がある。

　参加は、多様な関係主体のさまざまな範囲からの参加があり得る。ある状況においては、真っ先にサービスの利用者の参画が適切である。他の状況では、住民全体を参画させることが必要である。いつくかのケースでは、その場所の特定の地域や特定のグループの共同体と連携することが重要である。

　住民参画には多様な技法が揃っている。一番重要なことは、組織によって使用されている方法が目的にあったものであること、そして組織自身の受入態勢と参画を求めているグループの能力にとって適切であることである。

　住民参加は、さまざまな潜在的な利益をもたらすだけでなく困難な課題をも伴う。そこにはさまざまなサービスや違った国家背景を通じて得ることのできる多くの経験がある。政策立案者や政治家や公共サービスのマネジャーは、彼ら自身の組織の住民参画へのアプローチを展開しているなかで蓄積されつつある一連の事実を利用することが重要である。

《参考文献》

アーンスタイン（1971）
　　Sherry Arnstein（1971）, 'The ladder of citizen participation', *Journal of the Royal Town Planning Institute*, Vol. 57, No. 1, pp. 176-182.
英国環境・運輸・地域省 1998c
　　DETR（1998c）, *Modernising local government: improving services through Best Value*. London: The Stationery Office.
英国副首相府（2002）
　　ODPM（2002）, *Connecting with communities: improving communications in local government*. London: Office of the Deputy Prime Minister.

ＯＥＣＤ（2001a）
　　OECD（2001a）, *Engaging citizens in policy-making: information, consultation and public participation*, PUMA Policy Briefing No. 10. Paris: OECD.

クートとレンファン（1997）
　　Anna Coote and Jo Lenaghan（1997）, *Citizen's juries: theory into practice*. London: IPPR.

マッキーバ（1997）
　　Shirley McIver（1997）, *An evaluation of the King's Fund citizen's juries programme*. Birmingham: Health Services Management Centre.

バーンズほか（1999）
　　Marian Barnes, Steve Harrison, Maggie Mort, Polly Shard flow and Gerald Wistow（1999）. 'The new management of community care: user groups, citizenship and co-production', in Gerry Stoker（ed.）, *The new management of British local governance*. Houndmills: Macmillan.

ブロムリーとラオ（2000）
　　Stratford C. Bromley and N. Rao（2000）, *Revisiting public perceptions of local government*. London: DETR.

ホールとスチュワート（1997）
　　Declan Hall and J. Stewart（1997）, *Citizen's juries in local government*. London: LGMB.

ボベール（2002）
　　Tony Bovaird（2002）, 'Public administration: emerging trends and potential future directions', in Eran Vigoda（ed.）, *Public administration: an interdisciplinary critical analysis*. New York: Marcel Dekker, pp. 345-376.

ポリット（1988）
　　Christopher Pollitt（1988）, 'Bringing consumers into performance measurement: concepts, consequences and constraints', *Policy and Politics*, Vol. 16, No. 2, pp. 77-87.

マーチンほか（2001）
　　Steve Martin, Howard Davis, Tony Bovaird, James Downe, Mike Geddes, Jean Hartley, Mike Lewis, Ian Sanderson and Phil Sapwell（2001）, *Improving local public services: final evaluation of the Best Value pilot programme*. London: Stationery Office.

マーチンとボーズ（2002）
　　Steve J. Martin and Annette Boaz（2000）, 'Public participation and citizen-centred local government', *Public Money and Management*, Vol. 20, No. 2, pp. 47-54.

マッキーバ（1997）
　　Shirley McIver（1997）, *An evaluation of the King's Fund citizen's juries programme*. Birmingham: Health Services Management Centre.

レンほか（1995）
　　Ortwin Renn, Thomas Webler and Peter Wiedemann（1995）, *Fairness and competence in citizen*

participation. Dordrecht: Kluwer Academic.

ロウドネスほか（1998）

　Vivien Lowdnes, Gerry Stoker, Lawrence Pratchett, David Wilson, Steve Leach and M. Wing field（1998）, *Enhancing public participation in local government*. London: DETR.

《訳注参考文献》

柴田さおり、2003年、「英国における住民参画の手法『市民陪審制度』」、『自治体国際化フォーラム』2003年7月号、自治体国際化協会（http://www.clair.or.jp/j/forum/forum/gyosei/165/）

中島恵理、2005年、『英国の持続可能な地域づくり：パートナーシップとローカリゼーション』、学芸出版

松井真理子、2002年、「中央政府/自治体と市民」、竹下譲ほか、『イギリスの政治行政システム：サッチャー、メジャー、ブレア政権の行財政改革』、ぎょうせい

第11章

変わりゆく平等の概念
～ 政治、政策そして実施～

ジャネット・ニューマン　英国ミルトン・キーンズ　オープン大学

はじめに

　平等（equality）・不平等の概念は基本的に「政治的な」概念であって、それが特定の道筋を経て公共セクターにおいて制度化されたものである。しかし、「公平（fairness）」や「社会的公正（social justice）」、あるいはもっと最近の例では「社会的排除（social exclusion）」といった概念は、それまでの経緯に根差し、また変わりやすいものなのである。近年では、こうした概念の意味するところは、社会・経済・政治情勢の変化を反映して変わってきた。そうした変化は、福祉国家では誰もが普遍の権利や利益を保証されてしかるべきであるという前提が崩れたこと、身体障害や年齢、性別をとりまく社会的動向の重要性が高まっていること、労働市場と公務員の世界双方で女性の役割が変わっていること、そして英国において、1999年のマクファーソン報告に従い、制度上の文化や慣習を抜本的に再評価したことにも見られる。この報告で、1993年にステファン・ロレンスという10代の黒人少年の死を警察がきちんと処理しなかったことが伝えられた。この報告をきっかけに、「制度的人種差別（institutional racism）」という概念が政治用語になり、人種差別に関わる英国の法律が改正されたのである。こうした動きや出来事の一つひとつは、広範な政治的変化の枠組みの中で起こっている。特に、再配分の意義を表す平等からより文化的な解釈を意味する社会的排除へと、形式的な概念である平等からより柔軟な考え方である社会的多様性（socil diversity）へと言葉が変化していることに注目すべきである。

　こうした変化が、公共セクターに大きな課題を生み出した。公共セクターの力量は、多種多様な問題の影響を受けるが、特に、ビジネスやマネジメントの新たなや

り方の採用方法、消費者優先主義（consumerism）の観念が公共サービスと住民の関係を再形成する方法、そして第2章、第4章、第8章で述べられている新しいガバナンスの影響を受ける。21世紀初頭にあって、われわれを取り巻く現状はどんなものか？そしてこの予断を許さない社会的・政治的変化の最中、平等目標を達成するために公共セクターにはどんな力が必要なのだろうか。

> この章の学習目標
> ○ 政治的平等と、そこから生まれる公正に関するさまざまな考えを理解すること。
> ○ 平等性の政策と多様性の政策が、どれほど単純に「優良ビジネス事例」の問題と結びつけられているかを理解すること。
> ○ 政策を実行に移す場合に必ずともなう難しさを認識できるようになること。
> ○ 新しいガバナンスの下で平等性と多様性をどう見直すかを理解すること。

第1節　変わりゆく政治：行政執行上の公正か、社会的公正か

　平等は、本質的で変わることのない普遍の公共経営の原理ではない。平等に関わる法律や政策は、階級、社会的性差（gender）、人種、障害、〔同性愛などの〕性的関心といった社会的区分（social division）をめぐる構造的不平等のパターンを克服しようと、特定の人々が悪戦苦闘した成果である。われわれが市民として当たり前に思っていることのほとんどは、こうした必死の努力の賜物なのである。政治的平等（the politics of equality）は、既に確立されたものではなく、新たな不利益に直面したグループや、自分たちに開かれた機会を拡大しようとするグループにとって、社会的活動の焦点であり続ける。それはまた、権力の基盤を脅かされる人々が思想的、法的そして組織的資源を動員して変化に抵抗する場合には、さまざまな形をとった「揺り戻し」に対して無防備でもある。平等や多様性、社会的公正は、それ故、すべて「政治的」概念で、異なった解釈によって焦点があてられ、また立法化と抵抗という異なる戦略の元となる。
　公共セクターでの平等の形式は、上述の政治的影響とは無関係の概念である行政

執行上の公正 (administrative justice) の概念に基づくものとしてたてまつられるようになった（ボックス11.1参照）。

しかしながら、行政執行上の公正は、不平等を是正する手段としては不十分である。皆を同じルールの下に置いても、過去から受け継がれてきた不公正を償うには十分でない。さまざまな社会的区分をめぐって形作られてきた不平等のパターンを克服するための機会を個々人に提供しても、その区分そのものについては何もしていないに等しい。行政執行上の公正が、主流派文化の再生産を後押しするような個人的で消極的な機会均等観を生み出す。つまり、成功するために一人ひとりが主流派の特長を真似るだろうが、主流派の抱くイメージの中で、何世代にもわたって型にはまった組織文化が形作られてきたのである。このように、構造的変化、つまり力関係の変化はほとんど起こりえず、職員、顧客、市民らの同じグループが、権力や意思決定の中枢から閉め出され続けるのである。公平と平等に関して数々のルールがあるにもかかわらず、自分たちの関心事が無視されたり、声を聞いてもらえなかったり、あるいは不当に扱われたりすることに気付く人々もいるだろう。

最近、政治的平等は二つの大きな変化にさらされた。一つは、多様性がより重要視されるようになったこと、つまり、単に均等な機会を提供することよりも、違いに対応することの必要性が認識されてきたことである。二つめは、一つめに比べると深く根付かなかったが、消極的で形式的な平等概念を、より積極的で力強い社会的公正という概念によって乗り越えようとする試みであった（ボックス11.2参照）。このため、政策や事業の実施過程よりもその成果に注意が払われるようになったのである。

ボックス11.1
行政執行上の公正に関する二つの原則

第一の原則は、民主的福祉国家における市民観に由来する。同じ条件下なら、すべての市民はどこで、そして誰に対して要求しても同じ利益を受けられるように、等しく福祉サービスを要求する権利がある。

第二の原則は、公共サービスを提供する官僚が公平な取り扱いをすること、つまり官僚制のルールと官僚の働く組織の規範によってその公平さが保証されていることである。

第2節　変わりゆく政策：多様性は経営資源たりうるか？

多様性という課題の出現

　1980年代及び1990年代に公共サービスは、市場原理が導入されたり、外部委託が拡大されたり、効率性という目標と「価値あるサービス（value for money）」が新たに重要視されるようになったり、公務員の賃金を下げようとする圧力が大きくなって労働組合の持つ力に対し一連の攻撃が加えられたりといった根底からの変化を経験した（第2、4、7章参照）。多くの組織が柔軟な戦略を導入した結果、皮肉にも、その組織の中でも女性や黒人、少数民族の割合が多い最低賃金の労働者たちが影響を受けた。注目すべき例外はあったものの、平等性の目標より、ビジネスや効率性の目標が優先されるようになった。しかしながら、最近では、民間セクター・公共セクターを問わず多様性戦略が組織にもたらす利点に再び関心が持たれるようになってきた。ボックス11.3に示した三つの研究事例を考えてみよう。
　この三つの事例では、平等性が何の問題もなく効率性と結びつくかのように、即ち平等性を考慮することが優良ビジネス事例に結びつくかのように述べられている。しかしながら、公共サービスにおいて財源調達や正統性の点で競争が増加すれば、この一体感と同じくらい、平等性の考慮よりも効率性に重点が置かれてしまうおそれも同じようにある。実態は必ずしも平等と効率が単純に結びついているわけではない。平等性と効率性は正反対のものではなく、サービスの企画や実施、成果の場面でさまざまな方法で関連づけられる（ハロー2002）。ただし、平等性と効率性と

ボックス11.2
行政執行上の公正と社会的公正の相違点

　「行政執行上の公正」とは、手続きや規則に関するものである。例えば、職員選考の手順、資源分配の規定
　「社会的公正」とは、政策や事業の成果に関するものである。例えば、労働力の全体像や資源が再分配される範囲

の関連は状況に固有のもので、戦略段階と運用段階の両方で、組織が平等の目標をビジネスの目標とどう結びつけるかにかかっているということを認識しなければならない。

ボックス11.3
民間・公共セクターにおける多様性戦略事例

事例1　英国石油会社におけるゲイ社員を対象とした多様性の推進

英国最大手の英国石油会社（British Petroleum）は、ビジネス現場での古い偏見を一掃する取組の一環として、ゲイやレズビアンを採用の対象としている。また、アングロサクソン男性だけを満足させるゴルフクラブ文化から脱却するため、女性や外国籍の人々を一定枠獲得することにも意欲的である。同社最高経営責任者のブラウン卿は、…「油田やガス田を開発するのに必要などんなプラントや装置よりも人材は重要です。…世界で最も有能な人々をより多く獲得できれば、優位に立てる可能性があるのです。」と述べた。

さらに昨日、貿易産業相パトリシア・ヒューイットは、少数民族のコミュニティ出身の労働者にも確実に働く機会が与えられるよう、企業に採用方針の見直しを強く促した。「これは当然行うべき正しい事であるだけでなく、新たな才能を発掘するのにできるだけ対象範囲を広げることは手堅くビジネスを進めるためには当然のことでもあるのです。」と彼女は言った。彼女がこう要求したのは、英国の一流企業と公共セクターの先進組織、99を調査した結果、少数民族出身者の役員はたった44人しかいないことが確認されたことが明らかになったからである。… 調査対象組織の3分の1以上が … 人種戦略のお陰で、「顧客から見て最も重要な事柄に目に見えて影響があった」と回答した。

出典：ガーディアン紙（2002年6月20日付け、第2面）から編集

事例2　多様性がいかに業績を向上させるか

最近出た調査報告「多様性のビジネス」で、英国の100以上の一流組織が、今や多様化を進めることが業績全体に大きく寄与すると認識していることが明らかになった。その業務が商取引であれ良質な公共サービスの提供であれ、回答者の80％が適切な多様性方針をもっていれば業績が向上すると考えている。

コンサルタント専門家のシュナイダー＝ロスの行った別の調査事業では、民間セクターおよび公共セクターの140の優良組織に対し、平等性と多様性の業務での優先度および、その優先度と業績全体との関連をどう考えるかについて質問した。その報告書によると、「平等性と多様性の方針が成功したケースでは、優秀な社員を獲得できたり、社員がなかなかやめなくなったり、市場や地域社会のことがよく分かるようになったり、評判が上がってコスト節減につながったり」といった重要な意味を持つ業績をあげていることが分かった。

出典：英国内閣府多様性ウェブサイト（www.diversity-whatworks.gov.uk）から編集

事例3　重要な関係
　平等性と公平性は、不均衡に取り組み人々の健康と福祉を向上させるという英国政府の目的の中核をなすものである。医療・福祉政策の刷新のための総合的プログラムは、質が高く、公平で利用しやすく、対応の早いサービスをめざしている。さらに、サービスや雇用を新しくする際、政府は包括性（公共サービスが全市民のニーズを満たすよう保証すること）を約束している。しかしながら、こうした目標が達成されるのは、国民保健サービス機構が、それにふさわしいリーダーシップを発揮して、その取り扱うあらゆるもの、サービスの提供だけでなく適当な技能と多様性を持った適当な人々を雇用することにも、確実に平等性と包括性を取り入れる場合だけである。

出典：ＮＨＳエグゼクティブ（2000、p2）から編集

　行政の政策文書では、平等性と多様性は、単に多様な顧客や市民の多様なグループのそれぞれに異なるニーズへの「対応」の一例に過ぎないという論調がある（英国自治体監査委員会2002c）。しかしながら、学術論文では、ニーズへの対応が必ずしも平等性を考慮することにならないことが示されている。つまり、住民協議を実施した結果、専門的な平等性の観念が外されてしまい、消費者の力は平等性を推し進める原動力としては弱いことが多いのである（ハロー2002）。このジレンマの解決策は、行政執行上の公正ではなく社会的公正の概念と関連させ、多様性についての強い観念と協議形式をつくり出すことである（ヤング1990）。多様性に対して積極的な観念をとるということは、「一体としての（つまり画一的な）コミュニティに諮る」という未熟な考えに頼ることや、人々を明確に分類すること（例えば、「黒人

と少数民族のコミュニティ」、「女性」、「老人」等々）ではなくて、大衆の中のさまざまな関心や複雑な帰属意識を認めることといえるのではないだろうか。単に標本調査によって予め得られた「意見」によるのではなく、協議は、さまざまなグループが問題点について知らされ、グループ相互あるいは行政機関との対話に参画することを可能にするはずである。

　多様性政策は、集団よりも個人に、そして同化政策に重点を置いているとして批判されてきた。つまり、多様な集団が主流派に吸収されたり組み込まれたりして、はっきりしたアイデンティティの型や忠誠心の表し方を失うのである（プラサドほか 1997）。もし組織が、皆が同じ目標と価値について「自分のものであるという気持ち（ownership）」をもって、主流派の風潮を取り入れることを求められているような全体論的で合意形成済みの文化をもとに形づくられているようであるならば、たとえ労働力が多様であっても、よりよい工夫や素早い対応、市場の動向への敏感な反応といったことは起こらないだろう。多様性のある組織は、必然的に柔軟な組織である。異なる価値観や基準間で摩擦があり、伝統的な慣習に対して少数派が疑問の声を投げかけることができ、力の不均衡や差別的な慣行が認識され議論される組織であり、即ち、変化にはマネジメントだけでなく政治も必要だということを分かっている組織なのである。

　こうした難しさにもかかわらず、多様性とビジネスの有効性とを関連づけることは、平等計画を組織戦略の中心に位置づけるための足がかりとなるのであって、時代遅れの人事管理に託すべきものではない。しかしながら、政治とビジネスとの協力関係は不安定であるので、平等性と多様性は、競合する考えであり、その周辺で数々の摩擦が起こっているということを忘れないことが重要である。そこで初めて、平等性と多様性は、誰もが原理・原則に属すると思うような概念であるのに、なぜ現実的で持続的な違いを生じさせるような形ではほとんど実行に移されないのかを理解できるのである。

第3節　実務を変える：変化に対する障壁

　何十年にもわたって平等性が公共サービスの中心に置かれていたのなら、なぜほとんど達成されていないのだろうか。例えば、英国の自治体監査委員会（2002c）や、

人種平等委員会（the Commission for Racial Equality）、機会均等委員会（the Equal Opportunities Commission）その他の公的組織が出している文書など、ここにあるデータは大変説得力がある。変化への障壁は、制度、組織、そして個人という三つの異なるレベルで分析することによって探ることができよう。

制度上の障壁

ここでは、外部の関係主体から見た正統性を高めるために、組織が規範や習慣を取り入れる方法について探る（ニューマン2002a）。平等政策は、公共サービスにおける主要な「適切な行動の論理」の一部である。こうした論理は、同僚との、あるいはある特定の専門家集団（人事部局の職員、平等問題担当職員、専門家の協会、労働組合等々）内での相互作用を通して形成されてきた規範や慣行が基盤となっている。こうした規範は、提供するサービスが違うと微妙に異なる（例えば、社会福祉事業組織が「押しつけ的な習慣に反対するやり方」のことを話している時、警察では「制度的人種差別」を根絶しようとしているかもしれない）。また、それらは、地理的条件によっても変わる（例えば、都市部では農山漁村地域よりも、平等問題は正しいものとして支持されることが多い）。

平等のための方針や計画はいくぶん形式的なもので、その役割は制度的な環境の中で組織の正統性を確保することである。その兆候や象徴は、例えば、「私たちは均等な機会の下に雇用しています。」という言葉が求人広告に載せられたり、黒人の職員の写真が広告物に掲載されたり、あるいは女性が昇進して、他は男性ばかりの上級管理者の中で紅一点となったりと、たくさん現れているだろう。しかし、こうした兆候や象徴と、日々の実務における現実とは、「それほど強くない結びつき」にすぎないであろう（メイヤーとローワン1991）。結びつきが緩やかであることによって、システムのさまざまな部分でそれぞれ独立して多様な目標を追求することができるのである。平等目標を支持しながらも、運用効率を妨げさせないという微妙なバランスを探り当てなければならない。それで、例えば、公式にはワークシェアリングの方針が定められる一方で、実はどこで適用されどこでは適用できないかということが決められている非公式なルールがあったりするのだ。効率化を確実に達成

（訳注）　機会均等委員会：1975年に成立した「性別禁止法」の理念を推進するための政府から独立した機関として、同法に基づき1976年に設立された（渡辺2002）。

するために新たな就業制度が導入されると、皮肉にもかえって低賃金労働者の賃金や労働条件が影響を受けることになり、悪条件の女性や少数民族の職員にはさらに深刻となるだろう。企業の中枢は、サービスの企画や管理運営にはほとんど影響のないような社会的排除に対する方針を採用するだろう。結びつきを強化すれば、結果（output）が監視され成果（outcome）が評価されることによって、政策とその成果の間により緊密な関係がもたらされるのである。

組織的な障壁

組織的な障壁は、組織文化の剛直さが中心となっていることが多い（イッチンとニューマン1995）。これは、個人や集団が不利益を被るのは、公然たる差別（例えば、昔あった警察隊の身長制限、あるいは、官公庁で既婚の女性が昇進できないことなど）によってではなく、職場経験に影響を及ぼす規範や慣習によってであると認識されているからである。労働時間、フレックス勤務やワークシェアリングの可能性への期待、仕事と家庭の適度なバランスの基準といったことはすべて「公平に」（つまり等しく）適用されるのだろうが、その結果が差別となることも少なくない。言葉やユーモア、そして生活様式や人間関係に関する標準的な考え方は、すべて、特定の人々が社会から取り残されたり、十分（社会に）貢献できなくなったりする原因となり得るのである。黒人の若い男性やアジア人女性、若い未婚の母や放浪労働者、ホームレスなどについての、利用者やコミュニティの特徴に関する先入観は、その文化の中で温存されながら、ある世代の実務家から次世代の実務家へと受け継がれていくのだろう。こうした先入観は、一人ひとりに意識されるわけではないだろう。にもかかわらず、組織文化の中で制度的なものとなって、数々の非公式の慣習に影響を与え、その慣習が関係グループにとっては差別として受けとられることになるだろう。

しかしながら、文化を変えようという戦略は、それ単独ではまず成功しない。平等問題で権力や地位が脅かされる人々の心や気持ちは、組織としての使命宣言や目標によって変えることは必ずしもできない。行動は変わらないのに口先だけ分かったふりをするようになるかもしれない。抵抗という微妙な戦略と結びついて、平等の価値観や行動を広めようとすることに対する揺り戻しにつながるかもしれないのだ。文化を変えようとする計画は、平等監査（equality audit）や、業績指標と連結した目標、悪質な行為に対する厳格な適用、成果を出せば報われる資源配分戦略、

そして成果の監視や評価といった「確固たる」組織変革戦略によって支えられる必要があるのだ。

個人レベルの障壁

ここでは、平等政策が実施されるのを各人がどう経験するかというその方法に原因を探る。変化というものは、既に確立された権力基盤を脅かすだけでなく、自分の能力や専門技術に対する労働者自身の見方をも脅かす（ルイス 2000b）。例えば、黒人の病院職員が白人の患者から人種差別的な悪態をつかれるかもしれない。あるいは、白人職員が、同僚の黒人に対する差別的な発言を一緒になって言うよう求められるかもしれない。しかし、患者が弱く自分では何も出来ない立場なので、黒人・白人のどちらの職員も言い返そうとはしないだろう。介助士は、自分とは異なる文化環境で育った要介護者－あるいは介護者－の問題行動のせいで、その能力を疑問視されるかもしれない。白人の社会福祉士長は、「多民族」から成る配下のチームからのクレームによって自分の権威が脅かされていると感じ、黒人職員に対しては適切に業績マネジメントを行うことにためらいを感じるかもしれない。男性の警察官は、同僚のゲイやレズビアンを同僚同士のプライベートなつきあい（チームとしての技量はこうした関係に大きく左右されるのだが）から仲間はずれにするかもしれない。こういった個人的な懸念や感情、反応は、合理的なマネジメントによって対処できる範囲を越えているとみられることが多い。しかし、こうしたことが、既に不利な状況にある人々を一層疎外することにつながりかねない。経営面と同じくらい感情面が変化の原動力となることが認識されている組織文化の中でのみ、そして責めるより学ぶという文化があるところでのみ、こうしたおそれが直視され、取り組まれるのである。

第4節　変わりゆくガバナンスの形

新しいガバナンスに関する文献では、ネットワーク、パートナーシップ、参加や関与といった観念はすべて、公共政策体系（the public policy system）の中での変化を徹底的に楽観視した立場、すなわち、階層制の硬直性や市場の分散化からの解放を歓迎するといった立場から、大雑把に概念化されていることが多い。しかしなが

ら、そうした概念が生み出したり増幅させたりする包含と排除のパターンにもっと注意を払う必要がある。

　公共セクターにおけるネットワーク型のガバナンスの重要な特徴の一つは、互いに依存し合う複数の活動主体間で力が分散されていることである。公共セクターの組織はそれゆえ、単に上からの「公式見解」を受け入れるだけの存在ではなく、新たな計画をつくったりネットワークベースの新たな人間関係に引きずり込まれた人々の経験に影響を与えたりする活動的な代理人なのである。一見区別の問題とはほとんど関係のない数多くの行動が、組織内およびそれより広範な「コミュニティ」にも、平等・不平等の（行動・思考）パターンに大きな影響を及ぼすという点で、重要な意味を持つおそれがある。次のような事柄、組織が協議（consultation）を活用し始める方法やパートナーシップ団体の代表を選ぶ方法、「ベスト・バリュー」あるいは客観的ガバナンスといった現代化改革を実施するために選ばれた戦略、ネットワークベースでの業務が必要な新たな事業や取組の第一歩を展開したりするために職員を選抜する手段、コミュニティの戦略が創り出され地域の戦略的パートナーシップが確立される方法、ボランタリー組織あるいはコミュニティ組織との契約方法や、そしてそれらを実施のうえで「コミュニティ」や「多様性」そして「違い」の概念を決めることなどがその一例である（ニューマン 2001a、2003）。

　ネットワークとパートナーシップは、公共領域の複雑さと曖昧さが増していることに対する反応と見られる。行動の現場が変化すれば、平等という課題は再調整されなければならない。ニューマン（2002b、2003）の中で私は、こうした調整によってどんな成果が得られるか、二つの別なシナリオが考えられることを示した。一つめは、悲観的なシナリオである。公的な行政機関の権力が優勢だということは、「外部」からの急進的な正論が吸収されたり、そらされたり、骨抜きにされたりすることを意味する。例えば、組織はさまざまな形式の協議に関わるかもしれないが、（こうした協議では）公的な行政機関によって討論のルールがしっかりと定められており、したがって他に可能な対話形式は排除されたり無視されたりするのである。反対意見や厄介な意見は「少数意見」として相手にされないだろうし、主流派の統一見解に疑問を投げかけるおそれのある人々は、一連の裏工作で除外されるだろう。

　二つめのシナリオは、歴史的に意思決定過程から疎外されてきた人々から投げかけられる課題を公共セクターがもっと受け入れるようになることである。この筋書きは、平等を実現するために献身的に働いている公共サービス部門の職員たちが社

会志向の行動を起こす可能性にも主眼を置いている。組織が、地域社会の活動家や政治団体に属する利用者をはじめとする顧客や市民、地域社会からのより大きな影響を受け入れるようにすることが、革新（innovation）への大きな弾みとなりうる。同時に、社会的・政治的変化に取り組もうとしている公共サービスの専門職員たちに、新たな正統性を与える可能性もあるのである。

まとめ

　平等・不平等の概念は、基本的に「政治的な」概念である。最近では、再配分を表す平等から、より文化的な解釈を含む社会的排除へと、そして平等という形式ばった概念から、より柔軟な考え方である社会的多様性へと言葉が変わってきた傾向がある。

　平等とは、公共経営における変わることのない普遍の原理ではない。平等に関する法や政策は、階級や社会的性差、人権、障害の有無、性的関心といった社会的区分をとりまく構造的不平等のパターンを克服しようとした特定のグループの努力の賜物なのである。最近では、多様性がより重要視されるようになってきた。即ち、違いに対応したり、社会的公正という一層積極的で柔軟な概念を追求したりする必要性が認識されてきたのである。

　多様性がビジネスに好影響を及ぼすと考えられるようになり、平等方針が組織戦略の中心に位置づけられているのをよく見かける。しかしながら、平等と多様性が競合するという事実は残ったままである。これが、近年〔平等や多様化が〕期待されたほど実現していない理由の一つであろう。変化への障壁は、制度レベル、組織レベル、個人レベルという異なる三つの段階に見出せよう。

　最後に、公共セクターにおけるガバナンス・ネットワークの形は、一見、区別の問題とはほとんど無関係のさまざまな行動が、平等・不平等のパターンに影響を及ぼすという点で大変大きな意味を持つおそれがある。パターンに影響するものは、協議のためのネットワーク手法や、パートナー団体の代表選出方法、新たな事業や取組の第一歩を展開するための職員選抜方法、コミュニティ戦略や地域における戦略的パートナーシップを展開する方法、ボランティア団体やコミュニティ団体との契約方法、そして「地域社会」、「多様性」、「違い」という事柄が概念化される方法

などがある。

《参考文献》

イッチンとニューマン（1995）

Catherine Itzin and Janet Newman (eds)(1995), *Gender and organisational culture: linking theory and practice.* London: Routledge.

英国自治体監査委員会（2002c）

Audit Commission（2002c）, *Equality and diversity.* London: The Audit Commission.

ＮＨＳエグゼクティブ（2000）

NHS Executive（2000）, *The vital connection: an equalities framework for the NHS.* London: The Stationery Office,（www.doh.gov.uk/nhsequality/nhsequalitiesframework.htm, as of 24 February 2003）.

ニューマン（2001a）

Janet Newman（2001a）, *Modernising governance: New Labour, policy and society.* London: Sage.

ニューマン（2001b）

Janet Newman（2001b）, 'What counts is what works'? Constructing evaluations of market mechanisms', *Public Administration,* Vol. 79, No. 1, pp. 89-103.

ニューマン（2002a）

Janet Newman（2002a）, 'Managerialism, modernisation and marginalisation: equal opportunities and institutional change', in Esther Breitenbach, Alice Brown, Fiona Mackay and Janette Webbs（eds）, *The changing politics of gender equality in Britain.* Basingstoke: Macmillan, pp.102-123.

ニューマン（2002b）

Janet Newman（2002b）, 'Changing governance, changing equality? New Labour, modernisation and public services', *Public Money and Management,* Vol. 22, No. 1, pp. 7-13.

ニューマン（2003）

Janet Newman （2003）, 'New Labour and the politics of diversity', in J. Barry, M. Dent and M.O'Neill (eds), *Gender and the public sector: professions and managerial change.* London: Routledge,pp. 15-26.

ハロー（2002）

Jenny Harrow （2002）, 'The new public management and social justice: just efficiency or equity as well?', in Kate Mclaughlin, Stephen P. Osborne and Ewan Ferlie (eds), *New public management: current trends and future prospects.* London: Routledge, pp. 141-159.

プラサドほか（1997）
 Pushkala Prasad, Albert J. Mills, Michael Elmes and Anshuman Prasad (eds)(1997), *Managing the organizational melting pot: dilemmas of workplace diversity*. London: Sage.

メイヤーとローワン（1991）
 J. Meyer and B. Rowan（1991）,'Institutional organizations: formal structure as myth and cere mony', in Walter Powell and Paul J. DiMaggio (eds), *The new institutionalism in organizational analysis*. Chicago, IL: University of Chicago Press, pp. 41-62.

ルイス（2000b）
 Gail Lewis（2000b）, *Race, gender, social welfare: encounters in a postcolonial society*. Cambridge: Polity Press.

《訳注参考文献》

渡辺文、2002年、『英国におけるジェンダー・ギャップ政策（クレアレポート 224）』、（財）自治体国際化協会ロンドン事務所

第12章
倫理と服務規律

ハワード・デービス　英国ウォーリック経営大学院

はじめに

　高い服務規律（standard of behaviour）を持つことへの関心は決して新しい現象ではない。実際、政治家や公務員に倫理的な行いをして欲しいという要求は、近代の法による支配（the rule of law）、あるいは法治国家（Rechtsstaat）への関心が起きるより以前の、少なくともギリシャ・ローマ時代まで遡る。公共政策を取り巻く環境の変化のため（第2章参照）、また、公共セクターにおけるマネジメントとガバナンス双方の変化のため（第4章及び第8章参照）、ここ数年この高い倫理観を持つことへの関心が再び顕著になってきている。

　行政改革の第一波では効率性が上がったという証拠もいくつかあるものの（第4章参照）、政府に対する市民の信頼は、ここ20～30年の間に多くの工業化先進国において概して低下している。例えば、60年代の米国では政府が正しいことをしていると信じていない市民はおよそ4人のうちたった1人だったのが、90年代では、およそ4人のうち3人は政府が正しいことをしていると信じていない（パットナム2001、p47）。決してこれ一つだけではないが、この背景にある要素の一つは、一部の政治家や公務員に対する服務規律の低下に対する世間の認識が挙げられる。

　最近の「綱紀のゆるみ（sleaze）」や汚職事件、そして不正があるとの申立ての増加は、市民が持っている議員や公務員に対する信用・信頼だけでなく、市民の民主主義のための行動に対する姿勢にも影響を与えた。多くのOECD諸国では選挙における低投票率（2000年の米国大統領選挙では有権者の50パーセント未満、そして英国の地方選挙ではしばしば25パーセント未満）、党員数の減少、一般的な政治的無関心、さらには政治家に対するあからさまな軽蔑といった現象が見られる。

汚職が多いと、経済的効率性が阻まれることもまた懸念される。というのは、サービス生産のコストが上がり、効率の悪いサービス提供者が使われ、差別的な行動により特定の人のみが恩恵を受け、他の人は迷惑をこうむる。また、収入可能な税収を大きく失うことになり、公共支出の減少という連鎖反応を伴う。

　それゆえ多くの政府は、公共セクターにおける信頼の程度を高めるための行動をとってきた。これらの取組は多くの形態をとっている。例えば、市民や関係主体の参画を強めることを強調した政府もある（第10章参照）。他方、透明性を高めたり、公共領域で活動する個人や組織の公正で誠実な行動を確かなものにすることに集中してきた政府もある。

この章の学習目標

○　公共セクターにおける倫理や服務規律が現在強調されている理由を理解すること。

○　公共セクターにおいて汚職が行われるメカニズムについて理解すること。

○　英国や他の諸国で強化された服務規程への最近の動きの背景にある原理に気づくこと。

○　倫理的行動を確かにする管理型の仕組みと予防型の仕組みの長所と短所について理解すること。

○　非倫理的行動と戦うための仕組みとして透明性の役割を理解すること。

第1節　公共セクターにおけるガバナンスの重要事項としての倫理

　第8章の「善きガバナンス」の定義で示されているように、倫理（ethics）は明示であれ黙示であれ、「善きガバナンス」を形作る一部であると考えられている。なぜ公平、公正で倫理的な行動に再び注意が払われるようになったのだろうか。

　イデオロギーあるいは行動体系（codified set of practices）としての経営主義（managerialism）が非倫理的な行動を奨励するような明確なインセンティブを与えてきたという主張については、その経験的な根拠はない。しかしながら、結果（アウトプットとアウトカム）に集中して過程から離れるという、ある意味不幸な副作用

を持っているということは言えるだろう。「過程が重要である」と「結果は必ずしも手段を正当化しない」という単純な真実は忘れられているようにみえる。過程が規制されていなければ、不公正で不誠実な過程が起こりうる。

結果として、経済重視の価値観と公共セクターにおける企業的経営手法が重視されるようになった（この度合いは英国のようないくつかの国では強く、フランスなど他の国では弱い）ため、成文のものであれ慣習によるものであれ、公務における価値観や規範に関して新たな議論を発生させた。確かに各国で議論すべき緊急の課題の一つは、公共サービスらしい気風がまだ存在しているか、あるいは公務の文化が企業の文化とほとんど同様になってきたかである。

> **服務の規準**
>
> 　分権化と外部委託化は、公共サービスを提供する組織の形式を多様にしてきた。各セクター間にはより大きな入れ替えがある。より短期間の契約がある。伝統的な組織について懐疑主義がある。そういった背景に対して、もし、公共サービスにいる全ての人は何を求められているのか伝えられ、そのメッセージがシステム的に強められなければ、全員が公共サービスの本質を理解したとはいえないだろう。公共サービスとしての倫理本来の原則を再び新たにすることが求められている。
>
> 　　　出典：服務の規準に関する委員会
> 　　　　　　　　　　　（1995, p 17）

さらに言えば、契約マネジメントが導入され（第7章参照）、さまざまなセクター間の境目が曖昧になることは（第3章参照）、公共セクターの意思決定者が、新しく不慣れな場面や板挟みに直面していることを意味しており、それは倫理的な観点からはどのような行動を取るべきなのかを明確にする新たな指針を求めている。

とりわけ、公共経営における次のような変化は、何が「新しいゲームのルール」なのかという疑問を提起している。

○　公共・民間・非営利セクター間の相互作用の程度や強さが変わったことにより、さまざまな種類のパートナーシップが生まれてきた。これにより、権限が

（訳注）　公共サービス：「public service」は、公共的なサービスそのもののほかに、そのサービスを提供する組織体や、サービスに従事する職務の意味もある。本書では、それらの意味あいを訳し分けることは難しいと判断し、文脈から明確な場合を除いて、すべて「公共サービス」と訳した。特にこの章では、「公務」に近い意味あいの場合が多いと思われる。

曖昧になるという危険が生じる。ゆえにパートナーシップの内部だけでなく外部の関係主体にとっても、役割の明確さと意思決定における透明性が必要とされる。

○　マネジャーと、いくぶんかは第一線のスタッフも、資金や人材をより柔軟に使えるようになったため、より自由にマネジメントができるようになった。例えば、ヨーロッパ大陸のいくつかの諸国においては、公益事業のような公共機関の多くは今では私法の枠組みの中で運用されており、より厳しい人事規則と財務会計制度をもつ以前の公共セクターの枠組みよりも、はるかに多くの柔軟性をマネジャーに与えている。しかしながら、これらのサービス機関が守らなければならない「公共サービスとしての責務」の範囲は、過去よりも不明確になっている。

○　英国を含む多くのOECD諸国では、規制緩和が行われたことにともなって、多くの規制権限をもった独立行政機関が創設されてきた。多くの場合、規制権者が誰に対して説明責任をもつのかは、明確でない。また、これらの機関や職員には権力が与えられているので、職権の濫用が起きても不思議ではない。英国では警察の特別麻薬部隊、関税消費税庁の支署などにこの濫用が最も多くみられる。そのどちらも、違法に取引されている高額商品にアクセスできるからである。

○　異なるセクター間のスタッフの流動性が増すことで、公共セクターに新たな価値が導入されている。この現象は、公共セクターにより多くの起業家精神を叩き込むのに役立ってきただろうが、他方、「公共サービス」についての伝統的な理解を弱めることも意味している。さらに、新たな職場へ機密情報を送り込むことになることにどう対処するかという厄介な課題も提起している。特に難しいのは、公務員が民間セクターの職に移った場合である。

地方サービスの供給におけるある種の倫理的問題の発生は、民間セクターの関与が増大することによって説明できる。例えば、シールとビンセント＝ジョーンズ（1997, p7）は、信頼関係に基づいた契約を、地方自治体にまで広げることへの懸念に関して、次のように述べている。

　　信頼に対して文献から受ける積極的イメージは、信頼関係は福祉を増進させるという暗黙の仮定に基づいている。しかし、信頼がもつ悪い側面の方はあま

り明確でない。例えば、市役所であれ、共産党の事務所であれ、自分の利益を優先させ、官僚主義の中で繁栄するエリートたちの間にある信頼関係がその例である。

ディビスとウォーカー（1997、1998）は、どのような契約においてもそれぞれの当事者がそれぞれ違った第一目的を持つことは必然であると主張した。契約当事者の第一の目的は生き残ることにちがいない。契約当事者のスタッフはつまるところ、最善の公共サービスを提供するためにではなく、どんな言葉で飾ったところで「契約に従って」提供可能ななかで最善の公共サービスを提供するためにいる。収益性と生き残りは契約者の主要目的であり、サービスは「より偉大なる」ゴールを達成するための一つの手段である。

公共セクターにおいて運用されている基本的な価値体系に対するこれらの変化の結果、公務員と議員は、何が適切な行動かがもはや明確でないあいまいな領域に自身がいることに気付く。もちろん、法的規制や服務規律による明確な指針にもかかわらず、故意に不正を行ったケースも存在する。しかしながら、これらは氷山の一角にすぎず、ほかにも無知や混乱によって、より多くの好ましくない行動が起きている。

第2節　汚職その他の非倫理的行動

後ほど紹介する事例のように、メディアの注目は汚職事件に愉快なほど集中している（ケース12.1参照）。しかし、通常メディアが報道しないが、公務員倫理に反するような行動は他にも数多くある。例えば、強い発言力を持たない市民に不利益を与えたり、ある利用者グループを公共サービスへのアクセスから排除したりすることである。そこで、汚職事件はその他の形式の非倫理的な行動とどのような点で区別されるのかという疑問が生じる。

汚職を定義することは、一筋縄ではいかない。倫理の領域におけるすべての問題と同様に、汚職事件は行為者に関連する問題であって、法規範に従って行動しなかったり、あるいは特定の状況で関係主体が期待するような行動をとらなかったりすることであって、関係者はこのような行動は起きないと信じる権利を持っている。

事例12.1
英国における最近の汚職スキャンダル

　「ドニーゲイト」スキャンダルは、ここ数年で起きた地方政府の汚職スキャンダルのうち最も注目を集めたものの一つである。南ヨークシャー州で労働党政権下にあるドンカスター市に対する1997年から4年間の警察の捜査は、74人の逮捕者と2,000人の取調に及んでいる。捜査は、2人の元市長および2人の元議長を含む21人の議員〔訳注：英国自治体では市長は議員から選ばれる〕に及び、不正支出の有罪判決を受けた。しばしば金額の少ないものが多かったが、「汚職文化の卸売」と呼ばれ、1990年代半ばの市当局をゆさぶった。さらに、元企画部長と地方不動産の開発業者が贈賄と計画許可の関係で4年と5年の禁錮を言い渡された。
　保守党政権下の「旗艦」自治体であるロンドンのウエストミンスター市には、長い間「票集めの家」と言われたスキャンダルがある。1996年5月監査委員ジョン・マギル氏は、元市長のシャーリー・ポーター氏と他の5人を1987年から89年にかけて「故意の職権乱用」と「不名誉で不適当なゲリマンダリング」の罪で告訴した。マギル氏は彼女らに対し、各々連帯して3,160万ポンドを支払う責任があるとした。この金額は、住宅購入権付与計画の下、彼女らが保守党により投票しそうだと思われる人々に対して市営住宅を安く払い下げて、競り合っている選挙区の選挙結果を「八百長」しようとして不正に支出されてきたと見積もった額である。追徴金はのちに2,650万ポンドに減額された。度重なる聴聞の後、上院は2001年12月にシャーリー・ポーター氏と元副市長に、追徴金を再確定した。2002年4月、シャーリー・ポーター氏はこの判定に対し、ヨーロッパ人権裁判所に正式な申し立てを提出した。2002年8月、ウエストミンスター市は、高等裁判所の総括判決で勝訴し、2,650万ポンドの追徴金といくらかの利息を復活させた。しかしながら、このケースは執筆時点でまだ決着に至っていない。

出典：ガーディアンの記事（日付はさまざま）から作成

何が汚職と定義されるのかが、文化の領域（culture-bound）に属すことは明らかである。例えば、贈り物を受け取ることは、英国のいかなる公務員にも全く容認されないが、それは多くのアジア文化でその一部になってる。

　それにもかかわらず、次のような重要な疑問がいつもあるに違いない。特定の取決めあるいは関係は誰の利益のために運営されるのか。どんな関係においても、その機微（それによって関係がうまくいくのだが）までは、部外者にとって不透明であろう。公共サービスにおいて、確実に、取決めや関係が公共の利益のために機能し、それがはっきり見えるようにするためにはまだまだ困難は続く。どんな関係でも近ければ近くなるほど、汚職や汚職の目的になる可能性が高くなる。心地よく排他的な関係は、公共の誠実への期待と同席するには居心地が悪い。仲間うちから、心地よさ、共謀、汚職へと進むのは、適切な歯止めがないとすべてとても容易である。

　国際透明性協会（ＴＩ）は、異なる国々における汚職の認識を測る大規模な調査を実施して、汚職度を測定した（コラム12.1参照）。

　しかしながら、裏に潜んだ傾向についてはまだ議論の余地がある。ほとんどのＯＥＣＤ諸国において、過去10年間に公共セクターで汚職が増えてきたかどうかを示唆できるような実証的な証拠はほとんどない。確かに、公共セクターはここ数年で透明性が高まってきた、だからより多くの汚職事件が暴露されたのであって、これは隠れているレベルの汚職事件が増えてきたことを意味するものではないという議論はある（レイチャード1998、p129）。服務規律の低下は、ニュー・パブリック・マネジメントの実践、とりわけ、民間セクター（贈収賄の発生の危険性の特に高い場の一つである）との契約の増加の結果であるという可能性があって、全体像はつかみにくくなっている。

第3節　公共セクターにおける服務規程の役割

　注目すべき点は、何が非倫理的な行動として定義されるのかが強く文化に基づいているということだけでなく、西洋諸国ではまた、汚職やその他の非倫理的行動との闘いに関してさまざまな伝統があるということだ。特に二つの主要な伝統があげられる。一つは、英国、ニュージーランド、オーストラリア（そして米国も）を例

ボックス 12.1
世界における汚職に対する認識度合

　トランスペアレンシー・インターナショナル（国際透明性協会）は、国際的なＮＰＯである。世界中の公共や非営利セクターにおける意思決定の透明性を高めること、汚職を暴き戦うことに専念しているＮＰＯである。その活動の一つに、国際的に汚職指標（ＣＰＩ）を認証、発行することがある。
　ＣＰＩは、居住・非居住の双方を含む会社員や国の分析研究家の認識を対象にした、世論調査についての意識調査である。1995年に始まったＣＰＩは、2002年には九つの独立研究機関から15の調査を引き出した。2000年から2002年までの間に行われた世論調査の追跡調査で、ＣＰＩは、少なくとも三つの調査において対象とされた国々だけを対象とした。
　2002年、この指標は102の国々をランク付けした。70か国以上が透明性について10点満点中5点に満たないスコアだった。汚職は、インドネシア、ケニア、アンゴラ、マダガスカル、パラグアイ、ナイジェリア、バングラデシュといったスコアが2点未満の国々で蔓延していると認識された。共産主義から移行したいくつかの国々はますます汚職が減っていた（最も顕著なのはスロベニアで、ＥＵメンバーであるイタリアやギリシアよりよいスコアであった）が、それとは対照的に、旧ソビエト連邦に残っている国々の多くは「汚職がはびこったまま」である。
　汚職が少ないと認識されている9点以上の高いスコアの国々は、元々圧倒的に裕福な国々で、名前を挙げると、フィンランド、デンマーク、ニュージーランド、アイスランド、シンガポール、スウェーデンである。英国は10番目（スコアは8.7）で、米国は16番目（スコアは7.7）にランク付けされた。

出典：トランスペアレンシー・インターナショナル「汚職認識指標2002」
（www.transparency.org/pressreleases_archive/2002/2002.08.28.cpi.en.html）
〔原典を確認し、米国の順位を原著から修正した。ちなみに、日本は20位（スコア7.1）である。〕

とする「ウエストミンスター型」の国々は、倫理的問題に対して「直接的な」対応をとる傾向がある。つまり、これらの国々は、価値と倫理行動の問題にじかに取り組む長い伝統がある。他方、ドイツやフランスを例とするヨーロッパ大陸の国々において、倫理的問題は通常さまざまな法体系を通じて間接的に取り組まれてきた。たとえば、「パブリック・アドミニストレーション・タイムズ」（米国行政協会の月

ボックス12.2
服務における七つの原則

無私の原則：公の職にある者は、公共の利益の視点からのみ判断すべきである。自身やその家族、友人のために、経済的その他の物質的利益に資することを目的として判断すべきではない。

清廉の原則：公の職にある者は、職務の業績に影響を与えるであろう外部の個人や組織に対して、経済的その他のいかなる義務の下にも自身をおくべきでない。

客観性の原則：公務員の任命、契約の裁定、あるいは個人への報酬や給付の推薦その他の公的な事務を遂行するにあたって、公の職にある者は、実績に基づいて選択を行うべきである。

説明責任の原則：公の職にある者は、その決定や行動について公に対する説明責任があり、彼らの職務に対して適切になされるいかなる調査に対しても応じなければならない。

公開の原則：公の職にある者は、彼らが行うすべての決定や行動について可能な限り公開しなければならない。より大きな公益上の必要が明らかなときに限って、その理由を付して情報を制限することができる。

誠実性の原則：公の職にある者は、公務に関係するあらゆる私的な利害を申告する義務を有し、公益を守る上で生じるいかなる利害の対立をも解決するよう手段を講じる義務がある。

率先垂範の原則：公の職にある者は、率先垂範して（by leadership and example）これらの原則を支持し、奨励しなければならない。

出典：服務の規準に関する委員会（1995、p14）

刊誌)は、いくつかの倫理的問題と、管理と政治的観点を共に扱って、いくつかの解決モデルの事例研究をいつも掲載している。ドイツでこれに相当する公務員向け雑誌では、規律法のケースとして、それぞれの解決モデルやいくつかの判例がいつも掲載されている。

非倫理的な行動を扱う総合的な法の枠組みが欠けているため、「ウエストミンスター型」の国々では、ここ数年、とらなければならない、あるいは望ましい行動についての規則の「爆発的増加」が起きている。これらの規則は、概して公的機関か、あるいは公的機関で働くメンバーを擁する専門職の組合のために起草されてきた。このような倫理規程の例としては、服務の規準に関する委員会(the Committee on Standards in Public Life)が制定した「服務における七つの原則」がよく知られている(ボックス12.2参照)。高等法院の裁判官を務めたノーラン卿が最初に委員長を務めたこの英国の委員会は、国会議員に関する、例えば、「質問の対価」、性的密通、不誠実の噂のような一連の疑惑と、こういったことから起こる政治家や政府に対する国民の信頼低下の懸念を受けて、1994年にジョン・メージャー政権によって設立された。

この委員会は、常設として設立され、次のものを調査する幅広い権限が付託された。

全ての公の職にある者の行動規準に関する現在の関係および経済的・商業的行動に関することを調査し、そして適正な服務のための最も高い規律を確実にするためには、現状に対するいかなる改革をも勧告する権限が与えられた。

(英国国会議事録、1994年10月25日、コラム758)

これらの原則が尊重されるかどうか評価する際に、どれも当然尊重されていると思ってはならず、その全てが実際に実行されていることが示されなければならない。さらに、これらの原則が実践されているかどうかを評価すると、それは単に一組織ではなくセクター全体で検討されるべきシステム上の問題であることがわかる。例えば、第一の「無私の原則」は、混合経済によるサービス提供、それはとりわけ契約が基準となっている(第7章参照)現代の地方政府を特色づけているのだが、その分散的な仕事のやり方によって疑いもなく脅かされている。

これらの原則からいくつか省略されていることも興味深い。例えば、「能力」あるいは「代表性」にはふれられていない。「能力(competence)」は、ほぼ間違いなく

「適正な」公共サービスの活動に対する中心となるし、求められている基準によってサービスを提供する能力をもはや持っていないような組織に倫理がもてるのかは大変疑わしい。「代表性（representativeness）」は繰り返し起こる問題である。問題の核心は、公共サービスに従事する者（政治家や公務員）は、彼らが奉仕する住民と人口比例的に（性別、年齢、出身民族などにおいて）より正確に反映すべきかどうかという疑問である。一方では、政治レベルでも官僚レベルでも、社会のさまざまなグループには、意思決定過程において自分たちのグループが適切に代表していると思いたいという要求がある。他方、その人物の背景とは無関係に、適切な人をそのポストに充てたいという強い願いがある。

服務規程も英国から他の国々、特に中央ヨーロッパや東ヨーロッパ（これらの国々がドイツの法治主義的伝統を追っているにも関わらず）に輸出されてきた。多くの中・東欧諸国では、このような服務規程の法的な位置づけは明確ではない。

規律の問題を新しい官僚主義とする見方もあるが、この問題の背景にはいくつかの重要な考察がある。政治家や公務員への見方は、政府機関の信頼性と彼らが行動する能力の双方が影響している。ゆえに誠実さや「適切な」行動を見たいという要望と、汚職や不適切な行動を避けるということとは同じことの裏返しである。しかしながら、適切な服務規準として期待されるものは、例えば、個人的な領域と公共の領域の間においても、公共セクターと民間セクターの間においても、異なる国の間においても（いくつかの関係する要素、例えば、多国間契約）、異なりうる。

もう一つの問題は、服務規準を自分のものと考えられるかである。多くの場合、服務規程は委員会によって起草されるが、そのメンバーは、規律に従わなければならない者とは異なる背景と価値観を代表しているであろう。潜在的な価値観の衝突はこれだけではない。エレナ・グロール（2001）は、異なる世代間における価値観の違いを強調している。われわれは、異なる性別、民族、宗教、地域などによって異なる価値体系がみられることをこれに付け加えたい。単一の規準を共有することは、しばしば困難になることは明らかである。何が倫理的な行動として望まれるのかは明白にされなければならないという見方に対しては現在のところ何の議論もない。しかしながら、これらの規準は何か外部の団体から押しつけられるより、公共セクターのそれぞれの組織のさまざまな関係のグループの間で交渉される必要があるという強い意見もある。

第4節　管理型の仕組みと予防型の仕組み

　倫理のマネジメントはいつも管理型の仕組み（control-oriented mechanism）と予防型の仕組み（prevention-oriented mechanism）の双方に関わるべきだという一般的な合意がある。汚職に対する戦略は、説明責任を確実にし、自由裁量の幅を明確にし、透明性と非倫理的な行動に対する自覚を増大させるための方途を見いだすものとすべきである。

　1999年のＯＥＣＤの調査によると、第三者による財務と適法性の厳密な調査のような管理型の仕組みは、汚職と戦うために最も重要な仕組みとみなされていた（ＯＥＣＤ 1999, p22）。ＯＥＣＤ諸国の多くは、内部告発者を保護したり、不正の報告をスタッフに奨励したりしてきている。非倫理的な行動に対抗するために市民参加で公共活動を監視するというアプローチはほとんど一般的でない（事例12.2参照）。

　管理にはいつもコストがかかり、決して隙のないわけではないことは明らかであ

事例12.2
香港汚職対策独立委員会

　1970年代、新たに選ばれた香港の総督は、直接自分自身に報告がなされる汚職対策独立委員会（ＩＣＡＣ）を設立した。ＩＣＡＣは強力な捜査能力を持っていたが、初期の頃から、予防と市民参加を強調していた。ＩＣＡＣには三つのセクションがあった。調査セクション、他の組織管理者が改善措置を採り入れるのを支援するセクション、そして、汚職と戦う香港の人々に関わるセクションである。市民参加を動員し、支援するために、市民によるアドバイザー委員会とともに、市民社会から汚職の情報を集め、汚職の悪について草の根レベルの教育活動に取り組むための地域事務所が設立された。教育活動には、学校におけるプログラム、広告キャンペーン、スライド上映、テレビドラマ、ラジオの聴取者参加番組や、特別なパンフレットや展示会が含まれていた。

出典：クリットガードほか（2000）

る。結果的に、ほとんどの国々が自身の努力をリスク管理に集中している。このことは、管理は、公共調達や公共財務のように特に汚職のリスクが高い分野によく見られ集中的であることを意味している。例えば、ほとんどの組織では、どんな個々のマネジャーにも支出の承認できる額には上限を設けているし、契約の承認は常に1人でなくて複数で合意されなければならない。

より効果的な管理の他に、多くの国が予防措置をとってきた。いまでは、非倫理的行動を予防するために、次のような手法を総合的に組み合わせている。

○ 利益の衝突を避ける（あるいは少なくとも情報公開する）対策、例えば、公務員や政治家による財産上・営業上の利益に関する申告、あるいは官民の人材交流に対する規制。
○ 少数民族や女性などの社会的弱者を支援するアファーマティブ・アクションとして、管理職のポジションへの挑戦機会を増やすとか、情報化社会に対応できるようデジタルデバイドの橋渡しをしたりすること。
○ 望ましい行動形態や非倫理的行動に関する気づきを喚起することを目的とした公務員に対する教育プログラム。

最後にあげた予防措置で、われわれは倫理はいつも価値観と関係していることに気づく。さまざまな服務規準で黙示または明示されている価値観に従って行動しようとしなかったら、管理の仕組みのすべては失敗する。しかし、価値観を教えることができるのだろうか？　米国、英国の双方で、少なくとも学者はできると考えており、倫理は一般的に公共経営の教育・訓練のカリキュラムの重要な部分を成している。

第5節　透明性

汚職やその他の非倫理的な行動と戦うためには透明性が重要だという一般的な合意がある。それは、透明性が増すと汚職が減ると想定している。確かに、ほとんどのＯＥＣＤ諸国では最近、第三者に政府の情報にアクセスさせる情報公開法が制定されている。多くの場合、情報公開法は、情報へのアクセス権が尊重されてこなかったと信じる市民にも救済策を与えている。もっともいくつかのケースでは、市民は、

情報担当官あるいはオンブズマンに苦情を言ったり、あるいはアクセス権を認めるよう法廷に訴えたりするであろうが…。いささかの疑いもなく、それぞれのケースで個人のプライバシーを守る要求と、他の情報の秘密性の理由との間でバランスを取ることが求められる。例えば、カナダでは、ほとんどの情報公開制度は、官民パートナーシップに適用されない。個人の利益を侵害し、企業情報の秘密性を危険に陥れる可能性があるからである。

繰り返しになるが、それぞれの国のさまざまな関係主体が透明性を高めたいという度合いは、文化の領域 (culture-bound) に属している。スカンジナビア半島の国々では、公共セクターにおいて比較的に高い透明性を持っている。例えば、スウェーデン国税庁 (the Swedish Tax Agency) は、どんな市民からでも要求があれば、どの市民の所得税申告書に関する情報も提供しなければならない義務がある。

疑いなく、この意味で、メディアも重要な役割を演じている。特に情報化時代においては、メディアは政治システムにおいてしばしば「第四の権力」とみなされる。もちろん、メディアも、プライバシーに関する個人の権利を侵害するなど表現の自由を濫用した場合は攻撃を受けることになる。

eガバメントも、すべての文書や会計報告が容易に広がったり、手早く広めたりすることができるなど、透明性の度合いを高めるために使われるだろう。少なくとも、電子アクセスの手段を持っている者に対しては。しかしながら、電子上のセキュリティは繰り返し起こる問題であり、大変容易でスピーディに「ペテン」が起こる可能性がある。

　まとめ

議員や公務員の服務規準と行状は、彼らの立場に著しい影響を与えている。それが今度は、政府のシステムへの信頼と期待に影響を与えることになる。高い水準の規律と公共への信頼は車の両輪である。イングランド地方政府規準委員会 (the Standards Board for English local government) によると、

　　善き民主主義の核心は、地域社会とそれを代表する人々との間の信頼の絆の上にある。信頼の絆は、それらの人々の行動によって大きく左右される。住民

は、彼らの代表者と公共サービス提供の任にある者に、最も高い規律をもった行動を期待する権利を持っている。

（www.standardsboard.co.uk）

ほとんどの人はほとんどの場面で、この規準を守っている。が今日、注意を怠らないことの必要性は、かってないほど大きくなっている。

《参考文献》

ＯＥＣＤ（1999）
  OECD（1999）, *Public sector corruption: an international survey of prevention measures*. Paris: OECD.
エレナ・グロール（2001）
  Eleanor Glor（2001）, 'Codes of conduct and generations of public servants', *International Review of Administrative Sciences*, Vol. 67, No. 3, pp. 524-541.
クリットガードほか（2000）
  Robert Klitgaard, Ronald MacLean-Abaroa and H. Lindsey Parris（2000）, *Corrupt cities - a practical guide to cure and prevention*. Institute for Contemporary Studies, Oakland, CA: ICS Press.
シールとビンセント=ジョーンズ（1997）
  Willie Seal and Peter Vincent-Jones（1997）, 'Accounting and trust in the enabling of long-term relations', *Accounting, Auditing and Accountability Journal*, Vol. 10, No. 3, pp. 406-431.
ディビスとウォーカー（1997）
  Howard Davis and Bruce Walker（1997）, 'Trust based relationships in local government contracting', *Public Money and Management*, Vol. 17, No. 4, pp. 47-54.
ディビスとウォーカー（1998）
  Howard Davis and Bruce Walker（1998）, 'Trust and competition: blue collar services in local government', in Andrew Coulson（ed.）, *Trust and contracts: relationships in local government, health and public services*. Bristol: The Policy Press, pp. 159-182.
パットナム（2001）
  Robert Putnam（2001）, *Bowling alone: the collapse and revival of American Community*. New York: Touchstone.
服務の規準に関する委員会（1995）

Committee on Standards in Public Life (1995), *First report*, Vol. 1. Cm 2850-1. London: HMSO.

レイチャード (1998)

Christoph Reichard (1998), 'Ethics and accountability in the context of governance and new public management', in Annie Hondeghem (ed.), *EGPA Yearbook 1997*. Amsterdam: IOS Press, pp. 124-137.

第13章

事実に基づいた政策と実施

アネット・ボウズ　英国ロンドン大学クィーン・メアリー校
サンドラ・ナットレー　英国セント・アンドリュース大学

はじめに

　英国その他で、政策立案や公共サービスの提供を改善するために事実（evidence）を利用することについて関心が高まっている。もちろん政府の中で、あるいは政府と共に、調査や分析の専門家は長らく働いてきた。しかし、英国では1997年の労働党政権の誕生が、政策過程における事実の果たす役割への関心に再び活力を与えた。首相は、行政刷新の課題（modernizing agenda）を述べるなかでしばしば、「問題は何が機能するかである」という主題を断言しており、それは政府の公表文書で展開されている。
　1990年代にはまた、公共サービスの専門家に対する住民の信頼が低下したが、これは、サービス利用者がますます教育を受け、知識を広げ、疑問をもつようになったのも一因である（第12章参照）。そのうえさらに、顧客は彼らのサービスの選択に関してより多くの情報を求めている。事実に基づいた実践の展開は、これらの関心事に向き合う一つの方法である。
　この章では、社会問題に関するより信頼できる知識で政策と実施に根拠を与えることが、より望ましく、実用的であり、社会問題に取り組む際にいかに機能するかを示そうとする。このことは、理論による進歩の達成を単純に信頼しているということを意味するものではない。しかしながら、それは、複雑な社会システムを効果的にガバナンスしていくには、社会的で組織的な学習の機会を必要としており、それが、事実を集めて使うというシステムへの信頼につながることを示唆している（サンダーソン 2002）。

> **この章の学習目標**
> ○ 何をどんな目的で事実とみなすのか理解すること。
> ○ 公共サービスの改善のためにどのように事実を利用できるか理解すること。
> ○ 事実のより一層の利用にとっての障害となるものに気づくこと。
> ○ どうしたら事実に基づく学習は促進されるのか理解すること。

第1節　何をどんな目的で事実とみなすのか？

　政府の有効性を改善するために求められる事実には、主に二つの形態がある（サンダーソン 2002）。「説明責任」を明らかにするための根拠（evidence）としての政府の業績についての情報と、「改善」促進のための根拠としてのより効果的な政策やプログラムを設計、提供できるようにするための知識である。説明責任の問題とそれを容易にする業績情報の役割については別に議論することにし、ここでは、改善目的のための事実の利用、しばしば「事実に基づく政策と実施（ＥＢＰＰ：evidence-based policy and practice）」と言われているものについて考える。

　ＥＢＰＰの議論では、主として「何が機能するのか」、つまり、特定の政策目標や特定された顧客ニーズのためにはどのような介入策や戦略が用いられるべきか、という問いに焦点を当ててきた（デーヴィスほか 2000）。しかし、政策と実施の改善にはこれより幅広い知識を必要とし、社会問題の本質に関する知識や、潜在的に効果の高い施策が実施されるにはどうしたらよいのか、誰がこの過程に加わることが必要とされるかなどの知識も必要である。さらにまた、実施の費用およびその費用と想定される便益とのバランスについての事実も必要とされる。

　これらの問題に係る知識のいくつかは、体系的な調査から導かれた事実より、暗黙の理解にしばしば基づいている。そうなので、英国内閣府（the UK Cabinet Office）が、事実について幅広く、さまざまな種類の定義を用いているということも驚くことではない。

　　専門知識、調査報告書、既存統計、関係主体との協議、政策の事前評価、イ

ンターネット、協議の結果、政策選択肢に係る費用算出、経済的・統計的なモデリングから導かれる結果 … 。第一線のスタッフと政策の対象となる人の双方の心の中には、批判的になるような根拠がたくさんある（ＳＰＭＴ 1999）。

第2節　公共政策と実施の改善のためにどのような事実を利用できるのか？

　この節では、事実の調査と評価が、どのように利用できるのかを考える。調査の四つの主な利用法に焦点を当てる。
1)　公共政策の設計・開発に利用すること。
2)　政策介入の社会的影響（the impact of policy interventions）の事前評価に利用すること。
3)　政策の実施の改善に利用すること。
4)　将来の問題点を明らかにするために利用すること。

最初から事実を正しく使うこと：公共政策の設計・開発のために
　調査は政策過程の始めに重要な役割を演じる。それは取り組まれるべき問題を明らかにし、認識された問題に取り組むのに効果的な施策があるかどうかを明らかにすることに役立つ。
　ある特定の政策の方向を選択するには、どこかほかで試されて期待された便益を提供することが示されたかどうかを、既存の根拠によって裏付けるべきである。通常これは、文献的な調査に委ねることになるが、近年、そのような調査を行う際の技術は、精密調査（scrutiny）のもとにおかれることが多くなっている（事例 13.1 参照）。
　協議（consultation）の実施と市場調査は、中心となる関係主体と住民の、意見と優先事項を探るために、より正式な調査と平行してよく使われる（このことについては第 10 章で論じた）。
　調査はまた、提案された政策が直面している背景や課題を十分に理解することにも利用できるだろう。この場面では、一連の範囲の技術が利用できるだろう。これらは、例えば、「スコットランドのためのシナリオ」事業のように、将来のシナリオ案の見込みを評価するかもしれないし、または、健康・環境影響評価のように、提案された政策の特定の影響を予測することに焦点を合わせるかもしれない。

近年、公共サービスの設計・開発において、パイロット事業がますます利用されるようになってきた。ある政策は広範に実施する前に、潜在的な問題を明らかにし、その政策に磨きをかけるために、少数の機関で試験的に実施されるが、これは時に「原型（プロトタイプ）」と言われている（サンダーソン2002）。パイロット事業は、政策のその後の本格実施に備えて、試行現場からの教訓を取りまとめる目的をもって、通常ある種の評価を受ける。最近の英国でパイロット事業を評価することによって政策を開発した例には、「ベストバリュー」と「地域社会のためのニューディール計画（the New Deal for Communities programme）」（第10章参照）がある。

最後に、政策実施の戦略を組み立てるには、どのように実務者の変化を引き起

事例13.1
既に集積された知識の体系的な再検討

体系的な再検討（systematic review）の明らかな特徴は、それらがすでに合意されている一連の基準に従って実行されることである。主な基準は次のとおりである。
○ ある特定の問題に答を出すことに焦点を当てること。
○ 再検討過程を進めるために決まった手順を使うこと。
○ 可能な限り関連調査を明らかにしようとすること。
○ 再検討を含めた調査の質を評価すること。
○ その研究における調査結果を含めて統合化すること。
○ 適切であり続けるために最新化すること。

国際的な「コクラン共同計画（the Cochrane Collaboration）」は、保健医療政策の有効性に関する体系的な再検討を用意し、手入れし、普及させている。コクランの経験の上に立って、キャンベル共同計画（the Campbell Collaboration）が、教育、刑事裁判、社会福祉事業の分野における施策の再検討を実行するために創立されている。

詳しくは以下のホームページを参照
http://www.cochrane.org
http://compbell.collaboration.org

すかを考慮に入れる必要がある。事実は、特にサービス提供の質と一貫性を向上させ、現在のやり方を修正するために、実務者のための詳細な指針の開発に利用できるだろう。例えば、英国においては、国立薬物患者治療庁（the National Treatment Agency）が、薬物乱用患者の効果的な治療法に関連する集積された事実（evidence base）の再検討と、サービスを委託する者と供給する者双方のための指針に反映させるために集積された事実の要約を作るために設置された。

最後まで事実を正しく使うこと：有効性・影響に関する事実

多くの介入策と実施の有効性についての既存の知識は、せいぜい部分的なものにすぎない。それゆえ、蓄積された知識（knowledge base）を体系的に再検討することによって、見込みのある政策方向が示唆されるであろう一方で、依然としてその政策の特定の方向と特定の状況におけるその影響を評価する必要がある。そのように評価された事実が、次々に事実として蓄積されていくのである。

有効性に関する根拠を評価するには、しばしば無作為化対照実験（ＲＣＴｓ）のような実験的手法が利用されることがある。ＲＣＴｓは主として臨床的治療方法の有効性の測定に用いられているが、それらはその他の分野、生涯教育や品質保証、組織的な調整の介入にもまた適用されている。医療においては、何が機能するかを評価するために確立された「事実の階層構造」が既に進化している。これには無作為化実験（実験結果を体系的に再検討するならなお良い）を最上部においており、観察研究と専門家における統一見解ははるかに信頼性が低いとされている。医療における階層的アプローチと対比して、教育や刑事裁判、社会福祉事業のような他の分野では、何が有効性の適切な根拠を構成するのかに関して大きな論争がある。

その上、質的な調査パラダイムと量的な調査パラダイムの間の溝は、さらに深くなっている（デーヴィスほか2000）。これは、これらの分野を支えている社会科学が、医療分野の多くを支えている自然科学と比べて、より多様で多岐であることが一因であり、また求められるアウトカムが多様で議論が分かれるという性質をもっ

（訳注）　国立薬物患者治療庁（the National Treatment Agency）：ＮＴＡのホームページによると、イングランドにおける薬物の乱用に関して、より有効な治療法が薬物患者に届くようにするために、保健・医療分野の特別な機関として、2001年に政府によって設立された。

ていることも一因である。したがって、「何が機能するか」に関する知識は、行われた質問の種類によって大いに影響を及ぼされる傾向があり、どのような事例でも、ほとんどその場限りのものであって、そのときの状況にとても左右される。これによって社会政策評価への現実的なアプローチが要求されるようになり（ポーソンとティリー1997）、まず原因を理論的に説明することで始まって、調査によって特定の仕組みと状況によってどんな施策のアウトカムが生み出されるのか理論を検証する。ということは、どのような〈状況－仕組み－アウトカム〉の構成が有効であるか理解するために、施策（programme）を構成する事業同士や施策相互間の比較が必要となる。また、政策過程でさまざまな関係主体が持つ知識は、どんな状況で何が誰のために機能するかを示しているのだが、その知識を具体化しようとされる。

徹底的な事実の利用：政策の実施の改善

社会的影響についての検討は、目的への進捗を探るための調査や、施策に要する費用を見積もるための調査、必要な過程を理解するための調査と、そしてそこから政策実施を改善するための教訓を得るための調査によって完成される必要がある。そのためには、政策や施策の生涯にわたり、徹底して継続した監視や評価が必要である。

過程と実施の問題を評価することについては長い伝統があり、さまざまな調査方法とアプローチが使用されている。例えば、アクションリサーチモデルは、実務者を調査の計画と実行に参加させている。この手法の強みの一つは、実務者が、最終的な調査報告を待つ必要なしに、学んだことを臨機応変に仕事へ組み入れられる立場におかれるということである。

型を破るための事実の利用：将来の問題を明らかにすること

政策と実施のために事実を蓄積することにますます重点がおかれる一方で、調査担当者は現状の政策課題よりも幅広く、「自由な見方」をすること、「大局的見方」をすること、考え方や問題をもっと幅広く見ること、そして現状の考え方に挑戦することを探求し続けるよう要請されている。基礎理論的調査（pure research）〔何かを知ることそのもののためになされる調査〕そのものが現状思考の再構築に役立つことは、英国の第三世代携帯電話ライセンスの競売の計画により例証されている。ロンドン大学の経済研究・社会発展センター（the Centre for Economic Learning and Social Evolution）によるゲーム理論に基づく先駆的調査が、2000年に携帯電話ライセンスの競売の新しい形を計画するために利用されたが、それは当初期待されていたよりはるかに多くの220億ポンドもの利益を、英国大蔵省（the UK Treasury）にもたらした。

　政策と実施から距離があるという理由で、学術的調査研究者は、現状思考に挑戦するのに良い位置にいる。公的研究機関および英国のジョセフ・ラウントリー財団やアメリカのロックフェラー財団のような独立機関は、今や好奇心から発する調査研究を支え、育む先導的役割を果たしている。

　全体的にみれば、調査や評価がたくさんの異なる目的のために利用されるだろう

表13.1　事実の利用と方法

目的	方法、手段
重要な論点を明らかにすること	既存の文献の再検討、概括調査(survey)、グループ討議、インタビュー。
関係主体の意見を理解すること	インタビュー、グループ討議、概括調査。
背景的要因（機会とコストを含む）を探ること	社会的影響評価、費用便益分析、インタビューとグループ討議。
政策実施の指針を用意すること	最良の利用可能な事実を統合化すること、主要な関係主体との協議、費用便益分析。
政策介入の有効性を評価すること どんな状況でだれと何が機能するか理解すること	実験的・擬似実験的研究、経済的評価、現実主義的評価、パイロット事業の評価。
必要なプロセスの評価 政策実施に含まれる問題を探ること	事例研究、観察、記録分析、インタビュー、グループ討議、概括調査
進行管理	データ管理、概括調査、インタビュー
新しい考え方、代替案を生み出すこと 将来的な重要問題にスポットをあてること	「自由な見方」での調査、既存研究の統合、インタビュー、グループ討議

し、それぞれがいくらか異なった事実集めの技術や方法論を必要とするしながら、利用されるだろうことがわかる（表 13.1 参照）。

第 3 節　事実を改善に利用するうえで障害となるものは何か？

　事実にもとづく情報が少ないよりも多い方が、政策と実施の実利を生み出すことは自明のことであると、多く主張されてきた（ハンマースレー 2001）。ところが事実利用についての研究は、しばしば調査の活用が明らかに不十分であることに関して懸念を表している（ウェイス 1998）。有効性に関して判明していることが全く利用されていないか、またはうまく利用されていないという「活用不足」という問題にどのように取り組むべきなのか。反対に、例えば暫定的な結果を急いで広めるような調査の「過剰活用」や、特に有効性の根拠があいまいな場合の「乱用」についても、注意すべきではないだろうか。

　ウォルターほか（2002）は、調査の影響力を高める方法の見直しをする中で、調査の結果をもっと多く利用することに対して多くの障壁があることの裏づけを見つけた（ボックス 13.1 参照）。活用不足の問題は、しばしば調査者とその結果利用者（政策立案者、実施者）が違う世界にいるという事実から来ていると考えられる。彼らは異なる時間的尺度で働き、違う言葉を使い、違ったニーズを持ち、違った動機付けの仕組みに反応する。これは、二つの世界をつないで調査が有効に政策立案者と実務者に伝えられるのを可能にするような、より良い普及戦略が必要ということになる。

　しかし問題をこのように捉えることは、政策と実施の展開において、事実の調査の潜在的役割の過大評価と、他の方法による知識と経験の過小評価の危険がある。デラフォンス（1995）は、新しい政策のアイデアの源泉となりうるものとして、政党、大臣、国会、圧力団体、ロビイスト、国際機関、学者たち、研究団体を示唆している。それぞれのグループの考え方は、公式であるにしろ、非公式であるにしろ、既存の調査の事実や知識、経験と関係している。例えば大臣は、公式の調査によってだけでなく、選挙民の意見や、世論調査の結果、自分が選ばれた際の政党マニフェスト、自分の学識、職務と私生活双方の経験を通じて得られた知識にも影響されやすい。結果として、意思決定者が直面している問題はまさに、入手できる事実の量

ボックス 13.1
事実の利用にとっての障害

影響活動を調査する者にとっての障害
○ 資源不足－資金と時間
○ 技術不足
○ 広範な調査のための専門的信頼度の不足

調査を利用する者にとっての障害
○ 時間不足―調査日報を読んだり、プレゼンテーションを聞いたり、自身の調査を行ったりする時間が足りない。
○ 内外の圧力との関係で優先順位が低いこと。
○ 調査に対して組織内のコミュニケーションが不十分なこと。
○ 調査への理解―例えば、内部的に行われたか委託された調査は、適切なものであり、だから熟慮されたものだとみられがちである。
○ 調査が、利用者のニーズに時期が合ってないか関連していないこと。
○ 結果が議論を分かれさせたり、現状をひっくり返すところでは、調査は利用されそうにない。
○ 他の情報ソースが、とりわけ政策立案者にとっては、高い価値がおかれがちであること。
○ 調査に対する個人的な抵抗。特に、職人技や経験を脅かすように見える時―それがマネジメント・レベルで起こったら、もっと幅広い影響を及ぼすことになる。
○ 組織のレベルでは、あるいは積極的な敵意をもった組織文化では、調査が評価されないこと。

出典：ウォルターほか（2002）

なのである。ジョン・メナード・ケインズは、「良く知られているということ以上に政府が憎むことはない。というのは、それで、決定に達する過程ははるかに複雑で難しくなるから。」と良く知られた結論付けをした（スキデルスキー 1992：630）。

情報過多に加えて、意思決定者は、政治的、組織的要因に取り組まなければなら

ない。彼らは「政策立案過程において、社会の全ての利害や団体間で、そして自らが代表している団体間で調停」をしなければならない（ペリー6世ほか2002：2）。あらゆる関係主体は、事実を戦略的かつ政治的に利用する傾向がある。これは「ゲーム」の一環としてみることができる（ペリー6世2002）。事実を政策過程に入れることは合理的な意思決定過程の一環であると考えることは魅力的ではあるが、現実はしばしばこれよりはるかに乱雑であり、あからさまに政治的であることは強調されるべきである。

事実が政策に影響を与えるには少なくとも四つの方法がある（ボックス13.2参照）が、調査結果の直接的利用は実際にはきわめて稀である。最も直接使われそうなのは、調査結果が論議を呼ばなくて、限られた変化が要求され、協力的環境の中で実

ボックス13.2
調査の利用に係る四つの主要な分類

1 直接的利用
　調査が、政策や実施の意思決定に、そのまま利用される。
2 概念的利用
　直接的に調査結果を利用することが不可能に思える場合でも、調査は情勢についての新しい考え方を提供し、活動の特定の方向における強みと弱みについての理解をもたらす。新しい概念的理解は、時には直接的にも利用できるだろう。
3 支援の動員
　ここでは、調査研究は説得の道具となる。調査結果は、あるいは単に調査活動は、政治的な道具として、特定の方向の活動あるいは非活動を正統化することに利用されるかもしれない。
4 広範な影響
　調査は、研究機関や研究対象の事案を超えて影響を及ぼすことができる。調査は、知識の蓄積の一助となって、最終的には、考え方や時には行動の大きな変化を引き起こす。

出典：ウェイス（1998）から調製

行される場合だ。違う言葉で言えば、現状をひっくり返さない時である（ウェイス 1998）。

　一般的に、調査の利用が実施における変化に直接結びつけなくてもよいのであれば、もっと楽観的に事実の利用ができることになる。

第4節　どのようにすれば事実に基づく学習は促進されるのか？

　英国では、多くの政策分野（例えば、刑事裁判、教育、保健・医療、そして社会福祉といった分野）で、事実の利用についての議論は目立っているものの、ＥＢＰＰを促進することの意味合いについては、分野内においても分野間においても大きな違いがある（デーヴィスほか2000）。

　ここで、議論をＥＢＰＰの特徴を示す二つの局面に限定する。一つは利用される事実の種類（調査研究からの事実か、またはルーチンデータからの事実か）であり、もう一つは注目点（個々の実務者か、またはサービス提供のための幅広い組織やシステムか）である。これらをあわせると、ＥＢＰＰを概念化する方法は四つになる（表13.2参照）。

- 「実証的問題解決者」――ここでは、個々人が日々、ケースバイケースで意思決定し、問題を解決する際の調査事実の利用法に重きが置かれる。これは、ＥＢＰＰがもたらすべきものを、事実に基づく対症療法として見ている。
- 「反映型の実務者」は、過去から学び未来のために調整する方法を知るために、観測データ（日常監視システムから上がるものを含めて）を利用する人である。
- 「システム再設計」は、システム全体を作り直すために事実を利用することの重要性を強調している。これは、事実に基づく実施を、トップダウンの中枢主導で促進するという概念を意味する傾向がある。例えば、「何が機能するか」が試行から始まったように。
- 「システム調整」は、コンピュータで日常的に収集したデータを、組織的あるいはシステムレベルで使用することを言い、時に単線的学習（single-loop learning）のことをいう。

表13.2 事実に基づいた政策実施の分類

		事実	
		調査	監視データ
視点	個人	実証的問題解決者	反映型の実務者
	組織／システム	システム再設計	システム調整

出典：ナットレーほか（2003、図表2）

　これらは純粋な分類であり、実務ではこれらの分類に収まりきらないだろう。しかし、ＥＢＰＰ促進のために現に取られている戦略の多く（監査と検査の体制により裏付けされた実施の指針を公表することに特に重点を置くことなど）は、システム調整、そして時にはシステム再設計に焦点を合わせているようだ。そのようなアプローチには、個人や組織の学習を促進するというより、むしろ抑制するという危険がある。新しい知識の誕生は、しばしば現場の考案と実験に懸かっているが、それは、何を事実とするのか、どんな実施が容認されるかの両方についての中央統制によって息の根を止められるだろう。組織的な学習の概念は、（実証的対処の中でと同様に）実務者に問題解決者を演じさせるＥＢＰＰへのアプローチの方が、トップダウンによる詳細な指針や指令の実行より、学習組織の発展により適しているであろうことを示唆している。

　この考え方を底辺にして、教育の分野では、「知識変容(knowlege transfoermation)」という点において調査の利用を考え直すことが求められてきた。それは、「知識主導で問題を絞り込む学習過程」と表現される（デスフォージ2000）。そしてそのような学習が行われるのためには四つの条件が必要であると論じられる。

1) 知識の蓄積
2) その蓄積された知識に関連した問題の定義付け
3) 「新」知識の獲得と同様に「旧」知識を代表するさまざまなモデルを取り込む変容と学習の戦略
4) 適切なモチベーション

　ＥＢＰＰを促進する者は、個々の革新および実験継続の必要性と、システムレベ

ボックス 13.3
実証的な学習を奨励する方法の知織

知識経営

知識経営は、知識の保存と伝達のための強靭なシステムの開発に関係する。知識経営には、二つの主要なアプローチがあり、一つは体系化戦略で、一つは個人化アプローチである（ハンセンほか1999）。体系化戦略はコンピュータ中心に進められがちである。知識は注意深く体系化されて、データベースに保管される。個人化アプローチでは、知識はそれを開発した個人と密接に結び付いているので、開発されたものは、個人間の直接の接触によって共有される機会が増える。この場合の情報通信技術（ＩＣＴ）の役割は人々の知識交流の一助となるもので、知識を保存するためのものではない。

個人的学習

社会心理学は、長い間、個人が学ぶ過程を理解することに取り組んできた。行動主義者は、学習を条件付けるうえで刺激が違うと効果がどう変わるか研究した。一方、認知心理学者は、刺激と反応の間の「ブラックボックス」の中で起こる学習過程を理解しようとした。学習過程のモデルには、人によって異なる学習スタイルがあることをもっと理解することの促進を強調するコールブの学習サイクルがある（コールブ1983）。組織心理学者は、組織の中で個人が学習することを助長したり、妨げたりする要因についてのわれわれの理解を深めた。最近の関心は、生涯にわたる学習をどのように促進するかと、そのためには自ら進んで行う問題解決型の専門教育体制が有益であることに焦点を合わせている。

組織的学習

組織的学習は、組織が知識とルーチンを構築し、組織化し、組織の能力改善のために全従業員(workforce)の幅広い技能を利用する方法と関連する。進行中の学習に影響を及ぼしそうな要因には、適切な組織的構造およびプロセスと文化の重要性、組織に新しい情報を持ち込む個々人の性格、そして調査開発部門

> の役割がある。組織により展開される学習ルーチンを分析すると、適応型学習と生成型学習に分けられる。適応型学習ルーチンは、組織があらかじめ定められた進路をたどることを助ける仕組みとして考えられる。生成型学習は、反対に、新しい進路を造ることである。両方ともが組織の健康管理に不可欠であると言われているが、しかし、普通に行われているものは、圧倒的に適応型学習に関連づけられるものが多い。

ルの法令遵守およびサービスの一貫性との調和をどのように保つか学ばなければならない。この難問に対する容易な解答はない。しかし、公共サービス機関がどのように知識経営（ナレッジ・マネジメント）を進めるか、どのように個人的、組織的学習を促進するかについてより良く理解することは、長期間のサービス改善戦略をより良いものに導くだろう（ボックス13.3参照）。

まとめ

この章では、事実は、「説明責任」を容易にすることと、政策立案・プログラム開発・サービス提供における「改善」促進の両方に利用できることを論じた。後者に焦点をあて、政策と実施のための調査の四つの主な利用法について、考察した。
1) 公共政策の設計・開発に利用すること。
2) 政策介入の社会的影響の事前評価に利用すること。
3) 政策実行を改善すること。
4) 将来の問題を明らかにするために利用すること。

調査は、これらの利用法それぞれで重要な力が発揮できる。それぞれの利用法で異なる形態の事実を必要としていて、ということは事実収集のためには、それぞれに違う方法を要することになる。そこでわれわれの結論は、事実と調査の双方を幅広く定義して進める必要があり、「コースに合わせて馬を選ぶ」ことが大事で、事実の集め方は特定の政策と実施の問題に適合させる必要があるということだ。

調査結果は、他の形態の知識や経験と当然競合するに違いないので、調査結果の消極的な普及では、政策開発やサービス提供に大きく影響を与えそうにない。事実

に基づく戦略の有効性についての既知の事実は、問題の定義から調査結果の適用まで、調査過程すべてに及び長期間にわたるパートナーシップの中で、調査研究員と結果利用者が良好な相互作用を継続することの決定的な必要性を示唆している。

　全般にわたって得られた教訓は、事実に基づく政策と実施の発展は多くの難題に直面しているということである。政策立案者と実務者がこの難題に向かって立ち上がるべき十分な理由はたくさんある。しかし事実は、政策開発とサービス提供の形成に影響しつづけるであろうし、また影響しつづけるべきであるものの、そういった要因の一つにすぎない。

《参考文献》

ＳＰＭＴ（1999）
　　Strategic Policy Making Team（SPMT）（1999）, *Professional policy making for the twenty first century*. London: Cabinet Office（http://www.cabinet-office.gov.uk/moderngov/policy/index.htm, as of 24 February 2003）.

ウェイス（1998）
　　Carol H. Weiss（1998）, 'Have we learned anything new about the use of evaluation?', *American Journal of Evaluation*, Vol. 19, No. 1, pp. 21-33.

コールブ（1983）
　　David A. Kolb（1983）, *Experiential learning*. New York: Prentice Hall.

サンダーソン（2002）
　　Ian Sanderson（2002）, 'Evaluation, policy learning and evidence-based policy making', *Public Administration*, Vol. 80, No. 1, pp. 1-22.

スキデルスキー（1992）
　　Robert Skidelsky（1992）, *John Maynard Keynes: a biography. Vol 2: The economist as saviour, 1920-1937*. London: Macmillan.

デーヴィスほか（2000）
　　Huw T.O. Davies, Sandra M. Nutley and Peter C. Smith（2000）, *What works? Evidence-based policy and practice in public services*. Bristol: The Policy Press.

デラフォンス（1995）
　　John Delafons（1995）, 'Planning research and the policy process', *Town Planning Review*, Vol. 66,　　No. 1, pp. 41-59.

ナットレーほか（2003）

Sandra M. Nutley, I. Walter and Davies, Huw T.O.（2003）, 'From knowing to doing: a frame work for understanding the evidence-into-practice agenda', *Evaluation*, 9（2）, forthcoming.

ハンセンほか（1999）

Morton T. Hansen, Nitin Nohria and Thomas Tierney（1999）, 'What's your strategy for managing knowledge?', *Harvard Business Review*, Vol. 77（March-April）, pp. 106-116.

ハンマースレー（2001）

Martyn Hammersley(2001), 'On "systematic" reviews of research literatures: a "narrative" response to Evans and Benefield', *British Educational Research Journal*, Vol. 27, No. 5, pp.543-554.

ペリー6世（2002）

Perri 6（2002）, 'Can policy be evidence based?', *MCC: Building Knowledge for Integrated Care*, Vol. 10, No. 1, pp. 3-8.

ペリー6世ほか（2002）

Perri 6, Diana Leet, Kimberley Seltzer and Gerry Stoker（2002）, *Towards holistic governance: the new reform agenda*. Basingstoke: Palgrave.

ポーソンとティリー（1997）

Ray Pawson and Nick Tilley（1997）, *Realistic evaluation*. London: Sage.

公共経営入門
公共領域のマネジメントとガバナンス

2008年9月16日　第1版第1刷発行
編　者　トニー・ボベール、エルク・ラフラー
　　　　Tony Bovaird and Elke Löffler（ed.）
翻　訳　みえガバナンス研究会
監　修　稲澤克祐・紀平美智子
発行者　武内英晴
発行所　株式会社 公人の友社
　　　　〒112-0002 東京都文京区小石川5-26-8
　　　　電話　03-3811-5701　FAX 03-3811-5795
　　　　メールアドレス　koujin@alpha.ocn.ne.jp
印刷所　倉敷印刷株式会社
装　丁　有賀　強